KULTURHISTORISCHE REIHE

ERNST BADSTÜBNER

Kirchen der Mönche

DIE BAUKUNST DER REFORMORDEN
IM MITTELALTER

Mit Aufnahmen von Klaus G. Beyer

KOEHLER & AMELANG

Badstübner, Ernst:
Kirchen der Mönche: Die Baukunst der Reformorden im Mittelalter/
Ernst Badstübner. Mit Aufnahmen von Klaus G. Beyer. – 2. Aufl. –
Berlin; Leipzig: Koehler & Amelang, 1992. – 294 S.: zahlr. Abb.
(z. T. farb.)
ISBN 3–7338–0078–8

ISBN 3–7338–0078–8

INHALT

VORAUSSETZUNGEN

Ursprung und frühe Geschichte des Mönchtums

Das Mönchtum ist eine sozialgeschichtliche Erscheinung in allen größeren Religionsgemeinschaften der Welt, nicht nur im Christentum. Diesen Gesellschaftsverbänden erwuchs ein Stand von Personen, die sich aus ihren individuellen Bindungen gelöst hatten, um in der Distanz umso entschiedener vorgeschriebene Verhaltensweisen pflegen zu können. Das strenge Befolgen religiöser Lebensvorschriften, meist mit asketischem Charakter, und das Erlangen höherer Bildung führten zur Überlegenheit und verschafften besonderes Ansehen. So entstand die Vorstellung von dem eigenen sozialen Rang des Asketen oder Mönches.

Die Lösung aus der gesellschaftlichen Umwelt zwang die einzelnen zum Zusammenschluß in einer Gruppe. In der Regel waren es Männer, die so gemeinsam lebten; Frauenvereinigungen gab es seltener. Die Gruppenbildung hatte Institutionalisierung im Gefolge, Gruppeneigentum und hierarchische Gliederung. Das Oberhaupt wurde häufig mit übernatürlichen Fähigkeiten ausgestattet vorgestellt. Bei größerer Mitgliederzahl bildete sich eine Führungselite heraus, der die weitere Anhängerschaft dienstbar war, auch im Hinblick auf die Lebensbedürfnisse. Die Wahrung der materiellen Existenz verlangte die Einbindung in das ökonomische Leben der Umwelt, sie reichte vom Almosen über eigene Arbeit bis zum landwirtschaftlichen Produktionsbetrieb mit Landbesitz und leibeigenen Arbeitskräften.

Das Verhältnis zur sozialen Umwelt war oft gespannt, auch dann noch, wenn die Frühzeit einer aus kritischer Haltung heraus entstandenen Mönchsverbindung vorüber war. Und doch waren es diese von privaten Bindungen freien Gruppen, die gerade durch diese Distanz ordnend in die sie umgebende Gesellschaft wirkten und auf die sich deshalb Herrschaftsformationen immer wieder stützen konnten. Auch das christliche Mönchtum ist aus der Opposition gegen ein Establishment entstanden, wurde aber dann immer zum Erhalter und Bewahrer, wenn die Institution in eine Krise geriet.

Die Evangelien des Neuen Testamentes berichten, wie Jesus von Nazareth, vor rund 2000 Jahren ein wandernder Prediger im jüdischen Land, seine Begleiter, seine Jünger berief, damit sie ihm nachfolgten. Der Evangelist Lukas (14, Vers 26 und 33) überliefert seine Worte: «So jemand zu mir kommt und hasset nicht seinen Vater, Mutter, Weib, Kinder, Brüder, Schwestern, auch dazu sein eigen Leben ... also ein jeglicher unter euch, der nicht absagt allem, das er hat, kann nicht mein Jünger sein.»

Die Zahl der Jünger Jesu ist nicht bekannt, doch war sie gewiß nicht gering. Die Lehre des Nazareners unterschied sich von der althergebrachten, und die Gemeinschaft, die er mit seinen Anhängern pflegte, hatte brüderlichen Charakter. Es läßt sich vorstellen, daß seine Sache — trotz oder vielleicht gerade wegen der geforderten Askese, Armut und Ehelosigkeit und wegen des Gebotes unbedingten Gehorsams gegenüber Gott — eine große Anziehungskraft besaß. Und so wählte er schließlich aus der ihm folgenden Schar einen engeren Kreis, «er ordnete die Zwölfe, daß sie bei ihm sein sollten und daß er sie aussende, zu predigen», wie es beim Evangelisten Markus (3, Vers 14) heißt. Die Auswahl hatte die Verbreitung der Lehre zum Ziel. Die Zwölfzahl, nach dem Vorbild der zwölf Söhne Jakobs, der Stammväter Israels, machte sie zu Zeugen des neuen Gottesvolkes. Ihre Wirksamkeit fiel erst in die Zeit nach der Kreuzigung des Jesus von Nazareth, in dem seine Anhänger den verheißenen Messias, den Christus, zu sehen begannen. Durch die Apostel wurde seine Lehre nicht nur in ihrem Ursprungsland lebendig erhalten, sondern auch über das ganze römische Reich verbreitet. Als Wanderprediger, frei von familiären Bindungen und persönlichen Interessen, als reisende Missionare, die schließlich das Martyrium durch die Feinde ihrer Anschauungen erlitten, verwirklichten sie als erste die Nachfolge Christi. Nach der Apostelgeschichte des Lukas lebten die Glieder der Urkirche von Jerusalem nach diesem Vorbild. Mit der Ausbreitung und mit dem Anwachsen der christlichen Gemeinden aber wurde deutlich, daß nicht alle dem Beispiel Christi und der Apostel folgen konnten. Die sich als Kirche institutionalisierende Gemeinschaft der Christen wies sogar rigoristische Versuche, sie zu einer Asketenvereinigung werden zu lassen, zurück und ließ zum Selbstzweck gesteigerte Askese nicht als Nachfolge Christi gelten. Trotzdem entwickelte sich innerhalb der christlichen Gemeinschaft ein Stand von Asketen, eine Elite, die das Recht zur Verwirklichung der Nachfolge für sich beanspruchte. Es waren jene Christen, von denen schon um die Wende vom 2. zum 3. Jahrhundert der römische Arzt Galenus schrieb, sie führten «in Wahrheit ein philosophisches Leben». Weiter heißt es in dem Bericht des aus Pergamon stammenden Mediziners: «Daß sie den Tod verachten, das haben wir alle vor unseren Augen, es gibt unter ihnen solche, welche in der Beherrschung und Zucht des Geistes und in einem überaus scharfen Bemühen um die sittliche Würde so weit fortgeschritten sind, daß sie den wahren Philosophen in nichts nachstehen.» Sie lebten noch nicht getrennt von der Gemeinschaft, in die sie hineingeboren worden waren. Aber sie hatten untereinander Kontakt, so daß ihre Herauslösung aus dem sozialen Verband allmählich möglich wurde. Wann die Lösung erfolgte, ist zeitlich nicht genau fixierbar. Um das Jahr 300 war sie vollzogen. Der sich in Tugend und Enthaltsamkeit übende Asket lebte außerhalb menschlicher Siedlungen, am Rande von Dorf oder Stadt, in Höhlen oder Ruinen, auf einsamen Berghöhen oder in der Wüste; er wurde zum Einsiedler. In Ägypten — bevorzugter Aufenthaltsort war die Wüste zwischen Nil und Rotem Meer — treffen wir auf die ersten uns namentlich bekannten Einsiedler. Der berühmteste unter ihnen, Antonius der Große, auch der Eremit genannt (gest. 356), gelangte bald zu legendärem Ruhm. Der Biograph des Antonius, Bischof Athanasius von Alexandrien, läßt ihn stufenweise zur Vollendung kommen und die Welt überwinden.

Die Begeisterung, die den Einsiedlern entgegengebracht wurde und mit der viele — man spricht von über fünftausend — ihrem Beispiel folgten, läßt Interpretationen zu Recht bestehen, die das Aufkommen des Eremitentums als Reaktion auf ein bereits etabliertes, die Ideale der Urkirche verwischendes Christentum deuten. Die Trennung der auf der Nachfolge Christi Beharrenden von der Gemeinschaft hätte so den Charakter der Renovatio gehabt, ein Motiv, das später die immer wiederkehrenden Reformen des Mönchtums beherrscht. Aber es gab nicht nur Nacheifernde, sondern auch Schaulustige; angeblich hatte sich im 4. Jahrhundert eine Art Tourismus zu den Wüstenvätern entwickelt.

Es muß schon früh erkannt worden sein, daß das Einsiedlertum nur eine begrenzte Eignung für die soziale und politische Rolle besaß, die die christliche Kirche spielen mußte, seit Konstantin der Große sie zu einer Institution seines Staatswesens gemacht hatte. So begründete Pachomius (gest. 346), ein Zeitgenosse und Landsmann des Antonius — beide waren Kopten —, das gemeinsame Leben der Asketen, setzte an die Stelle der verstreut liegenden Einsiedeleien das Zönobium, die von Mauern umgebene Siedlung der Mönche, das Kloster. Eine solche Gemeinschaft kann nur nach einer Ordnung leben; es heißt, daß die von Pachomius vorgeschriebene militärischen Charakter hatte. Noch wohnte jeder in seiner eigenen Behausung, aber es wurde gemeinsam gebetet, gearbeitet und gegessen. Beim Tode des Pachomius soll es bereits neun Männer- und zwei Frauenklöster in Ägypten gegeben haben.

Die Praxis der klösterlichen Lebensform erhielt bald ihre theoretische Fundierung. Die Gemeinschaft im Kloster galt als ein Bild von der Kirche, vom Leibe Christi, vom neuen Jerusalem und neuen Paradies. Nur in ihr konnte die Vollkommenheit erreicht, die dienende Liebe verwirklicht werden, die die Nachfolge Christi erheischte. Es war Basilius der Große (gest. 379), Bischof von Caesarea in Kappadokien, der unter diesen theologischen Voraussetzungen die erste Regel von allgemein verbindlicher Bedeutung für die in klösterlicher Gemeinschaft lebenden Mönche niederschrieb. Er gab ihr zwei Fassungen, eine kürzere und eine ausführlichere, und legte darin die Gewohnheiten fest und die Tugenden für das Zusammenleben: Schweigsamkeit, Enthaltsamkeit, Demut und Gehorsam sowie regelmäßiges Gebet. Die Arbeit gewann besondere Bedeutung, Arbeit nicht nur zur Aufrechterhaltung des klösterlichen Gemeinwesens, sondern zur Bewältigung sozialer Aufgaben außerhalb des Klosters. Sehr schnell kehrte sich die Flucht der Einsiedler aus der Welt um in eine Wirkung des Mönchtums in die Welt.

Zur Ausbreitung des Mönchtums im Westen trug die Verbannung des Athanasius von 339 bis 341 in die weströmischen Provinzen bei, mehr noch wohl die mit seiner Antoniusvita betriebene Propaganda. Nach dem Vorbild der Klöster am Nil entstanden Mönchssiedlungen vor Rom und Mailand. Entscheidend dürfte dann aber der Romaufenthalt des sonst vorwiegend im östlichen Reichsteil wirkenden Kirchenlehrers Hieronymus 382 bis 385 gewesen sein. Hieronymus hatte selbst einige Zeit als Wüsteneremit gelebt und übte nun auf die römische Aristokratie Einfluß aus im Sinne eines vorbildlichen Lebens in Askese; vor allem Frauen zählten zu seinen Schülern. Die Faszination der orientalischen Bewegung erfaßte auch den zu dieser Zeit in Italien weilenden Nordafrikaner Augustinus, der sich damals — das autobiographische Zeugnis stammt aus dem Jahre 386 — gerade erst dem Christentum zuwandte. Augustinus schreibt von «Männern voll Würde, Klugheit und göttlichen Wissens, die die Leitung haben über die übrigen, die mit ihnen beisammen wohnen und ein Leben in christlicher Liebe, Heiligkeit und Freiheit führen. Auch fallen sie niemandem zur Last, sondern verdienen sich nach dem Brauch des Ostens und dem Rat des Apostels Paulus ihren Lebensunterhalt durch Handarbeit … Nicht nur Männer, auch Frauen leben so» (De moribus I 70). Er berichtet von Klöstern in Rom und in Mailand, wo er 384 zum Lehrer der Rhetorik ernannt worden war. Augustinus versuchte, die Idee von der asketischen Daseinsform des Mönches mit dem «otium liberale», mit dem beschaulichen und genußvollen Leben des begüterten und gebildeten Römers zu verbinden. Er zog sich mit Familienangehörigen und Freunden aus der Mailänder Öffentlichkeit zurück, um auf dem Lande, in Cassiacum, eine Art akademisches Klosterleben zu führen. Es mißlang ihm, und er kehrte nach Mailand zurück. Später — 390 war er wieder in seiner Heimat — praktizierte er in seiner Geburtsstadt Tagaste, dem heutigen Souk Ahras in Algerien, Ähnliches in einem Haus auf eigenen Besitzungen. Sein Biograph Possidius überliefert es so: «Bereits dem Besitz entfremdet, lebte er mit seinen Anhängern Gott in Fasten, Gebet und guten Werken, über das Gesetz des Herrn nachsinnend Tag und Nacht.» Doch erst in Hippo, dem heutigen Annaba (bis 1962 Bône) an der nordalgerischen Küste, in das er 391 kam und wo er Priester, später Bischof wurde, suchte Augustinus «nach einem Platz, ein Kloster zu errichten, um dort mit meinen Brüdern zu leben. In dieser Welt», so berichtet er weiter, habe er «alle Hoffnung aufgegeben.» Weltflucht und Besitzverzicht hinderten ihn dann aber nicht an der Ausübung kirchlicher Ämter. Mönchsideal und Klerikeramt waren für Augustinus nicht unvereinbar. Er pflegte an seinem Bischofssitz das gemeinschaftliche Leben der Priester und legte dem eine Regel zugrunde. Überall dort, wo sich in der Welt tätige Kleriker zu einem gemeinsamen Leben, zur vita communis nach dem Vorbild der Mönche, entschlossen, befolgten sie die Regula Sancti Augustini, die «regulierten» Chorherren und Prämonstratenser ebenso wie die predigenden Bettelmönche und die Ordensritter. Die Regel sieht die Tageseinteilung für alle im Gebet und in der Arbeit vor. Wie Basilius, so erblickte auch Augustinus im gemeinschaftlichen Leben die Verwirklichung der Idee von der Kirche als des Leibes Christi und der Gemeinschaft der Heiligen.

Als Augustinus starb, um 430, soll es in Nordafrika zwanzig Klöster nach seinen Vorschriften gegeben haben. Ihnen wurde durch die Einfälle der Wandalen ein Ende bereitet. Die geflohenen Klosterinsassen verbreiteten die augustinischen Gewohnheiten, vor allem in Südeuropa.

Die Idee des ägyptischen Mönchtums war schon im 4. Jahrhundert nach Gallien gelangt. Augustinus weiß von Mönchen in Trier zu berichten, denen die Antoniusbiographie des Athanasius sehr wohl bekannt war. Martin von Tours legte mit seiner Zelle an der Loire den Grund für das spätere erste Großkloster des Frankenreichs. Noch größere Bedeutung erlangte die etwas jüngere Mönchsniederlassung auf den Lerinischen Inseln vor der südfranzösischen Küste bei Cannes, das Kloster Lerin. In den Briefen des Hieronymus ist bereits von ihm die Rede. Gegründet hat es Anfang des 5. Jahrhunderts ein gewisser Honoratus, der auf einer — damals in der vornehmen Gesellschaft offenbar üblichen — asketischen «Studienreise» die Praktiken des östlichen Mönchtums kennengelernt hatte. Später, 426 bis 429, war Honoratus Bischof in Arles. Sein Nachfolger dort wurde Hilarius, der auch aus Lerin stammte. Im Inselkloster verbanden sich bereits Askese, Wissenschaft und Kulturträgerschaft in dem Maße, wie es später für das benediktinische Mönchtum charakteristisch wurde.

Die Mönche von Lerin waren Schüler und Anhänger des Johannes Cassianus, der in Marseille um 415 ein Männer- und ein Frauenkloster gegründet hatte. Cassianus kannte das ägyptische Mönchtum gleichfalls aus eigener Anschauung. Aus seinen zwölf Büchern «Von den Einrichtungen der Klöster...» erfahren wir etwas über die Gebäude und die Regeln in den ägyptischen und palästinensischen Klöstern, über die Kleidung, über Gebetsübungen, über Aufnahmebedingungen für Novizen, und in den 24 «Unterredungen der Väter» gibt Cassianus Bericht von den Einsiedlern Ägyptens. Benedikt von Nursia fußte auf diesen Werken, als er seine Regel formulierte, und man vermutet, daß ihm im Inselkloster Lerin ein Beispiel vor Augen stand, in dem die theoretischen Überlieferungen des Cassianus noch in der Praxis lebendig waren. Aus Lerin kamen die ersten Bischöfe des christlichen Frankreich. Aus der Tochtergründung Auxerre übertrug der heilige Patrick den Mönchsgedanken nach Irland.

Patrick (gest. 461), ein gebürtiger Brite, war in irische Gefangenschaft geraten und nach gelungener Flucht in Lerin Mönch und in Auxerre Priester geworden. Er kehrte nach Irland zurück und gründete dort mehrere Klöster. Das irische Mönchtum, das sich zur Mönchskirche entwickelte, setzte das ägyptische Vorbild mit riesigen Klostersiedlungen wie auch mit Einsiedeleien fort. Es erhielt aber durch den irischen Mönch Columban (gest. 615) Askese- und Strafbestimmungen, die in ihrer Strenge und eigentlichen Ziel- und Zwecklosigkeit dem östlichen Mönchtum fremd waren. Zur Askese zählte auch das Gelübde ewiger Wanderschaft; die Geborgenheit des Klosters galt als Gefahr für die unbedingte Weltentsagung.

Dieser «Unbeständigkeit» setzte Benedikt von Nursia (gest. 547) das Gebot des Bleibens am vorgeschriebenen Ort, die stabilitas loci, entgegen. Er gab dem Mönchtum des Westens einen neuen Charakter, der es vom östlichen Mönchtum sehr wesentlich abhob. Der legendenumwobene Heilige hat nicht mehr als die von ihm abgefaßte Regel für das Gemeinschaftsleben der Mönche hinterlassen. Darin unterscheidet er sich in nichts von älteren Mönchsvätern, die ebenfalls Regeln für die von ihnen geleiteten Mönchskommunen verfaßt hatten. Das Bedeutsame der Regel Benedikts ist, daß sie einen Modus enthält, der die elitäre Stellung des Mönchtums nicht nur bewahrt, sondern sie zur Voraussetzung für dessen gesellschaftliche Wirksamkeit werden läßt. Benedikt, der als Einsiedler in die Mönchsgemeinschaft gefunden hatte und nicht den umgekehrten, nach östlicher Auffassung zur Vollkommenheit in Gottes Nähe führenden Weg gegangen war, gründete auf dem Monte Cassino 529 ein eigenes Kloster, nachdem es ihm vorher nicht gelungen war, als Abt von Vicovaro bei Tivoli das Mönchsleben im Kloster nach seinen Vorstellungen zu gestalten. Er verlangte anstelle der mehr oder weniger lebensfeindlichen Askese den unbedingten Gehorsam des einzelnen und die Disziplin der Organisation, für deren Aufbau er Hinweise gab. Der Abt steht dem Kloster mit unumschränkter Gewalt vor.

Er ist aber verpflichtet, vor wichtigen Entscheidungen den Rat der Mönche einzuholen. Der Abt wird gewählt und vom Diözesanbischof bestätigt. Als sein Vertreter fungiert der Prior. Zahlenmäßig größere Gemeinschaften sind in «Zehntschaften» mit Obmännern gegliedert. Die Kleidung ist für alle Klosterinsassen einheitlich festgelegt. Klare Bestimmungen regeln die Aufnahme von Neulingen, von Novizen. Der Abt bestellt den Verwalter und Beauftragte, die über den Gemeinschaftsbesitz des Klosters zu wachen haben. Der einzelne darf nichts besitzen: «Alles sei allen gemeinsam, und keiner nenne etwas sein eigen.» Es wird gemeinsam gebetet, gearbeitet, gegessen und geschlafen. Die manuelle Arbeit ist vorgeschrieben und ausgeglichen im Wechsel mit der Lesung heiliger Schriften über den Tag verteilt: «... mit folgender Verfügung sei die Zeit für beides geordnet. Von Ostern bis zum 14. September sollen sie morgens, wenn sie die Gebete der ersten Stunde beendet haben, bis gegen die vierte Stunde arbeiten, was notwendig ist. Von der vierten Stunde aber bis ungefähr zur sechsten Stunde sollen sie sich der Lesung widmen. Wenn sie aber nach der sechsten Stunde vom Tisch aufstehen, sollen sie auf ihren Betten in völligem Schweigen ruhen, oder wer vielleicht lesen will, lese für sich so, daß er den anderen nicht stört. Und die Gebetszeit der neunten Stunde werde zeitiger gehalten, um die Mitte der achten Stunde. Und wiederum arbeite man bis zur Abendfeier, was zu tun ist. Wenn aber die besonderen Verhältnisse des Ortes oder die Armut es verlangen, daß sie selbst beim Einbringen der Feldfrüchte beansprucht werden müssen, seien sie nicht gekränkt, weil sie dann wahrhaft Mönche sind, wenn sie, wie auch unsere Väter und die Apostel, von der Arbeit ihrer Hände leben.»

Es ist nicht das einzige Mal, daß Benedikt auf das Beispiel der Apostel hinweist. Auch für ihn war das Vorbild für die klösterliche Gemeinschaft nicht ein profaner Zweckverband, eine militärische Organisation oder die Familie römischer Prägung — wenn auch beide auf die Formung des benediktinischen Klosterlebens gewirkt haben —, sondern die Kirche Christi. So verstand er den Abt, den Vater, nicht als Familienoberhaupt, sondern als Stellvertreter Christi, des Herrn, und den Mönch als dessen Sklaven, Arbeiter, Jünger, Schüler, Sohn, der ihm im Gehorsam anhängt. Und so forderte Benedikt im Vorwort der Regel: «Errichten wir also die Schule für den Sklavendienst des Herrn. Bei dieser Einrichtung hoffen wir nichts Rauhes, nichts Schweres zu errichten. Aber wenn es auch, wo es Billigkeit und Zweck erfordern, ein wenig strenger hergeht zur Besserung der Fehler und Erhaltung der Liebe, dann scheue nicht alsbald, von Furcht erschreckt, vom Wege des Heils zurück, dessen Anfang ja eng beginnen muß. Im Fortschreiten des klösterlichen Wandels und des Glaubens aber wird das Herz weit, und man läuft in unaussprechlicher Wonne der Liebe den Weg der Gebote Gottes, so daß wir aus seiner Leitung niemals entweichen, in seiner Lehre bis zum Tode im Kloster verharren und an den Leiden Christi in Geduld teilnehmen, um so auch an seinem Reiche Anteil zu erlangen.»

Zu diesem religiösen Selbstverständnis Benedikts steht die sachlich-nüchterne, auf das konkret Praktische gerichtete Haltung seiner Mönchsregel nicht im Widerspruch. Gerade dieser durchaus «lateinische» Charakter bildete ja die eigentliche Grundlage für das Mönchtum des Westens. Die Regel Benedikts ermöglichte das Weiterbestehen der klösterlichen Gemeinschaft als lebendiger Organismus, ermöglichte auch die vom Mutterkloster ausgehende «Pflanzung» von Tochterniederlassungen und war so Voraussetzung für die spätere Entstehung von Kongregationen, von Verbänden, in deren Niederlassungen die gleiche Regel befolgt wurde. Zwölf Tochtergründungen von Benedikts Kloster Monte Cassino soll es bereits zu seinen Lebzeiten gegeben haben.

Die Zerstörung von Monte Cassino durch die Lombarden gegen Ende des 6. Jahrhunderts bedeutete keineswegs den Abbruch der Entwicklung, im Gegenteil. Flüchtende Mönche kamen nach Rom und setzten dort das Werk fort. Papst Gregor der Große, selbst aus einem benediktinischen Kloster hervorgegangen, schrieb die verklärende Vita Sti. Benedikti und schickte den benediktinisch erzogenen Engländer Augustinus als Missionar in dessen Heimat. Aus der von Canterbury aus aufgebauten englischen Kirche gingen die Missionare und kirchlichen Organisatoren des östlichen Frankenreiches hervor, Bonifatius, Lullus, Wigbert und andere. Im 8. Jahrhundert hatte die benediktinische Klosterregel fast alle anderen Regeln in den Klöstern Galliens und Italiens verdrängt und wurde schließlich allein verbindlich im Reich der Karolinger. Der einflußreiche Berater Ludwigs des Frommen, der Abt des Klosters St. Cornelius in Inda bei Aachen, Benedikt von Aniane, wirkte für die strenge Beachtung der Regel und für einen straffen Zusammenschluß der Klöster untereinander. Aus den nach der Regel Benedikts lebenden Mönchen entstand so allmählich der Orden der Benediktiner.

Von der Eremitensiedlung zur Klosteranlage

Um noch einmal auf den Einsiedler Antonius, den man den Großen nannte, zurückzukommen: So einsam war er, wie es scheint, gar nicht. Viele kamen, um ihn zu sehen, manche kamen, um von ihm zu lernen, und blieben als seine Schüler in seiner Nähe. Es bildete sich eine Einsiedlerkolonie. Und wie bei ihm, so war es auch bei anderen Eremiten. Sie hausten in verlassenen Grabstätten, in ausgetrockneten Brunnen, in Felsspalten, oder sie gruben sich eine Höhle. Mitunter bauten sie sich eine Hütte, eine

Zelle, so klein, daß man darin nicht aufrecht stehen und nicht ausgestreckt liegen konnte. Diese Unbequemlichkeit gehörte zur Askese. Bisweilen schloß sich ein Eremit in solch lichtloser Behausung ein, nur eine kleine Öffnung war erlaubt, durch die ihm Nahrung gereicht werden konnte. Manchmal wurden diese Zellen zum Grab des Einsiedlers, über dem dann eine Kirche, ein Kloster, ein Wallfahrtsheiligtum entstand.

Zunächst gab es das Kloster und seine Kirche noch nicht. Aber der Wunsch, aus den Einsiedleransammlungen lebensfähige Gemeinschaften werden zu lassen, machte es notwendig, ihnen nicht nur eine Ordnung, eine Regel, sondern auch einen architektonischen Rahmen zu geben. Die Vita des Pachomius

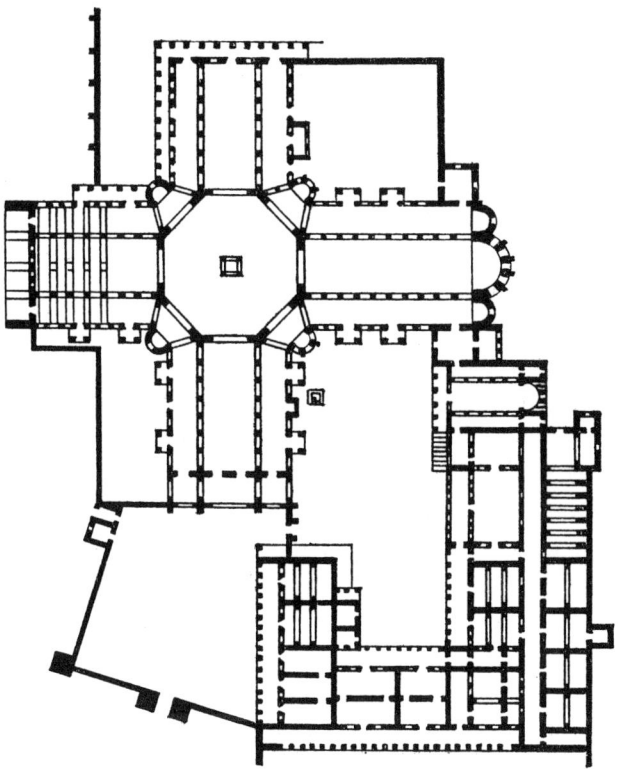

Kal'at Sim'ân, Kirche und Kloster des heiligen Simeon Stylites. Grundriß

kleidet diesen Vorgang in eine Vision und läßt den ersten christlichen Klosterbau in Tabennisi am rechten Nilufer gegenüber von Dendera auf göttlichen Auftrag hin geschehen. Sie spricht von einem «kleinen zellenartigen Gebäude». Heute wissen wir, daß die pachomianischen Klöster dorfähnliche Siedlungen mit einer zellenartigen Behausung für jedes Mitglied der Gemeinschaft waren; dazu gab es einen Eßsaal und ein Gebäude zum Beten für alle. Aus dem Eßsaal wurde das Refektorium, in den Klöstern des Ostens immer ein selbständiges frei stehendes Gebäude, das neben den Kirchen das wichtigste Bauwerk im Klosterbereich war. Wesentlich an Pachomius' erstem Kloster war auch die Mauer, mit der er es umgab. Seitdem gilt die Klostermauer als Zeichen für die Scheidung des Lebens im Kloster vom Leben in der Welt, als Ausdruck der Elitestellung und des Elitebewußtseins der Mönche. Eine Befestigung im militärischen Sinne war sie anfangs noch nicht.

Pachomius hatte Nachfolger, und Ägypten wurde im Verlauf des 4. Jahrhunderts zum klassischen Land des Klosterwesens. Nur wissen wir über die bauliche Gestalt der ersten Klöster am Nil recht wenig. Die überkommenen Reste sind gering — das Urkloster des Pachomius ist nicht einwandfrei zu lokalisieren —, auch die Entstehungsdaten sind ungewiß. Wie es scheint, hat sich jedoch schon früh eine Entwicklung von der unregelmäßigen Ansammlung einzelner Behausungen zum geschlossenen Zönobium angebahnt, in dem sich die Wohnzellen, die Wirtschaftsbauten, das Hospital und das Abtshaus in lockerer Ordnung um die das Ganze beherrschende Kirche und das Refektorium gruppierten. Aus dem 5. Jahrhundert sind einige Beispiele namhaft zu machen, das Weiße Kloster bei Sohâg, das Jeremias-Kloster in Sakkâra. Im 9. Jahrhundert, als die Gefahr vor kriegerischen Überfällen größer wurde, setzte sich eine Konzentration der

15

baulichen Anlage innerhalb einer Befestigung durch. Seit dem 11. Jahrhundert sind dann die klösterlichen Wohntürme (koptisch Kasr) bekannt. Zwei- bis viergeschossig, enthalten sie in den Untergeschossen Wohnzellen und Vorratsräume, in den oberen Geschossen eine oder mehrere Kapellen; oben sind sie durch eine offene Verteidigungsplattform abgeschlossen. Zugänglich waren sie nur über eine äußere Treppe aus Holz, die ins Obergeschoß führte. Von derartigen Türmen scheint man gewußt zu haben, als der bulgarische Feudalherr Chreljo 1335 im Rila-Kloster den noch heute erhaltenen, nach ihm benannten Turm errichten 4 ließ.

Das ägyptische Einsiedler- und Klosterwesen des 4. Jahrhunderts strahlte auf die gesamte spätantike Welt aus. Basilius der Große berichtet über eine Reise, die er unternahm, um nach Menschen zu suchen, die ein Leben nach der Vorschrift des Evangeliums führten, die ihre Güter verkauft hatten oder sie mit den Bedürftigen teilten. «Und ich fand auch wirklich viele in Alexandrien, viele auch in Ägypten und wieder andere in Palästina, Syrien und Mesopotamien.» Diese sogenannte Klosterreise löste bei Basilius jenes Engagement aus, das ihn zum Vater des östlichen Mönchtums werden ließ. Er «begründete Mönchswohnungen und Einsiedeleien, aber nicht ferne von den Gemeinschaftshäusern ..., damit das beschauliche Leben nicht jeglicher Gemeinschaft bar und das praktische nicht ohne Beschaulichkeit war.» Das erste basilianische Kloster in den pontischen Bergen zeichnete sich durch eine Umgebung von besonderem landschaftlichem Reiz aus, den der Gründer selbst rühmte. Hierin lag ebenso eine Abkehr vom Asketentum der Wüsteneremiten wie in der Verpflichtung zur körperlichen Arbeit, zur Pflege der Wissenschaften und zur caritativen Tätigkeit. Die soziale Aufgabenstellung zeigte sich auch in den Klosteranlagen. Sie wurden um Schulen, Ho-

spitäler und Werkstätten bereichert. Unter den Pflichten des östlichen Mönchtums ragt die zur Gastlichkeit hervor. Sie ergab sich schon früh aus den Bedürfnissen der Pilgerreisenden. Vor allem die Klöster Syriens waren Raststätten auf Pilgerwegen. Auch die Klöster bei den Heiligtümern selbst mußten sich auf Fremdenverkehr einrichten. Das bedeutendste war das Kloster in Kal'at Sim'ân mit seiner Riesenkirche, die noch zu Lebzeiten des Simeon Stylites (gest. 459) um den Asketen auf seiner Säule gebaut wurde. Soweit sich die Gebäudekomplexe des Klosters rekonstruieren lassen, ist kein Anlageschema erkennbar. Offenbar errichtete man die Baulichkeiten jeweils, wie man sie brauchte und wie es für die Nutzung am zweckmäßigsten war. So blieb es bei den Klöstern des christlichen Ostens auch später.

Vermutlich hat in den frühen Baugewohnheiten jene sympathische gastliche Wirkung ihren Ursprung, die von der Architektur der byzantinischen Klöster auf dem Balkan ausgeht, mit ihren oft mehrgeschossigen Wohngebäuden um einen großen unregelmäßigen Hof und in ihrer Mitte die Gemeinschaftskirche, die Catholika. In den Klöstern des Ostens scheint auch immer etwas von der ursprünglichen Einsiedlerkolonie, in der jeder Mönch seine eigene Behausung hatte, erhalten geblieben zu sein. Man hat die Möglichkeit zum Eremitentum, den Weg aus der Gemeinschaft in die Abgeschiedenheit, der ja als Weg zur Vollkommenheit galt, architektonisch bewahrt: Zwischen Kloster und Einsiedelei stand die Laura, ursprünglich eine Eremitensiedlung, nicht selten als «Höhlenkloster» mit in den 3 Fels gehauenen Zellen, später oft sowohl hinsichtlich der Gestalt als auch hinsichtlich der Verwaltung mit stadtähnlichem Charakter. Die Athosklöster I, sind Beispiele dafür, und in Rußland sind noch bis ins 17. Jahrhundert ausgedehnte Anlagen dieser Art gebaut worden, die bis heute mit den vergoldeten Kuppeln ihrer Kirchen und mit den Spitzen der

Athos, Kloster Rossicon. Ansicht aus dem 17. Jahrhundert

Türme ihrer wehrhaften Mauern jenes Bild bieten, welches die Schriftsteller des 16. und 17. Jahrhunderts als das der himmlischen Stadt beschrieben, «sehr groß und unsagbar wunderbar, wie das erhabene Jerusalem.»

Vom Aussehen der Klöster des Augustinus in Nordafrika wissen wir so gut wie nichts. Hippo Regius, wo der bedeutendste Kirchenvater der römischen Kirche an seiner Bischofsresidenz das gemeinsame Leben der Geistlichen nach dem Vorbild der Mönche praktizierte und wo die nach ihm benannte Regel für die Klerikermönche entstand, dieses Hippo

Regius ist eine nicht unbedeutende Hafenstadt gewesen und hat nachweisbar schon kirchliche Gebäude besessen, bevor es von den Wandalen dem Erdboden gleichgemacht wurde. Man darf also vermuten, daß sich auch die augustinische Klerikergemeinschaft ein entsprechendes Gebäude errichtet hatte. Es ist von einem Gartenkloster die Rede, zu dem Bischof Valerius dem neugewählten Priester Augustinus ein Stück Land geschenkt haben soll. Hatte man in Hippo etwa schon jenen Wandelgang um einen quadratischen Garten in die Architektur für das Kloster aufgenommen, der in den römischen Villen dem vom Philosophen und Rhetor Augustin so geschätzten beschaulichen Landleben diente und der dann später in den Klöstern des europäischen Mittelalters als Kreuzgang zur bleibenden Mitte der Klausur werden sollte? Es ist umstritten, ob der Kreuzgang, so, wie er in das Klosterbauschema der Nachfolger des Benedikt von Nursia eingegangen ist, das Peristyl des hellenistischen Landhauses zur Voraussetzung hat. Nahe liegt der Gedanke schon, da viele vorbenediktinische Klöster nachweislich in abgelegenen Landvillen oder Kastellen eingerichtet worden sind. Soweit wir etwas über Klosterbauten im Westen vor Benedikt erfahren, wie über das Kloster des Martin von Tours aus dem 4. Jahrhundert, ergibt sich aber das Bild einer aus Ägypten bekannten Anlage: das von einer Mauer umgebene Gelände, in der Mitte ein doppelgeschossiges Gebäude, hier heizbar, im Untergeschoß die «Zellen» des Klostergründers und seiner nächsten Mitarbeiter, also die Verwaltungsräume, im Obergeschoß der Gemeinschaftsraum zum Essen, das Refektorium. Die Behausungen der Mönche befanden sich an der Innenseite der Mauer, aber auch außerhalb des eingegrenzten Bezirks — wie es heißt — in Felshöhlen. Ähnliches wird über andere gallische Klöster berichtet. Man hatte offenbar schon im 4. Jahrhundert mit der Idee des orientalischen Mönchtums auch die Art

der östlichen Klosteranlagen übernommen, soweit man sich nicht in bereits bestehenden Gebäuden niederließ.

Auf die weitere Entwicklung des westeuropäischen Klosterbaues wirkte sich der Verlust an Monumentalität in der Architektur nach dem Untergang des römischen Reiches aus. Aus diesem Grunde beansprucht auch das irische Mönchtum, das ja in der frühmittelalterlichen Geschichte Europas eine entscheidende Rolle gespielt hat, «keine Seite in der Geschichte der westlichen Baukunst» (W. BRAUNFELS). Und auch der in seiner Zeit, nach der Mitte des 7. Jahrhunderts, aufsehenerregende Klosterbau von Jumièges — eine Beschreibung ist in der Vita des Gründers Philibert enthalten — vermittelt eher noch ein Muster nach östlichem Vorbild. Es ist der Quelle so eindeutig nicht zu entnehmen, wie immer behauptet wird, daß es sich in Jumièges bereits um eine «claustrale Anlage» mit vollausgebildetem Kreuzgang gehandelt hat. Das Aufsehen erregte seinerzeit die Größe des Klosters — es beher-

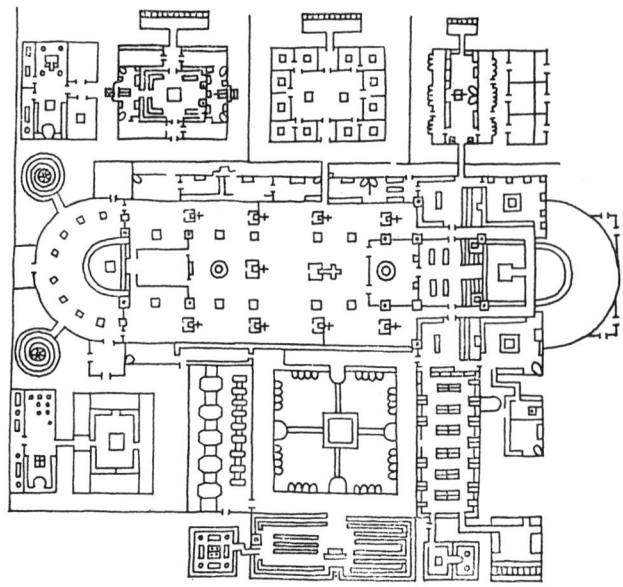

Klosterplan von Sankt Gallen. Ausschnitt

bergte 900 Mönche — und der architektonische Aufwand, der ohne Zweifel neu war. Die «turmhohen Mauern im Quadrat», die «Bogenhallen» und die zu vermutende Verwendung von Haustein erinnern an syrische Anlagen. Als hervorragende Gebäude werden nur die «Kirche, in Gestalt eines Kreuzes» und ein zweigeschossiges «Schlafhaus» erwähnt. Das Untergeschoß des Schlafhauses war nach der Quelle für «zwei Aufgaben günstig: Hier werden die Weine gehütet und gehortet, dort die guten Mahlzeiten bereitet.» Offenbar diente es als Vorratshaus und Küche. Selbst wenn noch ein besonderes Refektorium zum Inneren des Klosters gehört haben sollte, kann eine geschlossene Anlage im Sinne einer Klausur nicht vorausgesetzt werden. Nach Joseph FEUDEL hielt es der Schreiber nicht für nötig, die «die übrigen Seiten des Innenhofes begleitenden, weniger wichtigen Officinen» zu erwähnen, weil sie «möglicherweise in geringerem Material» gebaut waren. Ein solches Argument dürfte zur Behauptung einer «claustralen Anlage» nicht hinreichen, auch wenn die Quelle das Wort «Klaustrum» benutzt.

Erst aus der Beschreibung des Klosters Fontenelle in Frankreich in der Gestalt nach dem Umbau durch Abt Ansegis (822—833) ergibt sich eine Anordnung von drei Flügeln um einen Hof, der vermutlich an der vierten Seite von der Kirche abgeschlossen wurde. Zu dieser Zeit aber existierte bereits der Plan von Sankt Gallen, der das mittelalterliche Klosterbauschema mit der Klausur um den quadratischen Arkadenhof des Kreuzganges voll ausgebildet zeigt. Die Feststellung von Wolfgang BRAUNFELS, daß das klassische Klosterschema «in wesentlichen Teilen ein Werk der karolingischen Renaissance ist», dürfte zu vollem Recht bestehen. Spätantike Anregungen, möglicherweise auch orientalisch-asiatische, werden gewiß zur Ausformung des Kreuzganges mit seiner vorauszusetzenden kosmologischen Symbolbedeutung beigetragen haben.

Dem Sankt-Galler Klosterplan — jenem eigenartigen Pergament mit der Grundrißzeichnung eines Klosters aus den zwanziger Jahren des 9. Jahrhunderts mit all seinen kultischen, ökonomischen, pädagogischen, gastronomischen und caritativen Baulichkeiten — entnehmen wir folgende Anordnung der Gebäude einer Klausur:

Der Kreuzgang liegt im Süden der Kirche, seine Bogenreihen umschließen einen quadratischen Garten. In der Mitte jeder Seite befindet sich eine größere Öffnung, die jeweils durch einen Weg mit der gegenüberliegenden verbunden ist. Wo sich die Wege kreuzen, ist ein Sevenbaum (lat.: savina) gepflanzt, ein Immergrün, das trotz aller Zweifel (W. SÖRRENSEN) doch nur sinnvoll als Symbol ewigen Lebens und des Paradieses zu deuten ist. Die Kreuzgangflügel werden von den Inschriften des Plans bezeichnenderweise «porticus» genannt, was auf eine Abhängigkeit der Klosterklausuren von Atriumsanlagen schließen lassen könnte. Der «porticus ante ecclesiam», also der Flügel entlang der Kirche, sollte als Kapitelsaal dienen. Der Ostflügel verläuft vor einem zweigeschossigen Gebäude, dessen Erdgeschoß die Wärmestube, das Kalefaktorium, und dessen Obergeschoß das Dormitorium, der Schlafraum, einnimmt. Der Südflügel des Kreuzganges lehnt sich an den gemeinschaftlichen Speiseraum, das Refektorium, im Erdgeschoß eines gleichfalls zweigeschossigen Klausurgebäudes, dessen Obergeschoß als Kleiderraum eingerichtet ist. Der Westflügel schließlich ist an das Vorratshaus angebaut, unten befinden sich die Keller, das Cellarium, mit den großen und kleinen Weinfässern, oben die Kammern für andere Vorräte. Das Vorratshaus stößt nicht direkt an die Kirche; zwischen beiden liegt ein Durchgangsraum zur Klausur, in dem die Gäste mit den Mönchen sprechen konnten.

Ob diese logisch durchdachte Gebäudegruppierung im 9. Jahrhundert schon eine architektonische

Realisierung erfahren hat, ist durch Baudenkmale nicht mehr zu belegen. Emil REISSER meint nach seinen Beobachtungen auf der Reichenau, daß karolingische Klosteranlagen noch auf «alter Baugewohnheit» beruht hätten und daß das 9. Jahrhundert für die Verwirklichung der wesentlichen Sankt-Galler Plangedanken, nämlich für die quadratische Klausur mit nur einer Kirche im Kloster, noch nicht reif gewesen sei. Aber die Idee war geboren, sie war Kommunikations- und Meditationsgegenstand. Das geht aus dem Begleitschreiben des Abtes Haito von der Reichenau an den Empfänger des Planes, den Abt Gozbert von Sankt Gallen, hervor: «Ich habe Dir, liebster Sohn Gozbert, dieses bescheidene Exempel der Anschauung der Klostergebäude zugesandt, damit Du Deinen Geist an ihm üben kannst ...» Und offenbar hat sich die Idee später als brauchbar erwiesen: Die im Plan enthaltene Klausuranlage wurde seit dem 10. Jahrhundert mit nur geringfügigen Abwandlungen während des ganzen Mittelalters gebaut. Daß sie auch dem Geist der Regel des Benedikt von Nursia in besonderem Maße entsprach, ist aus dem geschichtlichen Hintergrund ersichtlich, vor dem sich die Entstehung des Sankt-Galler Klosterplanes abzeichnet.

Der Plan hat die Kirchen- oder besser Klosterpolitik Karls des Großen zur Voraussetzung. Karl stellte die bestehenden Klöster im Frankenreich in den Dienst seiner politischen Ziele, auch richtete er zu diesem Zwecke zahlreiche neue Niederlassungen ein. Von der Spanischen Mark bis nach Thüringen und Niedersachsen überzog eine stattliche Anzahl von Klöstern und Stiften das Land, Stützpunkte der Verwaltung und der Ökonomie, der Wissenschaften und der Künste. Die Gelehrten und Politiker um Karl waren in der Mehrzahl Kleriker, ja eigentlich Mönche, wenn nicht der Glanz, der sie umstrahlte, diese Kennzeichnung verböte. Alkuin, ein Angelsachse, bedeutendster Gelehrter der Zeit und Leiter der Hofschule in Aachen, war seit 796 Abt von St-Martin in Tours, dem Riesenkloster, in dem 20 000 Menschen gelebt haben sollen und das eine führende Bildungsstätte des Reiches war. Die prominenten Hofmänner waren meist auch Bauherren. Ihr Baueifer ist durch noch bestehende Bauten oder durch archäologische Funde nachgewiesen. In Seligenstadt am Main gründete Einhard, selbst Laie, aber Eleve des Klosters Fulda, Architektur- und Kunstsachverständiger, Lehrer an der Hofschule, Schwiegersohn und Biograph Karls des Großen, nach 828 eine Benediktinerabtei, in deren Kirche, der «einzigen nördlich der Alpen erhaltenen großen Basilika der Karolingerzeit» (DEHIO), er und seine Gemahlin Imma bestattet wurden. In Centula errichtete Angilbert, ebenfalls einer der engeren Berater des Königshauses, von 790 bis 799 ein Kloster für 300 Mönche mit drei Kirchen. In Fulda wagte der Mönch und spätere Abt Radger 791 den Bau einer Kirche nach dem Vorbild und in den Ausmaßen von Alt-St.-Peter in Rom, die von seinen Nachfolgern Eigil und Hrabanus Maurus zusammen mit einem großen Kloster vollendet wurde.

So, wie Karl der Große die kirchliche Einheit zu festigen suchte, indem er die Gregorianische Redaktion der Meßtexte für das Reich verbindlich machte, so versuchte er auch das Mönchtum zu vereinheitlichen, indem er für alle Klöster des Reiches die Befolgung der Benediktinerregel anordnete. An beiden Vorgängen war wohl der Langobarde Paulus Diaconus, Mönch aus dem seit 717 wieder bestehenden Kloster Monte Cassino, entscheidend beteiligt. Ein anderer Benediktinermönch, Benedikt von Aniane, setzte nach Karls Tod mit Hilfe der Reichsgesetzgebung die Regula Benedicti endgültig durch und sorgte für eine strenge Handhabung im Sinne einer Reform.

Eine solche Reform bedeutete gegenüber der blühenden karolingischen Klosterkultur Einschränkung, bedeutete vor allem Reduktion der Dimen-

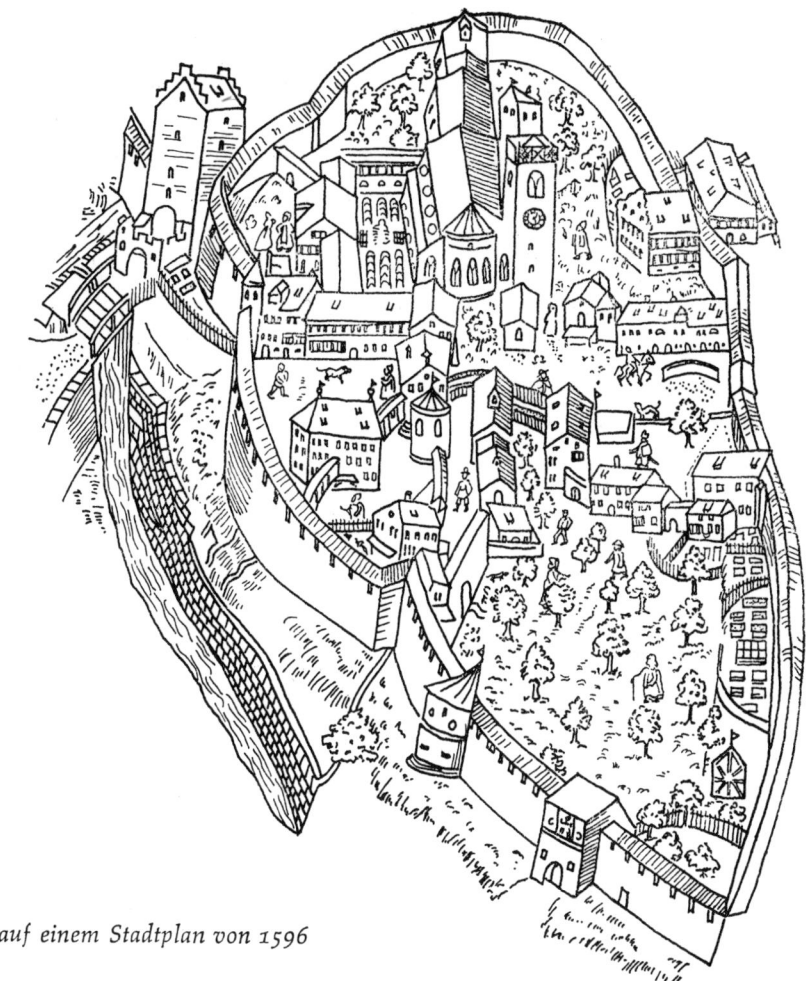

Sankt Gallen. Ansicht des Klosters auf einem Stadtplan von 1596

sionen. Benedikt erhielt durch Ludwig den Frommen Gelegenheit, dies in Inda (heute Kornelimünster bei Aachen) an einer Art Musterkloster zu demonstrieren. Soweit über diese Gründung überhaupt etwas bekannt ist, muß es sich im Vergleich mit den Großklöstern in Tours oder Fulda um eine recht bescheidene Niederlassung gehandelt haben.

Aber Benedikt stieß auf Widerstand, er war zu Kompromissen gezwungen, zu Kompromissen allerdings, die dem Mönchtum seine sozial- und kulturpolitische Rolle sicherten. Zu den Kirchenmännern, die diese Kompromisse entgegen übertriebener As-

kese und lebensfeindlicher Weltflucht erfolgreich forderten, gehörte wohl auch Abt Haito von der Reichenau, den man als geistigen Urheber des Sankt-Galler Klosterplanes betrachtet.

Haito war ein nicht weniger eifriger Benediktiner als der Anianer, aber er hat vielleicht einen besseren Blick für die Realitäten des Klosterwesens im Karolingerreich besessen. Jedenfalls strahlt der Plan eine Lebenskultur aus, die antikisch anmutet und den profanen Idealen der Zeit näher zu stehen scheint als den monastischen Idealen des Benedikt von Aniane. Und doch ist es gelungen, eine Beziehung

21

des Planes zu den Erlassen der Aachener Reform-
synoden von 816 und 817 festzustellen (W. HORN),
dergestalt, daß der Plan eben gerade jene Kompromisse widerspiegelt, zu denen sich Benedikt genö-
tigt sah. Diese Kompromisse sicherten dem Abt die
eigene Wohnung, den Mönchen den Genuß eines
Bades und den Gastmönchen einen eigenen Schlafraum nahe der Kirche. Ferner blieben die Schule für
Laien und auch die Werkstätten für Handwerker im
Kloster bestehen.

Der Plan selbst wurde mit roter Tinte auf Pergament gezeichnet. Daß er in der erhaltenen Form die
Kopie eines wenig früher oder gleichzeitig entstandenen Originals ist, wird durch neuere Beobachtungen in Frage gestellt (N. STACHURA). Haito, Abt auf
der Reichenau bis 823, hatte ihn für den Abt Gozbert von Sankt Gallen anfertigen lassen, der um 830
mit der Errichtung eines neuen Klosters begann.
Was man über dieses Kloster weiß, besagt so viel,
daß nicht nach dem Plan gebaut worden ist. Das
überrascht wenig, denn die regelmäßige Gebäude-
anordnung, die Art und Weise, wie der Aufbau der
Gebäude und ihr funktionelles Zusammenspiel gezeichnet sind, machen den Eindruck eines bloßen
Schemas. Es ist unverständlich, warum immer wieder versucht wird, die Gebäudesituation, die der
Sankt-Galler Plan angibt, wortwörtlich zu rekonstruieren. Der Plan enthält ein Maximalprogramm
der für einen Klosterbetrieb notwendigen Gebäude
und schlägt den Platz vor, der im Idealfall der prak-
tischste wäre. Er verzeichnet auch die günstigsten
Maße und das geeignetste Baumaterial. Wenn man
sich nach dem Plan richtete, paßte man dessen Emp-
fehlungen den jeweiligen Bedingungen an, und
man tat das während des ganzen Mittelalters, wenn
ein Kloster gebaut wurde — auch in Sankt Gallen
selbst.

Das Zentrum war und blieb die Klausur, die
Vierflügelanlage um den Kreuzgang, wobei die Kir- [9, 12, 24, 25]

che in der Regel den nördlichen Flügel abgab. Nördlich und östlich von Kirche und Klausur sind das
Gästehaus, die Schule und das Abtshaus zu finden,
waren die Kranken untergebracht und die Gärten, [20, 23]
auch die Friedhöfe angelegt, während der südliche
und der westliche Teil des Klostergeländes dem
landwirtschaftlichen und handwerklichen Betrieb
gehörte. Die Klöster des benediktinischen Mönchtums, die ja als wirtschaftlich autarke Institutionen [5]
mit dem Charakter eines großen Gutshofes, einer [6]
Burg, eines Dorfes oder gar einer kleinen Stadt im
freien Lande existierten, folgten diesem Schema.
Erst die Klöster der Bettelorden, die in den Organismus des städtischen Gemeinwesens des späteren
Mittelalters eingeordnet waren, konnten auf Wirtschaftsbauten verzichten und sich auf die Klausur
beschränken.

Die Veränderungen, die die Klausur im Verlauf
des Mittelalters noch erfuhr, waren gering. Als bedeutendste Zutat ist der Kapitelsaal anzusprechen.
Nach dem Plan von Sankt Gallen sollte «die fromme
Schar nützlich Rat halten» im «porticus ante ecclesiam», also im Kreuzgangflügel an der Kirche sich
versammeln zu den täglichen Lesungen, zu Gericht,
Abtswahl und anderen Beratungen. Das setzt war-
mes Klima voraus. Man kann annehmen, daß sich
die Mönche bei kalter Witterung in geschlossene
und möglichst geheizte Räume zurückzogen. Und in
der Tat finden wir später den als mehrschiffigen
Hallenraum ausgebildeten Kapitelsaal im Untergeschoß des Ostflügels der Klausur unter dem Dormitorium, wo sich der Wärmeraum für die Mönche
befinden sollte. Zum Kreuzgang hin haben diese [19]
Hallen meist ein repräsentativ gestaltetes Portal,
das vielfach von offenen Bogenstellungen flankiert
wird, so die Erinnerung an das Entstehen aus einem
Teil des Kreuzganges selbst wachhaltend.

Royaumont, Zisterzienserkloster. Grundriß

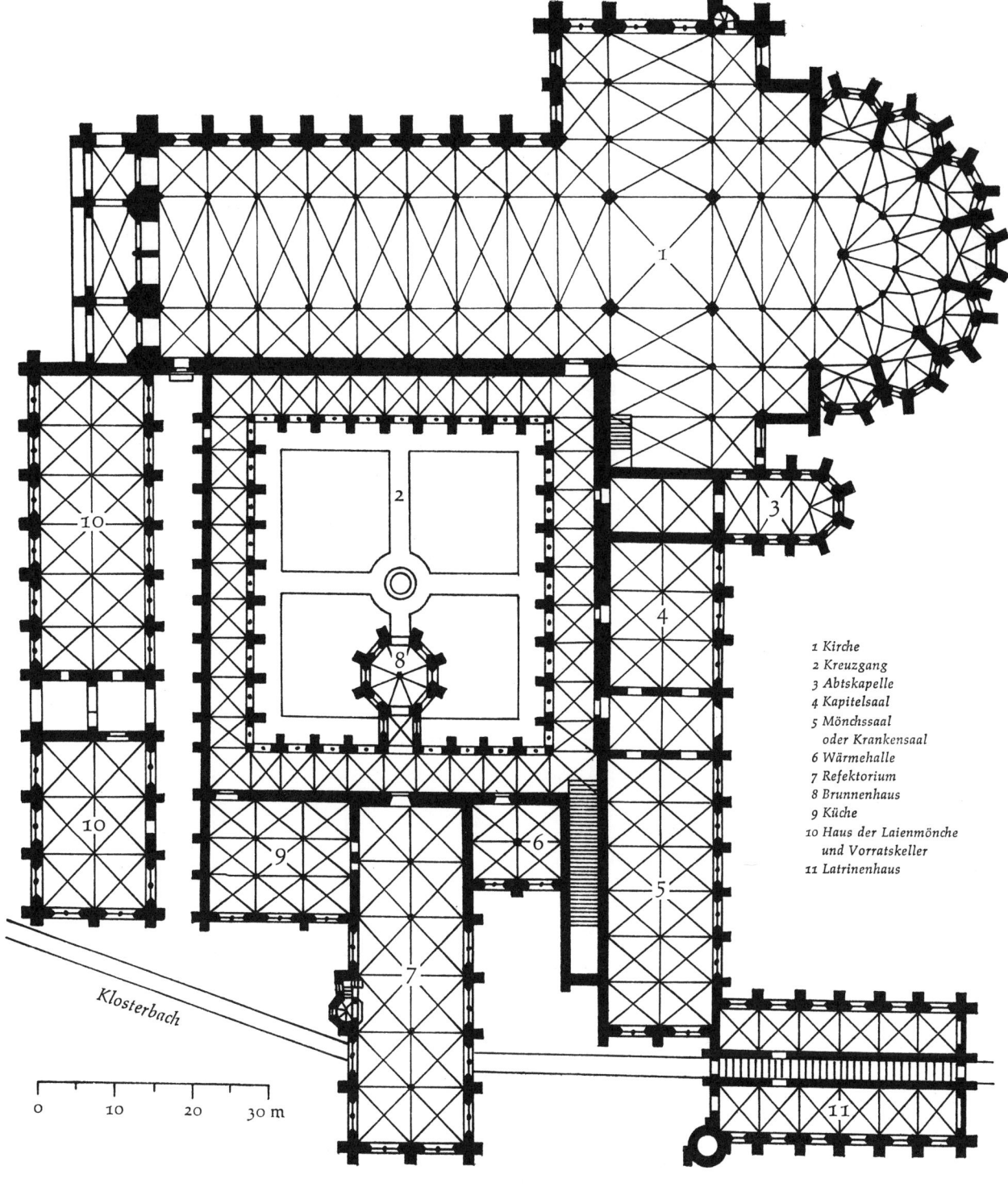

1 Kirche
2 Kreuzgang
3 Abtskapelle
4 Kapitelsaal
5 Mönchssaal
  oder Krankensaal
6 Wärmehalle
7 Refektorium
8 Brunnenhaus
9 Küche
10 Haus der Laienmönche
   und Vorratskeller
11 Latrinenhaus

Klosterbach

0   10   20   30 m

Die Hereinnahme des Kapitelsaals in das Erdgeschoß des Ostflügels hatte weitere Unterteilungen zur Folge; Räume für die verschiedensten Zwecke 11 fanden hier ihren Platz. Das Obergeschoß des Ostflügels aber wurde immer vom Dormitorium, als 18 Gemeinschaftsraum oder in Zellen unterteilt, eingenommen. Mit einer Schmalwand stieß das Dormitorium an die Kirche und war mit ihr durch eine Tür verbunden. Über eine Treppe, meist im Querhaus der Klosterkirche, konnten die Mönche von ihren Schlafstätten direkt zu den Nachtgebeten in den Chor gelangen. Im Südflügel der Klausur behauptete sich das Refektorium, der Gemeinschaftsspeiseraum, und in seiner Nachbarschaft, meist nach Westen gelegen, finden wir die Klosterküche. 22

Auch das Refektorium entwickelte sich zu einer zweischiffigen Halle, die vor allem bei den Zisterziensern monumentale Gestaltung erfuhr. Die Zi- 13, sterzienser als der zweite große Reformorden des 17 benediktinischen Mönchtums — wir greifen hier in der Geschichte des mittelalterlichen Klosterwesens einmal vor — haben überhaupt für die weitere Ausbildung der Klausur Entscheidendes beigetragen. Um die Gebäude zu erweitern, verlängerten sie Ost- und Westflügel über das Maß des Kreuzgangquadrats hinaus, und auch das Refektorium stellten sie mit der Schmalseite an den Kreuzgang, so daß sie ihm eine beliebige Länge geben und es von beiden Seiten belichten konnten. Eine Vergrößerung des Ostflügels war schon durch die Hereinnahme des Kapitelsaales nahegelegt. Die Vergrößerung des Westflügels, der seine Funktion als Vorratshaus, als Cellarium — bisweilen tatsächlich als Keller unter dem Gebäude ausgebildet — nie verlor, war notwendig geworden, weil in ihm nun die Laienmönche, die Konversen, untergebracht werden mußten, jene Klosterinsassen, welche die Wirtschaft im wesentlichen betrieben. Sie sollten mit der eigentlichen Klausur nicht in Verbindung kommen, sie hatten ihr eigenes

Laienrefektorium, eben im Westflügel der Gebäude um die Klausur, und sie mußten einen gesonderten Eingang zur Kirche benutzen; der Zutritt zum Chor war ihnen verwehrt.

Damit sind die wesentlichen Veränderungen an der Klausur im Verlauf des Mittelalters bereits erschöpft. Bei den Wirtschaftsgebäuden richteten sich Veränderungen nach dem Stand der Technik und nach dem Vermögen des Klosters. Abweichend von dem Sankt-Galler Plan sind fast alle Klöster des Mittelalters, soweit sie nicht in Städten angelegt waren, befestigt gewesen. Die Mauer umgab den gesamten Klosterbezirk, der häufig sehr ausgedehnt war. Das Klostertor an der Straße gestaltete man aufwendig, oft mit einem Turm; in unmittelbarer Nähe befanden sich eine Kapelle und ein Gasthaus.

Die Geschichte der Klosterbaukunst im Mittelalter ist in gewisser Weise die Geschichte des Wohn- und Wirtschaftsbaues vor allem für das mittlere Europa, das beim Eindringen der monastischen Kultur eine monumentale Architektur noch nicht besaß. 20– Der Klosterbau brachte die Kunst des Steinbaus in 23 Gegenden, die sie noch nicht kannten, und die verfeinerte Kultur antiken Wohnens gelangte durch die Mönche in den rauheren Norden. Ihre Hallen und Wandelgänge, die hypokaustisch mit Warmluft geheizten Stuben, die Küchen und Keller, die Gast- und Krankenhäuser bildeten in stärkerem Maße als Burgen und Pfalzen die Voraussetzung zur architektonischen Gestaltung sozialer Gemeinwesen, wie sie die mittelalterlichen Städte darstellten.

Im Klosterbau scheint eine der monastischen Askese widersprechende Aufgeschlossenheit für die notwendigen Bedürfnisse des Diesseits vorhanden gewesen zu sein, die dem Mönchswesen Sinn für Realitäten bescheinigt. Und in der Tat hat sich im Mönchtum immer wieder rationalistisches Denken durchgesetzt, auch in den Anschauungen von der Kunst und in der Praxis des Kirchenbaues. Gerade

[I] ATHOS, *Kloster Grigoriu Ajos Nikolaos* · Das griechische Kloster Grigoriu, an der südwestlichen Küste der Halbinsel, ist nach der Klosterchronik an der Stelle errichtet worden, an der in vorchristlicher Zeit ein Poseidontempel gestanden hat. Um 1345 hat es der Lichtmystiker Grigorios Sinaitis gegründet und dem heiligen Nikolaus geweiht. Nach 1497 ist das von den Türken zerstörte Kloster wieder aufgebaut worden.

[II] ATHOS, *Kloster der Bulgaren Zographu, Hauptkirche mit Glockenturm und Brunnen* · Mit Hilfe des bulgarischen Zaren Simeon wurde das Kloster 919 gegründet. Klosteranlage und Kirche sind im 19. Jahrhundert erweitert und ausgebaut worden. Wie die meisten Athosklöster ist auch Zographu reich an Ikonen und Handschriften.

die Geschichte des monastischen Kirchenbaues zeigt diese sich immer wieder erneuernde Rationalität des Geistes, die Reform, die den Verlust der Beziehung zur Realität als Verlust der Ideale des Mönchtums verstand und sie zurückzugewinnen suchte. Der Klosterbau stellt eine der großen kulturgeschichtlichen Leistungen des Mönchtums dar. Das Auf und Ab in der Entwicklung des Ordenswesens spiegelt sich darin jedoch kaum wider. Die Geistesgeschichte des Mönchtums erkennen wir dagegen deutlich in seiner Kirchenbaukunst.

Die frühchristliche Basilika

Der monumentale Kultbau des Christentums setzte ein, nachdem Konstantin der Große im Frühjahr 313 mit dem Mailänder Edikt uneingeschränkte Religionsfreiheit verkündet hatte und nachdem er rund zehn Jahre später Alleinherrscher geworden war. Ohne die Toleranz gegenüber anderen Kulten zu verletzen, verfolgte Konstantin eine christenfreundliche Reichspolitik, und so deuten auch die überraschende Vielfalt und vor allem die Ausmaße der ersten christlichen Monumentalbauten auf den Kaiser als Bauherrn. Konstantin und seiner Mutter Helena stifteten im zweiten und dritten Jahrzehnt des 4. Jahrhunderts die ersten offiziellen Kirchen des Christentums in Rom, die dem Erlöser geweihte Bischofskirche (später San Giovanni in Laterano), dann die Papstkirche Alt-St.-Peter. In der 330 eingeweihten neuen Hauptstadt Konstantinopel gründeten sie die Kirchen der Heiligen Weisheit und des Heiligen Friedens (die Erstbauten der Hagia Sophia und der Hagia Eirene) sowie zahlreiche Gedenkkirchen, von denen die der Apostel die Grabkirche Konstantins und seiner Nachfolger wurde. Schließlich entstanden unter Konstantin in Bethlehem und Jerusalem die Gedenkkirchen über den heiligen Stätten, die Geburtskirche und die Grabeskirche.

Unter den konstantinischen Bautypen setzte sich die Basilika bald als Leittyp für den frühchristlichen Kirchenbau durch, wobei die stadtrömischen Anlagen, allen voran Alt-St.-Peter, allgemein verbindliche Vorbilder wurden. Ansichten des 16. und 17. Jahrhunderts ermöglichen es, ein Bild vom Aussehen der ersten Peterskirche zu gewinnen. Sie bestand aus dem Atrium — einem vierseitigen Vorhof, der von Säulenhallen umgeben war — sowie aus dem in fünf Schiffe unterteilten Langhaus und dem Querhaus mit einer halbkreisförmig anschließenden Apsis. Von den Schiffen des Langhauses war das mittlere breiter und höher als die seitlichen. Ob das Querschiff mit dem Mittelschiff gleiche Höhe hatte, ist unsicher, daß die Querhausenden niedriger waren, gilt heute als erwiesen. Zusammen bildeten sie im Grundriß die Form eines T-förmigen Kreuzes. Die konstantinischen Basiliken erschienen «als einfache kubische Ziegelbauten, die sich durch nichts Besonderes auszeichneten. Man könnte, wenn man sie von außen betrachtet, von einfachen Nutzbauten sprechen» (W. SAS-ZALOZIECKY). Die Wände waren schmucklose Flächen, belebt nur durch die Öffnungen der Portale und der meist rundbogigen Fenster. Die Fassaden der Schiffe hatten einen Giebel als Abschluß, eine Bauform, in der man eine Anlehnung an antike Tempelbauten erkennen könnte. Sonst aber unterschieden sich die frühchristlichen Basiliken Roms durch eine gewisse Leichtigkeit des Baukörpers von den spätantiken kaiserlichen Repräsentationsbauten. An die Stelle pompöser Massigkeit und weitgespannter Wölbungen über kompakten Pfeilern, wie etwa bei der Maxentiusbasilika auf dem Forum Romanum, traten dünne Mauern auf schlanken Säulen, und den Innenraum deckte eine flache hölzerne Decke oder ein offener Dachstuhl. Es waren Elemente profaner Nutzarchitektur der römischen Spätantike, aus denen sich die frühchristliche Kirchenbaukunst formte. Es hat den Anschein, als

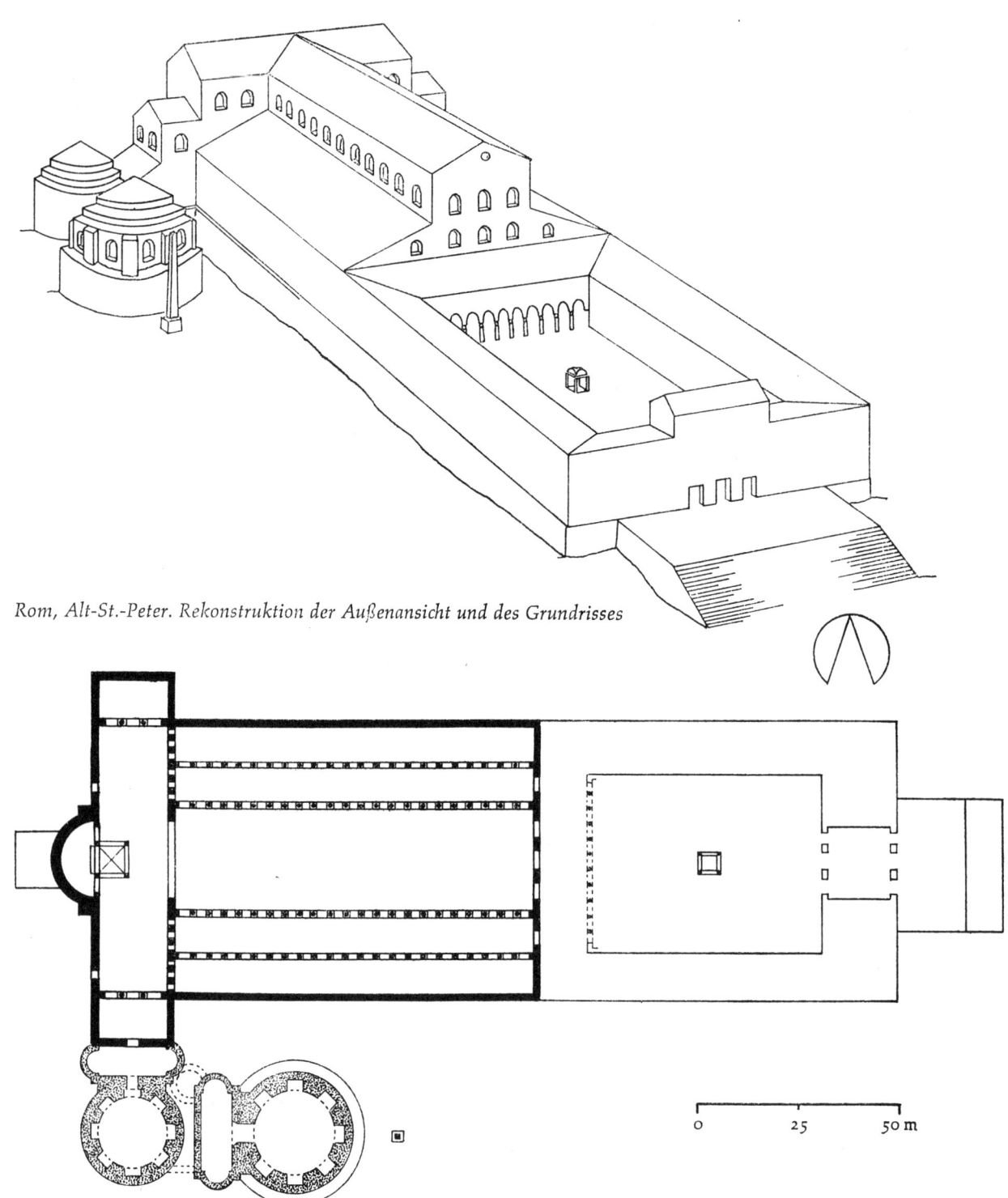

Rom, Alt-St.-Peter. Rekonstruktion der Außenansicht und des Grundrisses

0   25   50 m

hätten die Erbauer der neuen Kultbauten beabsichtigt, diesen eine nüchterne und zweckmäßige Gestalt zu geben, um sie von den prunkvollen Tempeln, Thermen und Palästen der ehemaligen Unterdrücker abzuheben und in ihnen etwas vom Charakter jener Plätze zu bewahren, an denen sich die verfolgten Christen versammelt und oft auch das Martyrium erlitten hatten.

Der wesentlichste Unterschied zwischen christlicher Kirche und antikem Tempel bestand jedoch in der neuen Raumfunktion des Bauwerkes. «War der Tempel nur gleichsam ein Schrein Gottes, vor dem sich die heiligen Handlungen unter freiem Himmel vollzogen, so umfaßt der Raum der Kirche den Sitz Gottes, Altar, Kulthandlung und jenen der klassischen Antike unbekannten geweihten geistigen Körper der Gläubigen, die Gemeinde. Alles ist vereint in einem geschlossenen, sich der Außenwelt verschließenden Raum» (F. W. DEICHMANN). Äußerlich unscheinbar wirkend, entfaltete der frühchristliche Kultbau seine Pracht im Schmuck des Inneren, in der Marmorverkleidung der Säulen und Wände, in der Wandmalerei und den Mosaiken. Immaterialität und Unkörperlichkeit scheinen dominiert zu haben. Gerade von dieser Wirkung des Inneren konstantinischer Basiliken, die uns ja nicht erhalten sind, kann man sich schwer ein Bild machen. In etwa wird man sie den römischen Kirchen Sa. Maria Maggiore (352/66 und 432/40) und Sa. Sabina (zwischen 422 und 432 gegründet) abspüren können, auch noch der ravennatischen Basilika S. Apollinare Nuovo aus dem frühen 6. Jahrhundert, wobei das Fehlen des Querschiffes bei den genannten Kirchen vielleicht nicht so sehr ins Gewicht fällt. Doch findet sich in der einschlägigen Literatur eine widerspruchslose Interpretation nicht. Es ist davon die Rede, daß den Innenraum der altchristlichen Basilika «ein kinetisch-bewegender Eindruck beherrscht», hervorgerufen durch die «Tiefenstreckung der An-

lage», durch das Dominieren der Längsausdehnung über die Breitenmaße und «durch die Säulenstellungen, die das Auge in die Tiefe führen» (W. SAS-ZALOSIECKY). «Alles ist auf das kultische Zentrum hin angelegt, auf Altar, Apsis und Thron. Das breite überhöhte Mittelschiff, einer Triumph- oder Feststraße gleich, führt zum Querschiff, das durch den hohen säulengestützten Triumphbogen sich dem Mittelschiff öffnet, und zum Altar, der gerahmt ist durch den gewölbten Hintergrund der Apsisnische und den Säulenvordergrund des Triumphbogens. Alles ist abgestuft nach einem neuen Rang und der Heiligkeit und den sakralen Bedürfnissen gemäß ... gegliedert in den Versammlungsraum, den mittleren Festsaal mit den Seitenschiffen und das eigentliche Heiligtum, nämlich Altarplatz und Thronnische (für den Bischof). Damit ist der Typus der christlichen Kirche geschaffen, unabhängig von seiner individuellen Variation als verschieden gebildete Basilika» (F. W. DEICHMANN). Und schließlich heißt es, die Raumform der Basilika sei «Symbol des Weges, auf dem die Gläubigen dem Wunder der Transsubstantiation entgegenschreiten. Das Ziel des Weges ist die Apsis mit dem Altar, auf dem sich das Mysterium der Fleischwerdung Gottes vollzieht» (N. PEVSNER). Auf kunsthistorischer Seite hat sich die Vorstellung vom «Wegebau», das heißt vom Charakter des gerichteten Raumes der frühchristlichen Basilika behauptet, von theologischer Seite wurde ihr aber unter Hinweis auf die Liturgie nicht unbegründet widersprochen. Nicht in der Apsis, am Ende der Kirche, befand sich der Altar der Eucharistiefeier, sondern in der Mitte (Augustinus: Mensa Christi est illa in medio constituta = Der Tisch Christi ist jener, der in der Mitte aufgestellt ist), was vielleicht nicht wörtlich seine Stellung im Raum, wohl aber seine Stellung zur Feierversammlung meint. «Die Tradition der altchristlichen Mensa setzte im Mittelalter der sogenannte Kreuzaltar fort. Er hatte seinen Platz inmitten des Kirchengebäudes» (A. WECK-WERTH). Tatsächlich hat die liturgische Nutzung auf die raumästhetische Wirkung der «Säulenstellungen, die das Auge in die Tiefe führen», keine Rücksicht genommen. Das beweist die Stellung der Kreuzaltäre in den mittelalterlichen Kirchen der Mönchsorden, die — das sei hier vorweggenommen — die frühchristliche Basilika zum Vorbild hatten. Selbst dort, wo die Klosterkirche den altchristlichen «Wegebau» geradezu kopierte, unterbrach der Kreuzaltar und später meist auch ein Lettner die «Tiefenstreckung» des Raumes. Die Apsis, eigentlich das «Ziel des Weges», blieb dann sogar den Blicken verborgen. Sie war in frühchristlicher Zeit Thronnische des Bischofs und Versammlungsort der Presbyter, eine Funktion, die später auf den «Chor» der Mönche einer Klosterkirche überging.

Zur Interpretation des frühchristlichen Kirchengebäudes muß noch etwas Entscheidendes hinzugefügt werden. Architektur kann in symbolischem Sinne abbildende Kunst sein. Meist können genügend Schriftquellen als Belege für die Symbolbedeutung beigebracht werden. Hinsichtlich der frühchristlichen Basilika des 4. Jahrhunderts ist festgestellt worden, daß sie als Bild des Himmels, als Darstellung des himmlischen Jerusalem gemeint war, und Eusebius von Cäsarea (gest. 340) ist Kronzeuge für die Beweisführung. Die Abbildung der apokalyptischen Stadt hat man sowohl in der Ausgestaltung mit Marmorinkrustationen, Goldmosaiken und bemalten oder vergoldeten Decken wie auch in der Bauform der Basilika selbst gesehen und dabei die Darstellung der Himmelsstadt mit den Elementen der antiken Stadtbaukunst erkannt: «Die Fassade entspricht spätantiken Stadttoren, das Langschiff der typischen Arkadenhallenstraße antiker Städte, der Triumphbogen den in den Straßenzug eingefügten spätantiken Triumph- oder Ehrenbögen, endlich das Heiligtum der Anlage

dem Hauptgebäude der Stadt. In seiner verschiedenen Gestalt als Zentralbau, Trikonchos, Quersaal übernimmt es verschiedene typische Formen des Thronsaales» (H. SEDLMAYR).

Der frühchristliche Kirchenbau wurde jedoch bei aller nachweisbaren Abbildhaftigkeit nicht sogleich als verselbständigtes Symbol, nicht von vornherein als transparente Erscheinung aufgefaßt, durch die eine überirdische Wirklichkeit geschaut werden konnte, wie es später beim mittelalterlichen Kirchengebäude der Fall war. Die Äußerungen des Eusebius in der Kirchweihpredigt zu Tyros bezeugen allerdings die Vorstellung, nach welcher der christliche Kultbau «der herrliche Tempel des großen Schöpfers des Weltalls» war, «worin hinieden zugleich ein geistiges Abbild dessen geschaffen, was jenseits des Himmelsgewölbes ist, damit sein Vater durch die ganze Schöpfung und alle vernünftigen Wesen verehrt und angebetet werde». Aber diese Worte bezeichnen doch wohl eher den Beginn als das Ende jenes Wandels in den Auffassungen von der Kirche als Bau, der nun nicht mehr nur bergende Hülle, sondern selbst ein Heiligtum sein sollte. Für die Christen der konstantinischen Ära wird man voraussetzen können, daß sie ihre neuerrichteten Kirchen, «auch dann, wenn die kaiserliche Munifizenz oder die Liebe der Gemeinde zu der Stätte ihrer Gottesdienste nicht müde wurden in der Ausschmückung mit Mosaiken, Statuen und kostbarem Gerät», daß sie diese Kirchen eher als eine Herberge und nicht als einen Tempel angesehen haben (H. KÄHLER). Der Bau war «vornehmlich Lebens- und Seinsraum der Gemeinde, durch Aktion ausgefülltes dreidimensionales Gebilde» (G. BANDMANN). In ihm war bildnerischer Schmuck «Beiwerk ohne kultische Bedeutung, hatte nur beispielhaften, belehrenden und erzählenden Charakter und genoß keine Verehrung» (F. W. DEICHMANN). Mit anderen Worten: Trotz großen Aufwandes an edlen Materialien und trotz reichen künstlerischen Zierats war das frühchristliche Kirchengebäude nur dann das, was es als «Abbild» meinen sollte, «Urbs Hierusalem Beata», wenn die handelnde Gemeinde es erfüllte. Damit bewahrte die konstantinische Basilika etwas vom Wesen des urchristlichen Versammlungsraumes, der ohne Hervorkehrung der äußeren Gestalt aus dem Zimmer eines Hauses oder aus einer Lagerhalle, allein durch die Liturgiefeier, zur Kirche im apostolischen Sinne werden konnte. Den Bau durch den Kult zu heiligen (und nicht durch materiellen Aufwand), diese Haltung sollte später die Auffassung des Mönchtums von seiner Kirchenarchitektur prägen — zu einer Zeit, in der man die Kathedrale als «Stadt des größten Königs» baute und in ihr das «Bild des Universums» erblickte.

Klosterkirchen im Karolingerreich

Während sich die von Konstantin dem Großen zum «neuen Rom» gemachte griechische Stadt Byzantion als Bewahrerin des Römerreiches verstand und dessen Herrschaft im östlichen Teil des ehemaligen Imperiums erhalten konnte, bildeten sich vom 4. bis 6. Jahrhundert auf dem Boden der verfallenden westlichen Reichshälfte kurzlebige Staaten der ziehenden Stämme. Nur einer davon hatte Bestand, das Reich der Franken, das sich im 5. Jahrhundert vom Rhein nach Westen und im 6. Jahrhundert auch nach Osten hin auszubreiten begann. Die Annahme des Christentums durch die Franken unter dem ersten König aus dem Hause der Merowinger, Chlodwig, und die entstehende Feudalordnung mit der Herausbildung eines dienstpflichtigen Grundadels sicherten die Entwicklung zu einem Großreich, das in der Lage war, die Nachfolge Roms anzutreten und Byzanz den Rang streitig zu machen.

Als die Karolinger, die Hausmaier des östlichen fränkischen Reichsteils Austrien, 751 die Merowin-ger entthronten, wurde Pippin zum neuen König erhoben und zunächst vom päpstlichen Legaten, dem Mainzer Erzbischof Bonifatius, gesalbt. Im Jahre 754 aber suchte Papst Stephan II. bei Pippin um Hilfe gegen die Langobarden nach, unterstellte Rom dem Schutz des fränkischen Königs und salbte Pippin ein zweites Mal im Kloster Saint-Denis; der Karolinger wurde zum «Patricius Romanorum», zum Schutzherrn der Römer. Unter Karl dem Großen erlangte dieses Schutzverhältnis welthistorische Bedeutung: Der fränkische König bestritt zugunsten Roms und des Papstes die allgemeine Gültigkeit des durch die byzantinische Kaiserin Irene und ihren Sohn Konstantin VI. 787 einberufenen Konzils in Nicäa. Eine Synode im Jahre 794, die unter Vorsitz Karls in Frankfurt stattfand, leitete die Kirchenspaltung zwischen Ost und West ein. Karl beanspruchte für das fränkische Königtum Gleichwertigkeit neben dem Kaiser von Byzanz, und nachdem Papst Leo III. Karl den Großen am 25. Dezember des Jahres 800 in Rom zum «Kaiser der Römer» gekrönt hatte, gab es zwei christliche Imperien, die als Nachfolger des römischen Reiches gelten wollten. Die Krönung durch den Papst stellte allerdings die Rolle des Frankenkaisers als Herr der Christenheit in Frage. Nicht wie der byzantinische Basileus war er auch kirchliches Oberhaupt, sondern dieses Amt behielt sich der Papst vor. Die Teilung in kirchliche und weltliche Herrschaft enthielt den Keim für spätere Machtkämpfe, von denen Westeuropa, vor allem aber Deutschland, während des frühen und hohen Mittelalters erschüttert werden sollte.

Das Bündnis der karolingischen Frankenkönige mit dem Papst in Rom, die Hinwendung zum Mittelpunkt antiker Weltherrschaft und das Anknüpfen an dessen christliche Tradition fand in der kirchlichen Architektur des Karolingerreiches ein bemerkenswertes Echo. Um das Jahr 754 begann Faulrad, Abt von Saint-Denis und Berater Pippins des Jüngeren, mit dem Bau einer neuen Kirche seines Klosters. Als Vorbild diente ihm die altchristliche römische Basilika mit Querschiff und unmittelbar anschließender Apsis. Dieser Typ war nicht kontinuierlich tradiert worden, sondern vielmehr schon Anfang des 5. Jahrhunderts selbst in Rom wieder zugunsten querschiffloser und anderer Kirchentypen mehr byzantinischer Provenienz verschwunden. Erst jetzt, im 8. Jahrhundert auf fränkischem Boden, erlebte der konstantinische Kirchentyp seine Wiederbelebung.

Die Renovatio des Imperiums brachte eine «Renaissance» des frühchristlich-römischen Kirchenbaues hervor. Dort, wo der Papst den König des neuen Reiches gesalbt hatte, war der nachahmende Bau des römischen Urtyps politische Demonstration. Er galt als Nachahmung, auch wenn er nur ein dreischiffiges Langhaus und — soweit man sich von den veröffentlichten Ausgrabungsgrundrissen ein Bild machen kann — auf der Ostseite ein nur wenig ausladendes Querhaus besaß, an das sich die Apsis anschloß. Für das fränkische Reich hatte die neue Kirche des Klosters Saint-Denis über dem Begräbnisplatz des ersten Bischofs von Paris, Dionysius, die gleiche Bedeutung wie für Rom die Grabeskirche des Apostelfürsten und ersten Papstes Petrus.

Das Beispiel steht im Karolingerreich nicht allein. Die Bautätigkeit in Fulda, unter den Äbten Baugulf, Radger, Eigil und Hrabanus Maurus zwischen 791 und 842, führte zur Anlage eines Großklosters an der Stelle, wo Sturmius 744 auf Wunsch des Bonifatius eine Mönchsniederlassung mit zentralen Aufgaben für Mission und Kirchenorganisation gegründet hatte. Im Mittelpunkt des Neubaus stand eine Kirche nach dem Vorbild von Alt-St.-Peter in Rom. Sie besaß zwar wie die in Saint-Denis ein nur dreischiffiges Langhaus, aber wie in Rom lag das Querhaus mit der Apsis im Westen und ragte weit über die Seitenschiffe hinaus. Auf der

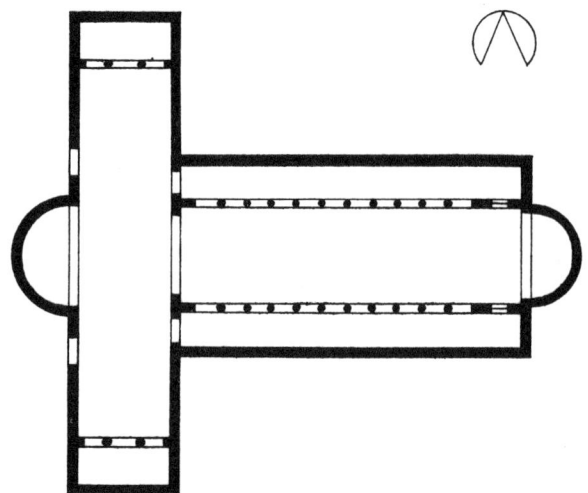

Fulda, karolingische Klosterkirche. Rekonstruktion des Grundrisses

Ostseite befand sich kein axialer Eingang, sondern eine zweite Apsis, sie war aber umgeben vom quadratischen Hof eines Atriums nach römischem Vorbild. Eine vage Vorstellung vom Äußeren übermitteln fuldaische Stadtansichten des 16. und 17. Jahrhunderts, das Innere wird unsicher rekonstruiert nach einer Beschreibung aus dem Jahre 1612: Man vermutet über den Säulen des Langhauses einen Architrav wie in Alt-St.-Peter anstatt einer Bogenfolge. Die karolingische Klosterkirche ist im 18. Jahrhundert dem barocken Bau des Fuldaer Domes gewichen, im benachbarten Hersfeld jedoch ist die nach Fuldaer Vorbild errichtete Klosterkirche als Ruine erhalten geblieben und kann noch heute einen Eindruck von deren Bau- und Raumwirkung vermitteln. «Der enge Anschluß an Fulda ist unverkennbar. Charakteristisch sind das durchgehende Querhaus und die Tendenz zur Doppelchörigkeit» (D. GROSSMANN). Das «durchgehende» Querschiff, jener ungegliederte Raumteil, der von Nord nach Süd zur Ost-West-Richtung des Langhauses der Basilika quergestellt ist, hat zu dieser Zeit und später immer als besonderes Kennzeichen enger Verbin-

28

dungen des Bauherrn mit Rom gegolten. Darüber hinaus haben die Anlagen in Fulda und Hersfeld eine lokale Tradition gebildet, deren Auswirkungen bis ins 12. Jahrhundert zu verfolgen sind (Klosterkirchen in Herrenbreitungen und Veßra im Werratal), bis in eine Zeit also, in der bereits die rhythmische Gliederung des Raumes auf der Basis einer Teilung des Grundrisses in gleichmäßige, meist quadratische Kompartimente üblich und das Querhaus in der Regel durch die Bögen der «ausgeschiedenen» Vierung in drei Raumteile zerlegt war.

Begonnen wurde mit dem Fuldaer Kirchenbau 791, und zwar mit dem «östlichen Tempel», vermutlich über der ersten Kirche des Abtes Sturmius. Es folgte der «westliche Tempel», der das ursprünglich außerhalb liegende Grab des inzwischen heiliggesprochenen Bonifatius einbezog; es befand sich damit an der Stelle, wo in Alt-St.-Peter das Grab des Apostels lag. Diese Verehrung des Bonifatius, der im päpstlichen Auftrag die ostfränkische Kirchenorganisation aufgebaut hatte, war ebenso demonstrativ wie die Wahl der Form des Kirchengebäudes. Das Kloster Fulda lebte nach den Gebräuchen von Monte Cassino, es war als erstes dem Papst direkt unterstellt. Die Bezugnahme auf altchristlich-römische Architekturvorbilder kann als Ausdruck eines (vielleicht nur unterschwelligen, weil noch gegenstandslosen) Unabhängigkeitsstrebens gegenüber

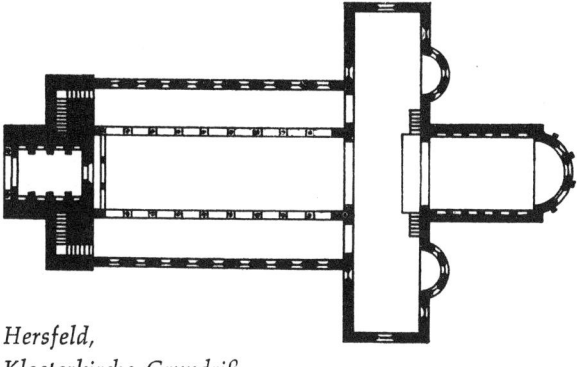

Hersfeld, Klosterkirche. Grundriß

der kaiserlichen Gewalt gewertet werden, um so mehr, als die Kirchen der Karl dem Großen näher stehenden Klöster einer anderen Tradition folgten und «kaiserliche» Architekturformen verwendeten oder entwickelten.

Als Prototyp dieser «kaiserlichen» Bauten gilt die Kirche des Klosters Centula, die um 790 vom Abt Angilbert, einem Lehensmann und Verwandten Karls, begonnen und 799 geweiht worden war. Das Kloster war also königlicher Besitz, war ein «Reichskloster», und die überlieferte Pracht und Größe der angilbertischen Kirche erklärt sich aus dem vollen Fluß der königlichen Mittel zu ihrer Errichtung. Die «größten und gelehrtesten Künstler des Holzes und Steines, des Marmors und des Glases» seien «in königlichem Auftrag» in Centula tätig gewesen. Karl schenkte Reliquien aus Konstantinopel und Jerusalem sowie kostbare Stücke aus dem Schatz seiner Kapelle. Die dem heiligen Richarius geweihte karolingische Klosterkirche hat später durch die Normanneneinfälle gelitten und mußte schließlich einem gotischen Kathedralbau weichen. Aber mit Hilfe von Beschreibungen und einem Stich des 17. Jahrhunderts nach einer Buchmalerei des 11. Jahrhunderts läßt sich ein Bild vom Bau Angilberts gewinnen. Äußerlich war es eine nahezu symmetrische Anlage mit basilikalem Langhaus zwischen einem östlichen und einem westlichen Querbau, über dessen Mitte sich gleichgestaltete runde Türme mit dreigeschossigen Laternenaufbauten erhoben. Niedrige Treppentürme flankierten sowohl den Chorbau im Osten wie auch den Eingangsbau im Westen.

Die Raumdisposition des Inneren hatte dagegen nichts von der äußeren Symmetrie. Vorherrschend war das Motiv des basilikalen Langbaus mit westlichem Eingang und kreuzförmigem Ostteil.

Letzterer hatte nun allerdings nicht die «römische» Form wie in Fulda oder Saint-Denis, er folgte mit Querschiff, Vierungsturm und langgestreckter Apsis eher dem Vorbild «zentralgestaltiger Memorialbauten» (E. LEHMANN) und konnte möglicherweise auf eine merowingische Tradition zurückgreifen. Der Westteil aber stellte gleichsam eine eigene, wenn auch durch Bogenstellungen mit dem Hauptraum verbundene Kirche dar, eine an drei Seiten von Emporen umgebene Kapelle, die, um den axialen Eingang in die Basilika beizubehalten, über eine gewölbte Durchgangshalle gehoben war. Dieses komplizierte, insgesamt dreigeschossige Gebilde hat als «Westwerk» die Forschung überaus stark beschäftigt und zu den unterschiedlichsten Interpretationen Anlaß gegeben. Man erkannte schließlich in ihm eine vereinfachte Nachbildung der Aachener Pfalzkapelle, also eine in die Klosterkirche hereingenommene Hofkirche. Sie war dem Salvator geweiht, in ihr wurden die Feste der Epiphanie, der «Erscheinung Christi», gefeiert, und im Bilde des Erlösers wurde gleichzeitig der weltliche Herrscher verehrt. Der Zusammenhang von Salvatorkult und Kaiserverehrung, basierend auf dem Christkönigsbild einer «spezifisch karlischen Theologie» und wohl auch in einer spätantik-byzantinischen Tradition wurzelnd, verlieh dem Westwerk eine über die Hofsphäre hinausgehende kirchliche und staatliche Bedeutung. Friedrich MÖBIUS hat wahrscheinlich gemacht, daß das Westwerk Funktionen im Dienst der sich herausbildenden frühfeudalen Reichsorganisation erfüllte. Damit ließe sich die Verbreitung des Westwerks besonders in Niedersachsen erklären. Eine «Wiederholung» des Westwerkes von Centula wurde in den Jahren 873 bis 885 der 844 geweihten Kirche des Klosters Corvey an der Weser angefügt und hat sich dort bis heute erhalten. Die Annahme, auf der westlichen Empore hinter dem großen Mittelbogen sei der Platz des Herrschers bei seiner Teilnahme an den Gottesdiensten gewesen, ist umstritten, und ein zumindest zeitweiliges Agieren des

Kaisers auf der «liturgischen Ebene» im Westwerk wird vorausgesetzt. Die Form der emporenumzogenen zentralgestaltigen Kirche dürfte byzantinischen Ursprungs sein und stammt dort aus dem Umkreis des Hofes. Ihre Übernahme durch die karolingische Architektur ist wohl mit als ein Zeichen des Strebens nach Gleichrangigkeit zwischen dem Frankenreich und Byzanz zu verstehen, wie in Aachen, so vielleicht doch auch in Centula und Corvey. Möglicherweise bewahren die westlichen Herrscheremporen in der abendländischen Kirchenbaukunst des Mittelalters gerade ein wesentliches Element des Westwerkes. Bezeichnenderweise fehlen diese meistens dort, wo monastische Reformen mit der Tendenz zur Emanzipation vom weltlichen Herrscher im Spiele waren.

Unter diesem Gesichtspunkt steht nun die Kirche des Klosterplans von Sankt Gallen monastischer Reformatio näher als imperialer Renovatio. Hier fehlt das Westwerk und auch der Salvatorkult, nicht einmal eine «capella regia» ist nachweisbar. Selbst die an sich karolingische Doppelchörigkeit gewinnt durch die Weihe der Apsiden an die Apostel Petrus und Paulus Bezug auf Rom. Die «Rationalität» der Klosteranlage kehrt wieder in der Zusammenfassung aller Liturgiefunktionen und aller Prozessionsstationen in einer Kirche. Noch Centula besaß deren drei, die im Sinne einer «Kirchenfamilie» zusammengehörten, eine im Ursprung östliche Erscheinung, die in der Folge aber in Westeuropa aufgegeben wurde, während sie in den Kirchenansammlungen byzantinischer und altrussischer Klöster fortlebte.

Aus der Baugeschichte des Klosters Cluny geht hervor, daß man dort bei der Gründung zu Beginn des 10. Jahrhunderts, unter Beibehaltung einer karolingischen Kapelle, die Errichtung einer Gruppe von Kirchen plante. Erst mit der 948 begonnenen sogenannten zweiten Kirche (Cluny II) ist dann die ältere Form der Klosterkirchen-«Familie» endgültig

ECCLESIAR AB ANGILBERTO APVD CENTVLAM AN DCC XCIX CONSTRVCTARVM · E·SCRIPTO·CODICE EKMATEION

S·RICHARIVS

S·BENEDICTVS

S·MARIA

CVRA·P·PE·R ·1612

Centula.
Ansicht des
karolingischen Klosters
nach einer
im 17. Jahrhundert
gestochenen
Zeichnung des 11. Jahr-
hunderts

aufgegeben worden. Mit dem Verzicht auf Neben-kirchen, mit der Beschränkung des Prozessionsgot-tesdienstes auf einen wenn auch in sich vielfach gegliederten Bau klingt wohl schon im Sankt-Gal-ler Plan eine monastisch-reformerische Ablehnung an. Vielleicht war es nur die Ablehnung des materi-ellen und physischen Aufwandes, wie er für Cen-tula in nahezu unvorstellbarer Weise überliefert ist. Vielleicht war aber auch eine Ablehnung der «Dar-stellung» gemeint, der bildhaft-anschaulichen Ver-gegenwärtigung des Heilsgeschehens, die in der Wanderung von Altar zu Altar, von Station zu Sta-tion des Lebens Christi enthalten war, um so mehr, da sich diese Wanderung über im Freiraum verteilte Baulichkeiten erstreckte, die als Teile der Himmels-stadt und Wohnungen der Heiligen verstanden wurden. Es waren die seit dem 5. Jahrhundert zele-brierten stadtrömischen Stationsgottesdienste, die den liturgischen Umzügen in den karolingischen Reichsklöstern, namentlich in Centula, als Vorbild gedient haben. Ihre Adaption war möglicherweise ein gezielter Akt (zusammenhängend mit der Über-nahme des Gregorianischen Sakramentars) im Sinne der kaiserlichen Christkönigs-Theologie, so daß, ähnlich dem Salvatorkult, auch die Wandergottes-dienste als Sichtbarmachung des neuen Jerusalem, als Bild des Gottesstaates im Dienst triumphaler Herrscherverehrung gestanden hätten.

Von daher wäre die in Sankt Gallen unterstellte Empfindlichkeit gegenüber bildhaft-sinnlicher Ver-gegenwärtigung durchaus verständlich, aber auch insofern denkbar, als sie typisch wird für das refor-mierte Mönchtum und seine Auffassung vom Bild. Das Reformmönchtum reagierte auf die Entwick-lung des Bildes zum Kultgegenstand ablehnend, zeitweilig sogar mit Bildverboten. Das Problem wurde erst im Hochmittelalter brisant; in der Karo-lingerzeit scheint das Verhältnis zum Bild noch ein-heitlich gewesen zu sein. Immerhin gibt es von Kai-ser Karl autorisierte Formulierungen dazu, die dar-auf schließen lassen, daß man es in Aachen für nötig hielt, Stellung zu nehmen. In dem berühmten kir-chenpolitischen Werk aus dem Jahre 791, mit dem Karl der Große dem Konzil von Nicäa des Jahres 787 die universale Geltung absprach — die vermu-tete Autorschaft des Westgoten Theodulf, einer pro-filierten Persönlichkeit am Hofe und seit 788 Bi-schof von Orleans, gilt durch jüngste Forschungs-ergebnisse als bestätigt —, in jenen «Libri Carolini» finden sich auch Äußerungen zur Kunstpraxis. Sie waren veranlaßt durch den in Byzanz tobenden Bil-derstreit, der durch das Nicäische Konzil in eine neue Phase getreten war. Kaiserin Irene und ihr Sohn Konstantin VI., die Veranstalter des Konzils, unterstützten die Bilderverehrer, die Ikonodulen, und ließen theologische Begründungen verkünden. Die Stellungnahme der Libri Carolini — wohl die Meinung Karls im Sinne autoritativer Allgemein-gültigkeit — besagt: Bilder sind im kirchlichen Ge-brauch zugelassen, sie dienen dem Schmuck und er-innern an die Begebenheiten der Heilsgeschichte so-wie an heilige Personen; Anbetung und Verehrung darf ihnen nicht entgegengebracht werden. In die-sem Zusammenhang kommt der Feststellung der Libri, daß Bilder von Menschenhand gemacht wer-den, außerordentliche Bedeutung zu, denn gerade das unterscheidet die westliche Bildauffassung zu dieser Zeit von der östlichen, die das Bild als My-sterium verstand, eine Auffassung, die gerade von den Ikonodulen gegen die Ikonoklasten leidenschaft-lich verteidigt wurde. Es heißt in den Libri: «Der Maler, der heilige Gegenstände herstellt, bedarf zur Ausübung seines Berufes ebensogut einer techni-schen Schulung wie andere Handwerker, er hat es mit Farben und Formen zu tun und schafft seine Werke ohne Mitwirkung des Heiligen Geistes — Malerei ist Speise für die Augen.» Dabei will Karl ganz offensichtlich zeigen, daß er hinsichtlich des

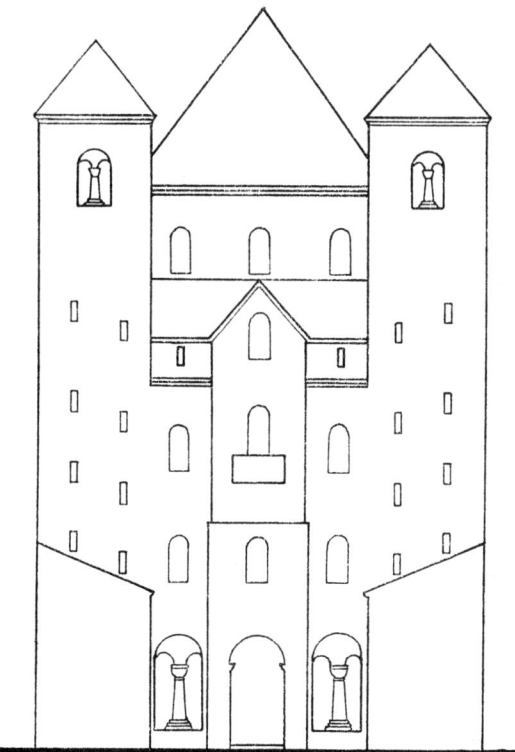

Corvey, karolingische Klosterkirche. Rekonstruktion des Westwerkes, Ansicht und Schnitt

materiellen Aufwandes bei der Ausschmückung seiner Kirchen hinter Byzanz keineswegs zurücksteht: «In dem uns von Gott anvertrauten Reich strotzen die Basiliken von Gold und Silber, Edelsteinen, Kleinodien und anmutigstem Zierat, und wenn wir es auch ablehnen, den Bildern Lichter anzuzünden und Weihrauch zu spenden, so schmücken wir doch die dem göttlichen Dienst geweihten Stätten mit den allerhöchsten Dingen.»

Man erkennt in diesen kaiserlichen Auffassungen ein Anknüpfen an spätantik-frühchristliche Vorstellungen im Sinne von Renaissance und Renovatio. Die gleichen Vorstellungen werden später vom Reformmönchtum gegen Bildauffassungen vorgetragen, nach denen im Dargestellten transreale Existenzen geschaut werden sollten.

Das Zusammenziehen von mehreren Einzelkirchen mit unterschiedlichen liturgischen Funktionen wie eucharistisches Meßopfer, Taufe, Heiligen- und Reliquienverehrung, zu einem «vielräumig gestuften» Bau ist nicht auf Klosterkirchen beschränkt gewesen. Die «Kontraktion der verschiedenen Bauten der Kirchenfamilie» könnte aber gefördert worden sein durch das in Klöstern außerhalb städtischer Siedlungen ohnehin schon nähere Beieinander von einzelnen Kirchen, die sonst in römisch-frühchristlicher Tradition über eine ganze Stadt verteilt waren (G. Bandmann). Die Entwicklung wurde später jedoch allein von der Bischofs- und Kathedralkirche konsequent zu Ende geführt — sie vereinigte die «Kirchenfamilie» unter dem Bilde der burghaften Stadt —, während die Klosterkirche unter ganz anderen inhaltlichen und formalen Gesichtspunkten ihre neue Gestalt, ihren neuen Typus erhielt.

Zu den Bauteilen der «vielräumig gestuften» Gesamtkirche, die ihren Ursprung in einem Einzelbau haben, muß auch die Krypta gezählt werden. Dieser Raum wurde in der Regel unter dem Chor angelegt, in Form eines ringförmigen oder rechtwinklig geführten Ganges, in Form einer oder mehrerer miteinander verbundener Kammern («Stollen») oder in Form einer mehrschiffig gewölbten Halle. Die Krypta, abgeleitet von den Katakomben, war der Ort, wo das Grab des Märtyrers, eines Heiligen oder einer geheiligten Person Verehrung fand; erst später wurde sie zu einem mit Altären ausgestatteten Andachtsraum. Die karolingische Klosterkirche von Saint-Denis besaß eine Gang-Krypta in Ringform unter der Apsis am Querschiff; sie entspricht als «Kopie» der Peterskrypta in Rom der Vorbildlichkeit von Alt-St.-Peter für die Kirche Pippins und Karls als den neuen Schutzherrn der Römer. Die Krypten in Fulda, 818/19 in die beiden Chöre der Basilika eingebaut, waren Hallen; das gleiche wird für Hersfeld vermutet. Eine frühe Hallenkrypta hat sich in der kleinen Michaelskirche in Rohr erhalten;

ob sie dem 9. Jahrhundert (zwischen 815 und 824 ist ein Benediktinerkloster mit einer Michaelskirche errichtet worden) oder erst dem 10. Jahrhundert angehört (die Kirche hätte dann die Funktion einer Pfalzkapelle des Königshofes gehabt) wird neuerlich zugunsten einer Entstehung in karolingischer Zeit beantwortet. Deutlich spürt man die baldachinartige Wirkung des zentralen Gewölbes zwischen den vier Stützen und damit die Abhängigkeit des Bauteils von Vorbildern der Sepulkral- und Memorialarchitektur, die später, seit dem 11. Jahrhundert, bei den vielschiffigen und weiträumigen, hoheitsvollen und festlichen Hallenkrypten nicht mehr ersichtlich ist. Zu diesem Zeitpunkt wird die Mönchskirche auf diesen Bauteil verzichten.

Die Baupraxis der Karolingerzeit kannte einen verbindlichen Typ für die Kirche eines Klosters noch nicht, auch nicht in der Nähe des Personenkreises, der allgemein für den Urheber des Sankt-Galler Klosterplanes gehalten wird. Die Kirche des vermuteten Musterklosters der Reichsreform des Benedikt von Aniane in Inda (Kornelimünster) glich (nach den Ausgrabungen von L. Hugot) in etwa der «Einhardsbasilika» in Steinbach.

[1] LE MONT-SAINT-MICHEL, *Ansicht des Klosters von Süden* · Auf dem Felsen im Meer vor der normannischen Küste haben schon im 8. Jahrhundert Mönche gelebt, in Zellen oder Höhlen ähnlich wie in orientalischen Eremitensiedlungen, bevor das Kloster im 11. und 12. Jahrhundert als Benediktinerabtei (Gründung 966) seine Blütezeit hatte. Kirche und Klausur wuchsen über der kleinen befestigten Stadt am Fuße des Berges zu einem bis heute bewunderten Architekturbild auf.

Folgende Seiten:

[2] SCHIO-MGWIME, *Ansicht des Klosterkomplexes von Süden (6.–18. Jahrhundert)* · Die georgische Mönchssiedlung ist aus einer vom heiligen Schio gegründeten Einsiedelei hervorgegangen. In der Mitte stehen, charakteristisch für die Klöster des Ostens, Kirche und Refektorium für Gebet und Mahlzeit der Gemeinschaft; zum Wohnen dienten den Mönchen die Höhlen in der umgebenden Felswand.

[3] WARDSIA, *Höhlenkloster* · In der stadtähnlichen Höhlensiedlung hat die georgische Königin Tamara im späten 12. Jahrhundert ein Kloster eingerichtet.

[4] RILAKLOSTER, *Chreljo-Turm* · Der bulgarische Feudalherr Chreljo ließ diesen Wohn- und Wehrturm für das Kloster 1335 errichten.

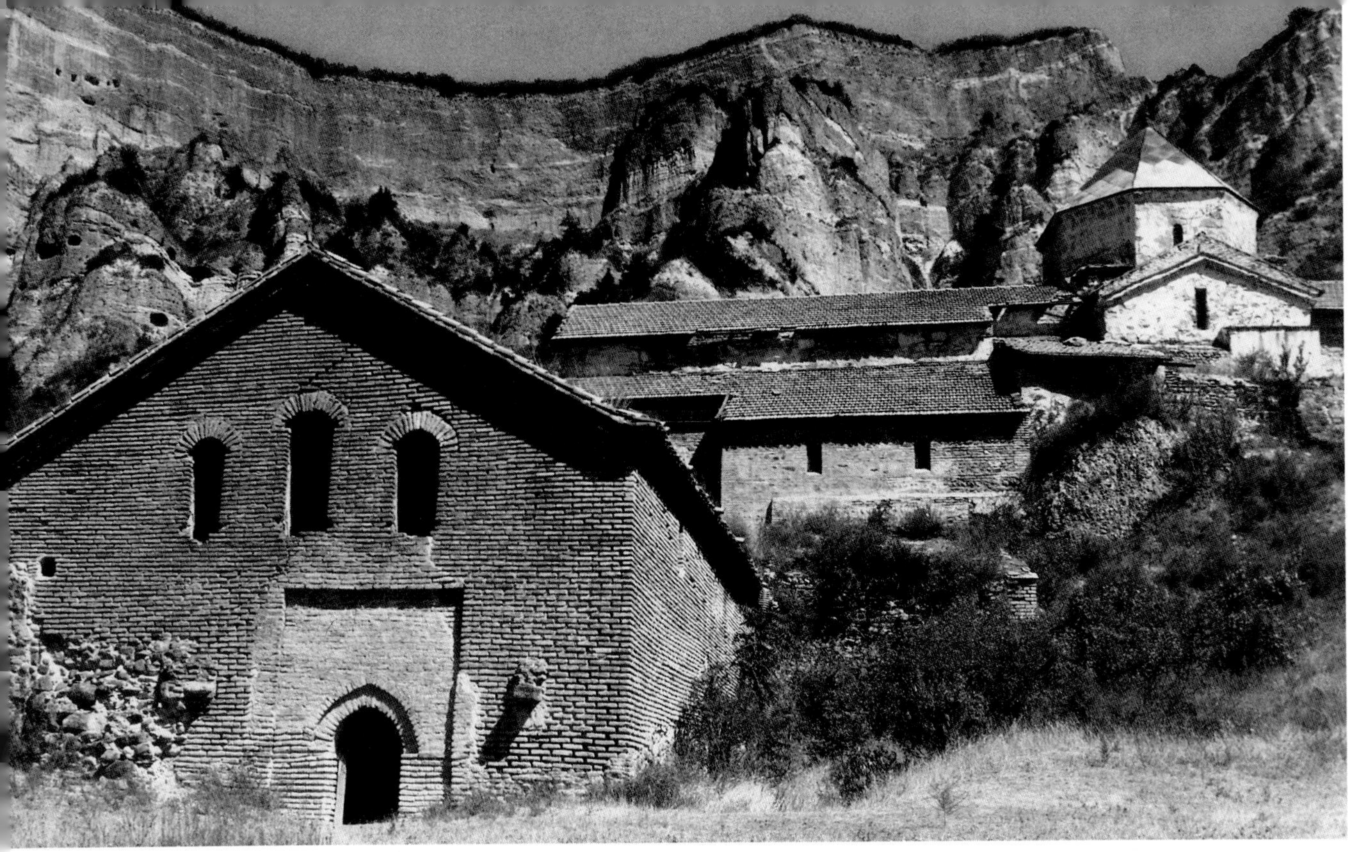
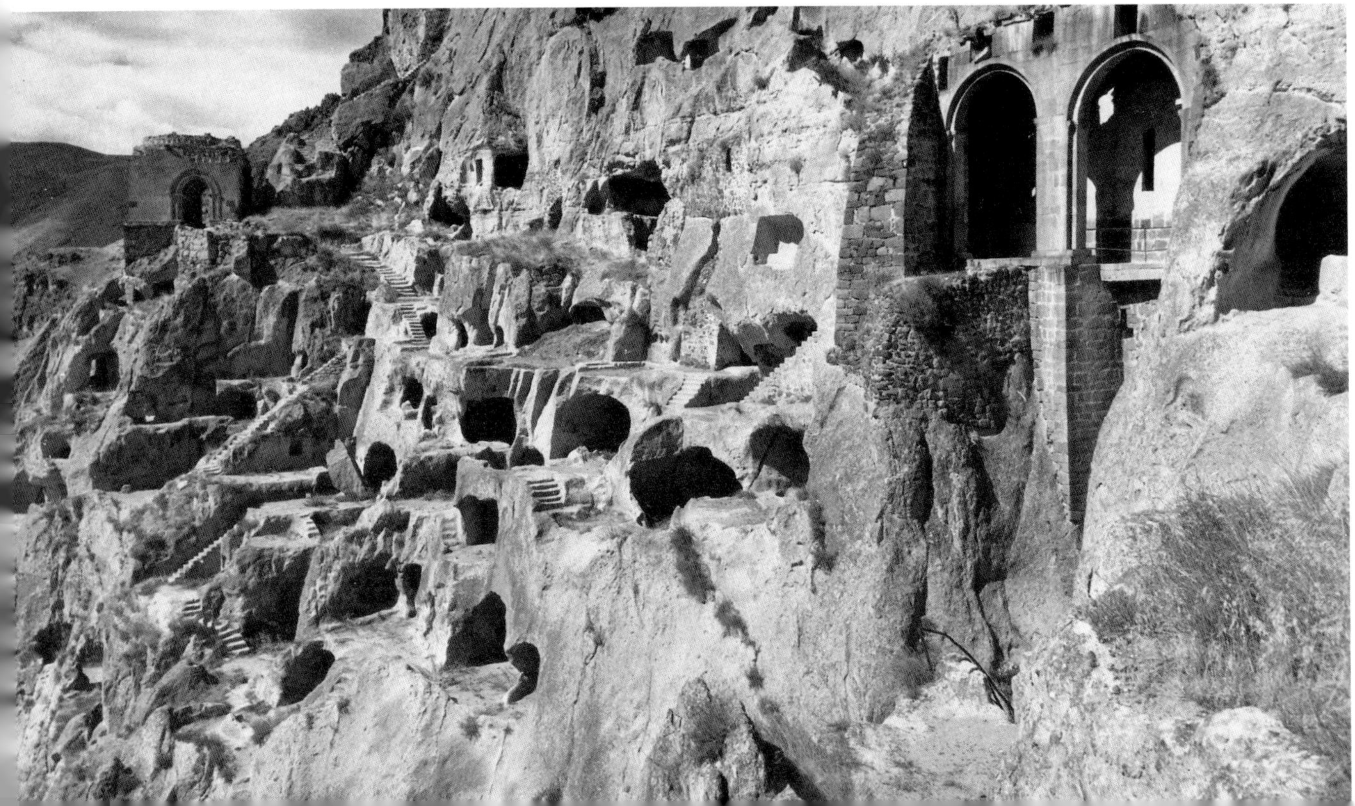

[5] GROSSCOMBURG, *Benediktinerkloster (gegründet 1078/79), Ansicht von Westen* · Es kam häufig vor, daß kleinere Feudalherren, wie hier der schwäbische Graf Burkhard, ihre Burgen in Klöster umwandelten. In Großcomburg blieb der festungsartige Charakter auch bei spätmittelalterlichen und barocken Umbauten bewahrt.

[6] MAULBRONN, *Zisterzienserkloster (gegründet 1146/47), Luftbild* · Im Gegensatz zur beherrschenden Berglage der benediktinischen Klosterburg legten die Zisterzienser ihr Kloster im Waldtal des oberen Kraichbaches an. Um die Klausur mit Kreuzgang und Kirche gruppieren sich die Gebäude des von einer Mauer umgebenen Wirtschaftshofes.

[7] SIENA, *Blick von Westen auf die Stadt mit der Kirche San Domenico und dem Dom*

[8] FLORENZ, *Blick über den Arno auf die Stadt mit der Franziskanerkirche Santa Croce und dem Dom*

Abseits vom Zentrum, dem Stadtrand nahe, haben die Bettelmönche der Dominikaner und Franziskaner im 13. und 14. Jahrhundert ihre großen, aber im Gegensatz zu den städtischen Hauptkirchen und Domen betont einfachen Kirchbauten errichtet.

Folgende Seiten:

[9, 10] MAGDEBURG, *Kloster Unser Lieben Frauen, Westflügel der Klausur und romanisches Brunnenhaus (Mitte des 12. Jahrhunderts)*

[11, 12] FONTENAY, *Zisterzienserkloster (gegründet 1139), Nordostecke des Kreuzhofes und Inneres des Kreuzganges* · An den südlichen Querhausflügel der Klosterkirche, die als kreuzförmige Basilika ohne Oberlichtgaden errichtet wurde (geweiht 1147), schließt sich der Ostflügel der Klausur mit dem Schlafsaal im Obergeschoß. Folgende Seiten:

[13—15] MAULBRONN, *Zisterzienserkloster, Inneres des Herrenrefektoriums (um 1220), Ansicht der Klosterkirche (geweiht 1178) und des Laienhauses der Klausur von Westen, Inneres der Vorhalle der Klosterkirche (um 1210/15)* · Die Zisterzienser haben das «klaustrale Schema» der abendländischen Klosteranlage, wie es auf dem Plan von Sankt Gallen (um 820) entworfen worden war und bei dem sich die Kirche sowie die Gebäude mit den Versammlungsräumen, dem Speise- und dem Schlafsaal, der Küche, dem Vorratskeller, auch der Bibliothek und anderen Räumlichkeiten um den quadratischen Hof des Kreuzganges legen, weiterentwickelt und in der sinnvollen Anordnung nach den Funktionen zu höchster Vollendung gebracht.

13

14

15

[18, 19] EBERBACH, *Zisterzienserkloster, Inneres des Dormitoriums und des Kapitelsaales im Ostflügel der Klausur (um 1270—1345)*

Folgende Seiten:

[20—22] CHORIN, *Zisterzienserkloster, Giebel des Pfortenhauses und des Brauhauses, Inneres des Fürstensaales sowie der Küche im Westflügel der Klausur (um 1300)*

[23] ZINNA, *Zisterzienserkloster, Südgiebel der Neuen Abtei, des Abtshauses mit der Abtskapelle im Obergeschoß (um 1450)*

21

22

[24] ERFURT, *Augustinerkloster, Kreuzhof mit Südseite der Kirche (um 1310)*
[25] REGENSBURG, *Dominikanerkloster, Inneres des Kreuzganges (um 1400)* · Die Unregelmäßigkeiten des Wandverlaufs und die Verschiebungen bei der Rippenführung in den Gewölben, von uns heute als ästhetischer Reiz und voller Stimmung empfunden, waren bedingt durch die Abmessungen des Baugeländes, das den Bettelmönchen in den Städten zur Verfügung gestellt wurde.

Abt Haito von der Reichenau baute sein «Münster» als kreuzförmige Basilika mit einer Doppelapsis am Sanktuarium. Und auch Abt Gozbert von Sankt Gallen ließ eine Kirche errichten, die mit der «Plankirche» keine Ähnlichkeit hatte. Die Kirchenbaukunst des damaligen Mönchtums hatte teil an der Mannigfaltigkeit der karolingischen Architektur, die noch etwas von der wählenden Unentschiedenheit bei der Suche nach einer verbindlichen Form für den Kultbau zu haben scheint, wie sie für die frühchristliche Zeit so charakteristisch war. Bisweilen läßt sich bei dieser Suche bereits ein tastendes Unterscheiden zwischen «höfisch» und «mönchisch» feststellen, und dem Plan von Sankt Gallen ist zu entnehmen, daß das Mönchtum die Vielfalt der Bauformen als für seine Zwecke unbrauchbar erkannt hatte, auch wenn sich die Vielzahl durch die Ablehnung höfischer, kaiserlicher Vorbilder verringerte. Ziel des mönchischen Bauens mußte es sein, *einen gültigen Kirchentyp zu finden.* Jede monastische Reform schuf sich, wie wir sehen werden, den ihren. Aber das Modell der anianischen Reform, das wir in der «Plankirche» von Sankt Gallen erkennen, wurde nie Realität.

Dagegen wurde ein älterer Kirchentyp über die anianische Reform hinaus vom Mönchtum tradiert bis ins 10. Jahrhundert, ein einschiffiger Saal, der nach Bedarf in die Länge gestreckt, auch mehrfach unterteilt werden konnte und auf jeden Fall ein abgesetztes Sanktuarium besaß. Ein kennzeichnendes Beispiel war das auf der Insel Reichenau festgestellte erste Münster aus dem 8. Jahrhundert, ein zunächst rechteckiger Bau, der dann zu einem «Schlauch» mit eingezogenem quadratischen Altarhaus erweitert wurde. Dieser Typ wird als charakteristische Form einer abendländischen Klosterkirche der Frühzeit bezeichnet (E. REISSER). Wenn wir

der Rekonstruktion von Kenneth John CONANT folgen können («une restauration hypothétique de Cluny I n'est pas impensable»), dann hatte man 927 im Kloster Cluny mit dem ersten Kirchenbau sogar diesen Urtyp zur Kirche der neuen benediktinischen Mönchsreform kultivieren wollen. Aufgrund seines «Gerätcharakters» (W. BOECKELMANN) mag er dem Askesebedürfnis des repräsentationsfeindlichen Reformmönchtums entsprochen haben. Offenbar war er auch durch den Idealentwurf einer Klosterkirche auf dem Plan von Sankt Gallen noch keineswegs unmodern geworden. Er schloß auch weitere Kirchen- und Kapellenbauten in Klosteranlagen nicht aus, er ersetzte die Klosterkirchenfamilie noch nicht. Bis ins 10. Jahrhundert scheint die Zeit für nur eine Kirche im Kloster, die alle Funktionen der Einzelkirchen unter einem Dach vereinigt, nicht reif gewesen zu sein. Erst als der Rationalismus der Mönchsreform von Cluny voll zum Tragen kam und an das Kirchengebäude ein höherer gestalterischer Anspruch gestellt wurde, der sowohl aus einer Entfaltung der Liturgie als auch aus einer retrospektiven Mentalität, einer auf das Andenken an die Ursprünge gerichteten Denkweise resultierte, verschwand die Kirchenfamilie und der Archetyp aus der Kirchenbaukunst des abendländischen Mönchtums. Dieser Fall trat ein, als man in Cluny 948 zum Bau einer neuen Kirche schritt.

[26] STRALSUND, *Dominikanerkloster, Inneres des Kapitelsaales (spätes 15. Jahrhundert)*

CLUNY UND HIRSAU

Reformbeginn im benediktinischen Mönchtum

Das Motiv der Reform durchzieht die gesamte Geschichte des Mönchtums. Es war die ständige Erneuerung des Ur-Ideals der apostolischen Nachfolge Christi in Besitzlosigkeit, frei von jeglicher Bindung in der Welt und unbedingt dem göttlichen Gebot untertan. Monastische Reform meinte dies auch dann, wenn der Erneuerungsgedanke sich vom 10. bis zum 12. Jahrhundert mit weitaus diesseitigeren Absichten und Zielen verband. Die immer wieder erhobenen Tugendforderungen an den Mönch lauteten: Armut, Keuschheit, Gehorsam. Aber die Institution des Klosters bedurfte des Besitzes. Sie erhielt oder erwarb ihn in Form von Ländereien, in Form von abgabepflichtigen Bauern, später in Form ganzer Siedlungen. Die Klöster gelangten zu wirtschaftlichem Reichtum und oft auch zu politischer Macht. Das Leben der Mönche entfernte sich auf diese Weise von dem apostolischen Ideal und von den Vorschriften der Regel. Dem Mönchtum erwuchsen aber immer wieder Kräfte, die es auf die Einhaltung der Regel zurückführten, entweder durch die Schaffung einer neuen oder durch die Forderung nach strenger Befolgung der alten. Hatte Karl der Große Kirche und Mönchtum in sein Staatswesen eingebunden und die Liturgie nach römischem, die Regeln nach benediktinischem Vorbild vereinheitlicht, so hatte er damit die Grundlage für eine erste monastische Reform geschaffen. Ihr Ergebnis war der Sieg der Regel des Benedikt von Nursia über alle anderen. Ihr Initiator war Benedikt von Aniane, ihr kaiserlicher Förderer Ludwig der Fromme.

In den Beschlüssen der Aachener Synode von 817 legte der Anianer dar, wie die Regel zu befolgen sei, wobei Abschwächungen der ursprünglichen Form zurückgenommen wurden, andererseits aber Erfahrungen klösterlicher Praxis im Lande diesseits der Alpen mit einflossen. Die Synode «bewies bei der Auswahl und Sanktionierung bestehender Gebräuche praktischen Sinn und viel Verständnis» (J. Koschek). Die Reichsklosterreform des Benedikt von Aniane gilt als nicht allzu folgenreich, was vielleicht ungerecht ist, weil gerade die allgemeine Verbindlichkeit der Benediktinerregel die Voraussetzung für die weitere Entwicklung des Mönchswesens, vor allem für das Entstehen der Ordensverbände geschaffen hat. Auch kennzeichnet die anianische Reform ein Zug zum Praktischen und Vernünftigen, wie er schon im Klosterplan von Sankt Gallen zu finden ist und der für künftige Reformen des Mönchtums charakteristisch werden sollte.

An die Benediktinerregel nach der Observanz des Benedikt von Aniane hielten sich auch die Erneuerungsbestrebungen zu Beginn des 10. Jahrhunderts in den Klöstern zwischen Rhône, Saône und Loire. Im Zusammenhang damit wurde ein Kanonikerstift in Cluny, nördlich der alten burgundischen Bischofsstadt Mâcon, durch Herzog Wilhelm von Aquitanien 915 in ein Mönchskloster umgewandelt. Mit dem Namen Cluny ist nun seit langem der Inbegriff unserer Vorstellung von monastischer Reform im frühen und hohen Mittelalter verbunden. Zeitweilig hatte sich die Monasteriologie bemüht, die dominierende Vorrangstellung Clunys zugunsten einer Reformpluralität unter Berufung auf nachweisbare Gegensätze «zwischen verschiedenen Formungen» einzuschränken. Doch ist die These von den «Gegensätzen», die vor allem zwischen der burgundischen Reformabtei und dem lothringischen Reichskloster Gorze behauptet werden, nicht unwidersprochen geblieben (J. Leclercq und J. Wollasch entgegen K. Hallinger). Sollte es sich nicht vielmehr um Modifikationen, bedingt durch das Eingehen auf die jeweilige soziale und politische Umwelt, gehandelt haben, wobei die Grundhaltung der Reform doch immer die gleiche blieb und deshalb Verbindungen der Reformzentren untereinander nicht ausgeschlossen, sondern bedingt waren? Für diese Grundhaltung hat schon der zweite Abt des neuen Klosters Cluny, Odo (927—942), in seinen Collationes Formulierungen gefunden, die «für das Mönchtum geradezu zeitlose Gültigkeit beanspruchen können», aber auch die Voraussetzung für die weltpolitische Wirkung und Auswirkung der Reform im späteren 11. Jahrhundert bildeten. Man wird deshalb so leicht von der einmal getroffenen Gleichsetzung nicht loskommen und den Ursprung und die Anfänge des Reformzeitalters weiter mit Cluny benennen.

Abt Odo von Cluny hat die Grundgedanken des Reformbeginns niedergeschrieben. Er war durchdrungen von dem Elitebewußtsein des Mönchtums und teilte die schon bei Basilius und Augustinus zu findende Auffassung, daß sich in der Mönchsgemeinschaft fortsetzt, was der Apostelgemeinschaft im Pfingstereignis widerfahren war. Wie diese ist sie durch den Heiligen Geist geeint und zu apostolischem Wirken bestimmt. Der Nachfolgegedanke schließt, anknüpfend an Gegor den Großen, über Weltabsage, Besitzlosigkeit und Askese das Stehen außerhalb der Erdendinge, das Streben nach einer Existenz «extra mundum», ein. Damit soll der Mönch fähig werden, sowohl in den Urzustand des Paradieses zurückzukehren als auch den Ewigkeitszustand des endzeitlichen Paradieses vorwegzunehmen, den Frieden, das Schweigen, das Fest der Engel. In diesem eschatologischen Sinne gipfelt das Nachfolgeideal des Mönchtums in der unmittelbaren Begegnung mit Christus als dem Leidenden und als dem König.

Diese Grundhaltung wurzelt in patristischer, in kirchen- und mönchsväterlicher Tradition, sie darf als charakteristisch gelten für die Anfänge jeder monastischen Reform. Sie ist auch im jungen Cluny nicht primitiv und archaisch, sondern voll von spätantik-frühchristlicher Vergeistigung. Doch bei aller Zeitlosigkeit der Ideen mußten ihre Auswirkungen zeitgebunden, zeittypisch sein. Und es gehört zum Wesen des Mönchtums, daß es den Widerspruch zwischen transzendenter Utopie und diesseitiger Wirklichkeit erst dann nicht mehr bewältigte, wenn es sich von der monastischen Grundhaltung entfernte. Dann aber stand eine neue Reform schon bevor.

Die innerklösterlichen Auswirkungen der frühcluniazensischen Reform lagen auf dem Gebiet der Liturgie. Ganz Mönch sein, das hieß dem Himmelsfürsten dauerndes Lob spenden. Neu trat neben den liturgischen Dienst in der Gemeinschaft das einsame Gebet des einzelnen. Von größter Wichtigkeit für unseren Zusammenhang aber ist die überlieferte Abneigung Odos gegen Prachtentfaltung bei der Liturgie. Er bevorzugte einen Glaskelch und ein Weidengeflecht für die Eucharistie. Aller Glanz ohne innere Reinheit sei wertlos, betonte Odo nachdrücklich. Erst die Verinnerlichung schaffe die Grundlage für den liturgischen Dienst. Man wird mit Kassius Hallinger, dem wir hier im wesentlichen folgen, annehmen dürfen, daß der cluniazensische Ritus von Anfang an Raum gab für «objektive und subjektive Elemente, für Feierlichkeit und gänzlich unzeremoniöse Innerlichkeit».

Die Anfänge Clunys beherrschte die Überzeugung von der Notwendigkeit der Reform. Man ging von der Vorstellung aus, daß das Mönchtum allerorten gänzlich zusammengebrochen sei. Es nimmt deshalb nicht wunder, daß von der Gründung an, also noch unter Abt Berno von Baume (gest. 927), ein Verband zwischen mehreren Mönchsniederlassungen bestand, die sich bei der Reform helfen sollten, wobei das Unterstellungsverhältnis noch ein gegenseitiges war. Das Beispiel muß vorbildlich gewirkt haben. Odo wurde dann bereits von weltlichen Kirchenherren gerufen, die ihre Stiftungen durch ihn reformiert wissen wollten. Er tat es mit Eifer, und es entstand eine «familia» frühcluniazensischer Observanz, deren Oberhaupt allein der Abt von Cluny war. Wir nennen hier nur Romainmôtier, das im Jahre 929 von einer Gräfin Adelheid an Abt Odo übergeben wurde. Eine solche Unterstellung hatte wesentliche politische Folgen. Denn es galten die Gründungsbedingungen Clunys auch für die Glieder der Kongregation. Ein entscheidender Punkt in der Gründungsurkunde von 910 war die Freiheitsforderung, die besagt, daß keine weltliche Macht im Bereich des Klosters Cluny einen Rechtsakt ausüben darf, wobei diejenigen, deren Rechtsansprüche am ehesten zu erwarten wären, namentlich genannt sind: der König, der Bischof, der Graf und die Stifterfamilie. Das Libertasideal Clunys wurzelt ebenfalls in der monastischen Grundhaltung, die den «gegenweltlichen Protest» im Sinne der Extra-Mundum-Position Gregors des Großen enthält. Die Freiheitsforderung macht gleichzeitig die feudale Grundkomponente der Reform deutlich, das Streben nach politischer und wirtschaftlicher Autarkie des Klosters. Es ist immer wieder darauf hingewiesen worden, daß ein derartiges Freiheitsprogramm nur deshalb realisierbar war, weil Cluny seinerzeit in einem politischen Vakuum gelegen habe — das Gebiet unterstand weder der Herrschaft des Reiches noch der des französischen Königs —, und es ist offensichtlich, daß die Libertas zum Zündstoff werden mußte, sobald die aus monastischer Mentalität entsprungene Forderung mit weltlichen Machtinteressen zusammenstieß. Wiederum ist es für das mittelalterliche Mönchtum typisch, daß es damit durchaus rechnete und dort, wo solche Forderung in ihrer Totalität ohne Aussicht auf Erfolg war, Modifikationen fand, die die Reform im übrigen nicht gefährdeten. Cluny selbst blieb bei dem 910 formulierten Freiheitsanspruch; im Jahre 1049 wurde sogar der Imperator aus dem cluniazensischen Rechtsbereich ausgeschlossen.

Damals ging die Wirkung Clunys schon weit über den klösterlichen Bereich hinaus. Die Reformforderungen erstreckten sich auf die gesamte Kirche und auf die Machtverhältnisse in der Welt. Doch auch für die Auseinandersetzungen in der zweiten Hälfte des 11. Jahrhunderts, die im Investiturstreit gipfelten, finden sich Voraussetzungen bei Odo von Cluny. Er war gegen die Priesterehe, er lehnte den simonistischen Kauf von geistlichen Ämtern und Würden ab. Den Machteingriff von Laien verbot sein Freiheitsprogramm, und er schloß in diesem Zusammenhang die Exkommunikation eines weltlichen Herrschers nicht aus. «Der Schritt von Odo zu Gregor VII. lag somit durchaus im Bereich des Möglichen» (K. HALLINGER).

Die immer wieder betonte Verbundenheit Clunys mit Rom gehörte ebenfalls zu den geistigen Inhalten des Reformbeginns. Romwallfahrt und Petruskult waren für Odo Inbegriff der Frömmigkeitspraxis, sie galten ihm als «pietas christianae unitatis». Äußerlich hatte die «Romanitas» Clunys die Unterstellung des Klosters und später auch aller mit Cluny verbundenen Tochtergründungen unter die direkte päpstliche Herrschaft zur Folge. Sie bot Schutz vor allem gegen territoriale Diözesangewalten. Auch sie wurde Modell für die Machtkämpfe im späteren 11. Jahrhundert, wurde Modell — geistig und politisch — für Hirsau und seinen Verband.

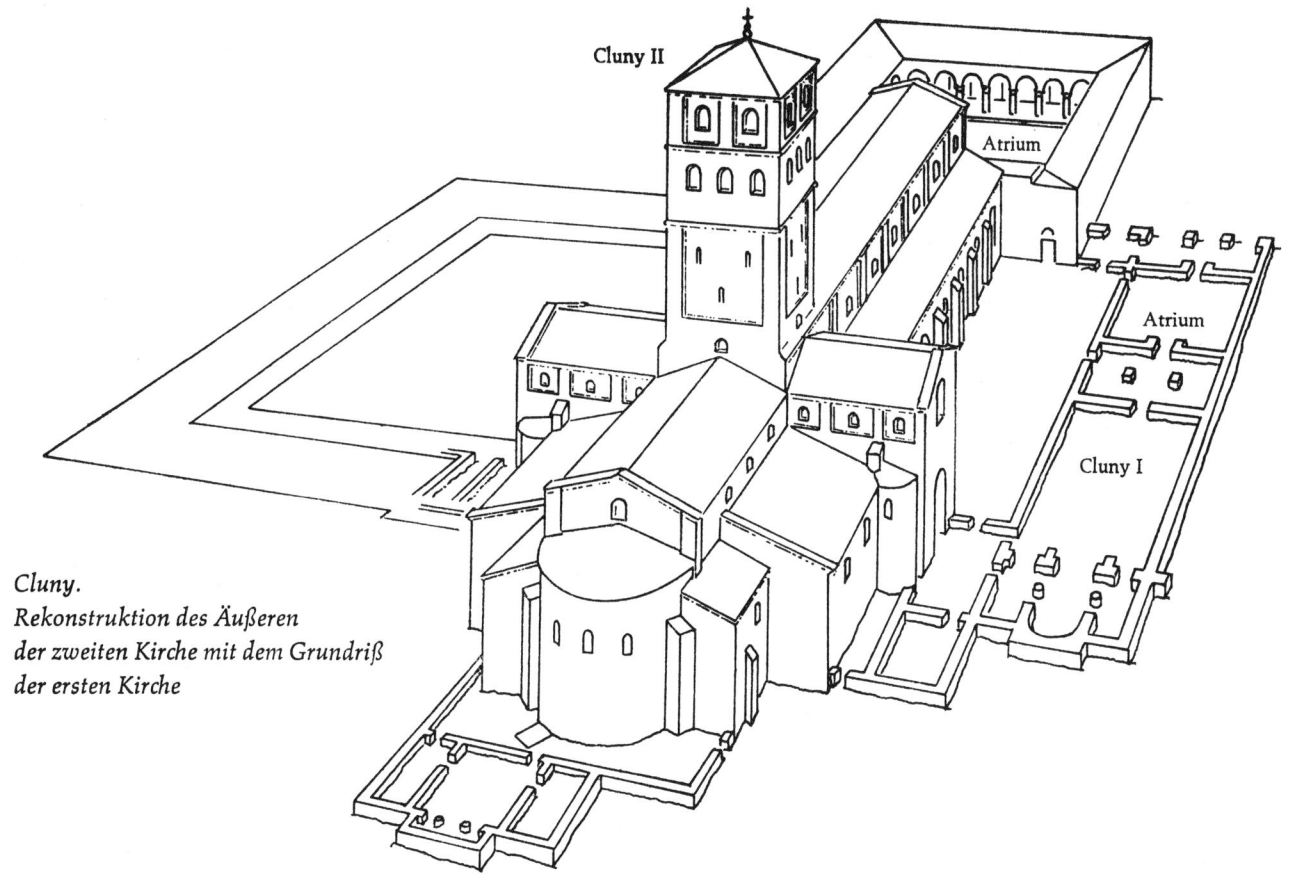

Cluny II

Atrium

Atrium

Cluny I

Cluny.
Rekonstruktion des Äußeren
der zweiten Kirche mit dem Grundriß
der ersten Kirche

Die zweite Kirche des Klosters Cluny

In der Geschichte der kirchlichen Baukunst spielt der Name Cluny eine ähnlich bedeutsame Rolle wie in der allgemeinen Geschichte des frühen und hohen Mittelalters. Dabei ist der Begriff, was seine architektonische Substanz angeht, nahezu irreal. Die Kirchenbauten des Reformklosters sind bis auf einen Turm, der zum Südflügel des großen Querhauses der dritten Kirche gehörte, vom Erdboden verschwunden. Erst seit rund fünfzig Jahren entsteht durch die mit Ausgrabungen verbundenen Forschungen vor allem von Kenneth John CONANT und Joan EVANS ein noch keineswegs allseitig gesichertes Bild vom Aussehen der als Cluny II und III in der Fachliteratur bezeichneten Klosterkirchen.

Durch die genauere Kenntnis vom Grundriß der zweiten Kirche zerbrach nun die ältere Vorstellung von einer «cluniazensischen» Kirchenbaukunst, deren einheitliche Formen man über weite Gebiete hinweg verbreitet glaubte. Diese Vorstellung war unterstützt worden durch die Erscheinung der sogenannten Hirsauer Kirchen in Deutschland, Kirchen, die in ihrem Grundriß und in vielen Details der Peter-und-Pauls-Kirche des Schwarzwaldklosters Hirsau bei Calw folgten; es schien, als habe es eine Bauschule der Hirsauer Kongregation gegeben, durch deren straffe Organisation gleichartige Bauformen über große Entfernungen vermittelt worden seien. Das Vorbild für die Kirche des Klosters Hirsau vermutete man in der zweiten Kirche des Klosters von Cluny, mit Berechtigung insofern, als 1079, drei Jahre vor Baubeginn, Abt Wilhelm die cluniazensischen Bräuche in Hirsau eingeführt und engere Beziehungen zum burgundischen Reformkloster aufgenommen hatte. Nach dem Bekanntwerden des Grundrisses von Cluny II aber entdeckte man nicht nur die Unterschiede zwischen Hirsau und seinem vermeintlichen Vorbild, sondern auch die zwischen den einzelnen deutschen Kirchen, die man bisher als einheitliche Gruppe begriffen hatte. An die Stelle der Behauptung einer kongregationsgebundenen überregionalen Verbreitung von Bauformen trat die Betonung der Tradition landschaftlich gebundener Architekturelemente.

Somit also auch hier die Feststellung von Pluralität anstelle einheitlicher «Formung»! (Die kunstgeschichtlichen Arbeiten in dieser Richtung — gewissermaßen abschließend die von Wolfbernhard HOFFMANN — gingen übrigens denen der historischen Disziplin voraus und wurden von dieser geradezu dankbar als Bestätigung aufgefaßt.) Und doch läßt sich bei aller Vielfalt ein spezifischer Charakter jener Kirchen, die zu Klöstern des reformierten Mönchtums gehörten, nicht übersehen. Der Wechsel

in der Betrachtungsweise macht deshalb deutlich: Mit formalen Gesichtspunkten allein kann man der Kirchenbaukunst des Reformmönchtums nicht gerecht werden. So sehr auch die Bauform, die wir vorfinden, Ausgangspunkt unserer Beobachtungen bleibt, zu ihrer Deutung werden wir nur kommen, wenn wir sie mit den Grundideen und mit der Geschichte der monastischen Reform zusammen betrachten.

Wie sahen nun zunächst die Kirchen Clunys (Cluny I und II) im 10. Jahrhundert aus? Von der ersten, angeblich 926/27 erbauten Kirche — der Gründer Abt Berno von Baume soll hinter ihrem Benediktusaltar bestattet worden sein — wissen wir so gut wie nichts. Kenneth John CONANT bietet eine Hypothese über ihr mögliches Aussehen an. Er komponiert gleichsam aus bekannten und überlieferten Kirchenbauelementen des 10. Jahrhunderts, unter Hinzunahme des Wissens um traditionelle und reformerische Gebräuche des Mönchtums, einen mehrfach untergliederten einschiffigen Saal, der das vollständige cluniazensische Raumprogramm enthält. Hätte CONANT recht, dann wäre mit Cluny I ein in seiner Entstehung weit zurückreichender, pri-

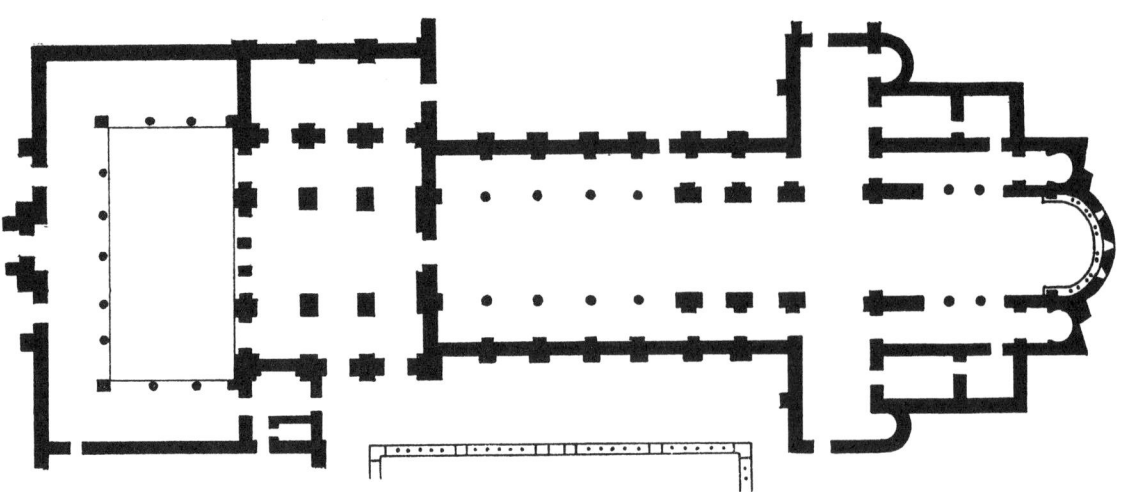

Cluny, zweite Kirche. Rekonstruktion des Grundrisses

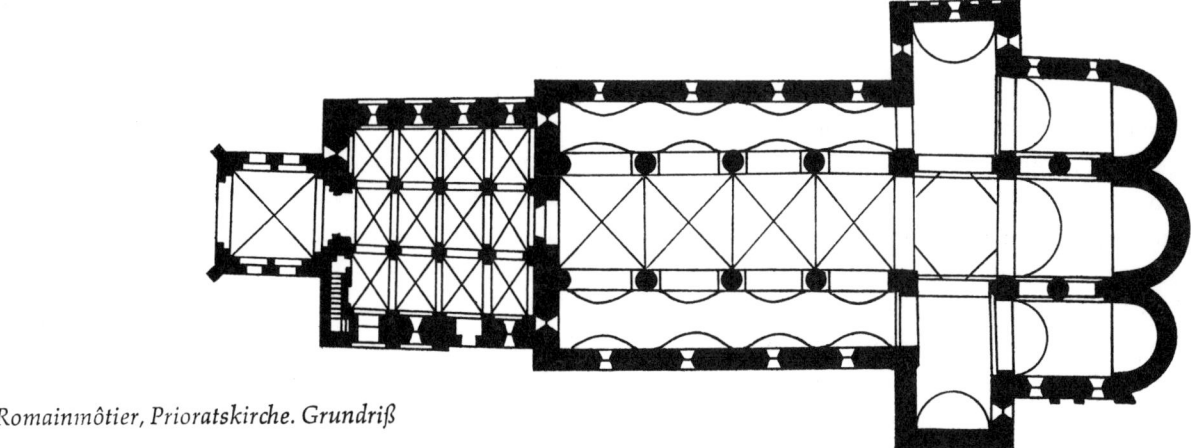

Romainmôtier, Prioratskirche. Grundriß

mitiver Klosterkirchentypus des Abendlandes tradiert und zu einer hochentwickelten monumentalen Form gebracht worden. Daß man in Cluny tatsächlich an älteren monastischen Bautraditionen hing, beweisen auch andere Details der Baugeschichte.

Von der zweiten, 948 begonnenen und 981 durch Abt Majolus den Aposteln Petrus und Paulus geweihten Kirche des Klosters Cluny kennen wir, wie schon gesagt, den Grundriß. Er zeigt ein dreischiffiges Langhaus mit sieben Jochen, ein weitausladendes Querschiff mit einer rechteckigen Vierung und einen vielteilig aufgegliederten Ostteil, dessen Kern das dreischiffige Presbyterium bildet. Dieses endet mit drei Apsiden, von denen die mittlere auf gedrückt halbkreisförmigem Grundriß frei hervortritt, während die seitlichen auf hufeisenförmigem Grundriß außen gerade ummantelt sind. Flankiert wird das Presbyterium von rechteckigen, kammerartigen Raumteilen, den sogenannten Criptae, und ganz außen von Apsidiolen, die direkt ans Querhaus anschließen. Im Westen legt sich vor das Langhaus, breiter als dieses, eine dreischiffige, dreijochige Vorkirche und davor das Atrium. Das Ganze ist also eine langgestreckte, übersichtlich und sinnvoll gegliederte Anlage, die eine dynamische Steigerung in der West-Ost-Richtung schon vom

Grundriß her erkennen läßt. Der Übergang von Säulen im Westteil zu Pfeilern im Ostteil des Langhauses — auf vier Säulen folgen in jeder Reihe vier Pfeiler einschließlich denen der Vierung — steht im Dienst dieser Steigerung. Diese Richtungsbetonung muß in der Bauabsicht gelegen haben. Sie bedeutet baukünstlerisch, was auch das Peter-Pauls-Patrozinium meinte: Verbundenheit mit Rom. Die konstantinischen Basiliken mit ihrer Abfolge von Atrium, säulengetragenem Langhaus, weitausladendem Querschiff und Apsis waren das Vorbild.

Neu war in Cluny die zwischen Atrium und Basilika gestellte Vorkirche. Man hat sie «Galiläa» genannt, nach dem Ort, wo der auferstandene Christus seine Jünger wiedersah. Neu war auch die reiche Raumgliederung des Ostteiles.

Beides geht ohne Zweifel auf die rituelle Praxis des Reformklosters zurück. Das Galiläa ist Sammlungsort für Prozessionsgottesdienste gewesen. Das Presbyterium hat baukünstlerisch angemessen den Rahmen für die Altarfeier abgegeben und mit seiner Raumvielzahl auch dem Bedürfnis nach Einzelandachten gedient. Der große Abschnitt zwischen dem Presbyterium und dem westlichen Pfeilerpaar im Mittelschiff des Langhauses war der Platz für den psalmensingenden Chor der Mönche. So glau-

69

ben wir von den Reformidealen Clunys die Ausweitung der Liturgie und die Verbundenheit mit Rom in der Gestalt seiner zweiten Kirche wiederzuerkennen. Mit der Abfolge Vorkirche — Basilika — reichgegliederter Ostteil schlägt die zweite Kirche von Cluny den Grundton an für die Kirchenbaukunst der benediktinischen Reformen überhaupt. Das Prinzip wurde trotz vieler Wandlungen beibehalten und auch von den Zisterziensern übernommen, als das burgundische Reformzentrum Ende des 11. Jahrhunderts mit einem dritten Kirchenbau die Basis monastischer Grundideale verließ, um die politische Machtstellung zu dokumentieren, die es in der Welt inzwischen erlangt hatte.

Bei der Strahlkraft der Reform ist es kaum vorstellbar, daß die Baukunst davon ausgenommen sein sollte. Die Ideale waren in allen Klöstern, die sich den cluniazensischen Gewohnheiten anschlossen, die gleichen. Auch die ideellen (Romanitas) und die praktischen Aufgaben (Liturgie) für den Kirchenbau waren dieselben, und man wird immer, wenn die Möglichkeit dazu bestand, versucht haben, sie nach dem Vorbild des Mutterklosters zu lösen. Ein erhaltenes Beispiel sei zur Erläuterung der Rekonstruktion von Cluny II näher betrachtet. Die aus der Regierungszeit Odilos, der von 994 bis 1049 Abt von Cluny war, stammende Kirche des Klosters Romainmôtier in der Westschweiz steht mit ihrem Grundriß der zweiten Kirche in Cluny sehr nahe: dreischiffiges säulengetragenes Langhaus, Querhaus, dreischiffiges Presbyterium und im Westen ein dreischiffiger Narthex. Der Chorteil mit drei Apsiden — diese sind im 14. Jahrhundert einer Erweiterung mit geradem Ostschluß gewichen, aber durch Bauuntersuchungen und Ausgrabungen nachgewiesen — kann als eine reduzierte Variante des Ostbaus in Cluny angesehen werden, die weit zukunftsträchtiger war als das Vorbild selbst; sie ist mit allen ihren Modifikationen *die* Chorgestalt der

monastischen Reform in der romanischen Baukunst geworden. Auch für den Aufbau von Romainmôtier wird Cluny II vorbildlich gewesen sein. Die massigen Säulen und die ungegliederten Wände, die etwas zierlicheren Arkaden zwischen den Schiffen des Ostteiles, die Tonnenwölbung, die in den Ostteilen und in den Seitenschiffen noch original vorhanden ist, in den Querschiffarmen zu den Längsräumen rechtwinklig verlaufend, sowie die auf Trompen ruhende Vierungskuppel, hier erst in der zweiten Hälfte des 11. Jahrhunderts, in Cluny schon unter Odilo anstelle der ursprünglich flachen Decke eingebracht — all das wird man sich in Cluny zu dieser Zeit ähnlich vorstellen müssen, vielleicht auch die äußere Wandgliederung mit Lisenen, Blendarkaden und Bogenfriesen. Vor allem aber dürfte die Abfolge der Bauteile — der hier erst gegen Ende des 11. Jahrhunderts hinzugekommene doppelgeschossige Narthex mit zwei nicht mehr erhaltenen, aber nachgewiesenen Türmen über den Westjochen, das basilikale Langhaus, das Querschiff mit dem Turm über der Vierung und das mehrteilige Presbyterium — dem äußeren Erscheinungsbild der zweiten Kirche in Cluny weitgehend geglichen haben.

Die spürbar gewollte übersichtliche Ordnung der Bauteile ist ein charakteristisches Merkmal cluniazensischer Architektur gewesen. Auch das Innere der Kirchen war mit deutlichen Begrenzungen überschaubar gegliedert. Durch den Verzicht auf rhythmisierenden Dekor an Wand und Decke waren störende Schmuck- und unruhige Bewegungselemente vermieden. In diesen Räumen voller Ruhe — sie meinen den «Weg», haben aber keine Bewegung — konnte sich die Innerlichkeit so entfalten, wie sie Abt Odo für den liturgischen Dienst gefordert hatte. Dieses Bau-Ideal, das man nüchtern, streng, asketisch oder auch sachlich nennen mag und das ästhetisch gesehen nach «absoluter» Architektur verlangte, blieb in den Reformen fortan lebendig. Es

30–32

[III] MAGDEBURG, *Kirche des Klosters Unser Lieben Frauen (um 1070—1150), Ansicht von Südosten* · Das im 11. Jahrhundert gegründete Stift wurde 1129 durch Erzbischof Norbert dem von ihm ins Leben gerufenen Klerikerorden der Prämonstratenser übergeben. Erst danach wurden der schon früher begonnene Kirchbau und die Klostergebäude fertiggestellt. Ihre Baugestalt wurde vorbildlich für Kirchen und Klöster vor allem östlich der Elbe.

war letztlich jenes ur- und frühchristliche Ideal, das den Innenraum als Seinsraum der gläubigen Gemeinde, den Bau nur als Hülle für die kultische Praxis verstand. Dieses Ideal wird von jetzt an mit der mittelalterlichen Auffassung, daß Architektur etwas Eigenwertiges verkörpere, konfrontiert werden. Die Geschichte der monastischen Kirchenbaukunst ist deshalb gekennzeichnet von der Auseinandersetzung zwischen diesen gegensätzlichen Architekturauffassungen.

Um weiter von der zweiten Kirche des Klosters Cluny eine Vorstellung zu bekommen, stehen auch schriftliche Quellen zur Verfügung. In den Büchern der «Disciplina Farvensis», den Vorschriften für das um 1000 cluniazensisch reformierte Kloster Farva in den Sabinerbergen nördlich von Rom, gibt es eine Klosterbeschreibung, die ähnlichen Mustercharakter hat wie der Plan von Sankt Gallen und eine Bauempfehlung zu enthalten scheint, «Angaben über die Lage und Abmessungen der Klostergebäude in teils beschreibender, teils vorschreibender Form» (A. METTLER). Die Entstehungszeit der «Disciplina» wird mit 1042/43 angegeben. Als Vorbild für die Beschreibung gilt das Kloster in Cluny. Hinsichtlich der Kirche überzeugen schon die in der Beschreibung enthaltenen Maße; sie decken sich mit den Maßen des ergrabenen Grundrisses der zweiten Kirche.

Adolf METTLER hat noch weitere Schriftquellen untersucht, die sich auf die Baugestalt einer cluniazensischen Kirche hin abfragen lassen, den «Ordo Cluniacensis» des Bernhard von Cluny aus der Zeit des von 1049 bis 1109 regierenden Abtes Hugo, die «Antiquiores Consuetudines Cluniacensis Monasterii» des Ulrich von Cluny, die auf Bitten des Hirsauer Abtes Wilhelm um 1080 entstanden sind, und schließlich die «Consuetudines Hirsaugiensis», die Abt Wilhelm selbst noch vor 1082 abgefaßt hat. Natürlich liefern diese Quellen keine in unserem Sinne archäologische Baubeschreibung, sie stellen die Kirche vielmehr im Hinblick auf ihre praktische Nutzung dar. Wir erhalten durch sie eine Vorstellung der Bau- und Raumgliederung nach der Liturgie, die im Falle schöpferischer Neubildung die Gestalt der Kirche formend beeinflußt hat. So gesehen gliedert sich die benediktinisch-cluniazensische Klosterkirche in Schiff, Chor und Presbyterium. Das Schiff, das Langhaus der Basilika, war der Ort für die Laien, nicht nur für die Laienmönche, auch für die Gäste, das «Volk». In Cluny hatte der westliche Teil des Langhauses Säulen (columnes) als Stützen der Mittelschiffs-, der Hochschiffswände; Pfeiler trugen diese im östlichen Teil. Der Wechsel der Stützenform markierte die Trennung zwischen Mönchs- und Laienkirche.

Der Ostteil des Kirchengebäudes wird von Chor und Presbyterium eingenommen. Die Quellen unterscheiden streng zwischen beiden. Das Presbyterium ist der Raumteil, wo der Hauptaltar seinen Platz haben sollte. Im Chor dagegen halten sich die Mönche beim Officium, beim Gottesdienst auf. Das Presbyterium bildet den östlichsten Teil der Kirche, der Chor nimmt den Raumteil zwischen Presbyterium und Schiff, also in der Regel bei Anlagen mit kreuzförmigem Grundriß die Vierung ein; bisweilen umfaßt der Chor auch noch den östlichen Teil des

[IV] PAULINZELLA, *Ruine der Klosterkirche (um 1105–1124), südliche Arkadenreihe des Langhauses*
Das hervorragende handwerkliche Können der bauenden Benediktinermönche, wie es die Quaderverblendung der Wände und die monolithen Säulen im Schiff zeigen, und die spürbare Disziplin der Steinmetzen bei der Herstellung des streng stereometrischen Details haben zu dem beinahe legendären Ruf beigetragen, den die Klosterruine Paulinzella als Werk der romanischen Baukunst in Deutschland genießt.

Langhauses. Diese liturgische Gliederung und die zugehörigen Benennungen gehen auf die Vorschriften des Benedikt von Nursia für ein klösterliches Bethaus nach dem Vorbild frühchristlicher Gemeindekirchen zurück. So erklärt sich die Bezeichnung Presbyterium für den Altarplatz. Ursprünglich war es der Sitz der Presbyter, der höheren Geistlichkeit und des Bischofs, während die Cantores, die Sänger des Chores, sich im Schiff befanden. Im benediktinischen Kloster war der Chordienst, das Singen der Psalmen, wichtigste Pflicht aller Insassen, auch der zum Priester geweihten. Das Presbyterium verlor seine Funktion als Priestersitz und wurde allein Altarplatz.

Die Quellen ermöglichen es, sich die zunächst schematisch erschlossene liturgische Raumfolge auch mit Leben erfüllt vorzustellen. Im Presbyterium taten die Zelebranten, Ministranten, Vorleser und Vorsänger ihren Dienst. Der Hauptaltar stand frei im Raum auf dem um eine Stufe erhöhten «pavimentum altaris» und war von einem Baldachin, dem Ciborium, überdacht. Oberhalb der Stufen, die vom Presbyterium in den Chor hinabführten, stand das Analogium, ein Pult, von dem aus Evangelium und Epistel gelesen wurden. Hinter dem Hauptaltar hatten vor dem Ostabschluß des Presbyteriums drei weitere Altäre nebeneinander ihren Platz; in Cluny II waren der mittlere der Maria und dem Evangelisten Johannes, der rechte dem Apostel Petrus und der linke dem Apostel Paulus geweiht. An ihnen wurde, nach Wochentagen unterschiedlich, die allgemeine Frühmesse gelesen. Die Vielzahl der Altäre scheint für die Ausstattung des Presbyteriums bei Klöstern cluniazensischer Prägung verbindlich gewesen zu sein. Sie ist mehrfach nachweisbar und verursachte bei den Hirsauer Kirchen recht eigenständige baugestalterische Lösungen. Weiter hört man, daß bei der sonntäglichen Besprengung nicht nur drei, sondern fünf Altäre in der Nähe des Hauptaltares besprengt wurden, wozu der Priester das Presbyterium verlassen mußte. Zwei Altäre befanden sich also außerhalb in den Seitenschiffen, die mit dem Presbyterium durch offene Bogenstellungen verbunden waren, mit ihm räumlich «kommunizierten», ohne — liturgisch gesehen — mit ihm ein Teil zu sein. Das Presbyterium mit Seitenschiffen wurde zu einer typischen Bauform der cluniazensischen Reform.

Die zweite Kirche des Klosters Cluny besaß nach dem Ausgrabungsergebnis von CONANT neben dem dreischiffigen Presbyterium weitere Räume, die mit den in den Quellen «Criptae» genannten identisch sein müssen. Es waren «verborgene Räume», abgetrennt von den sie umgebenden Raumteilen. Vielleicht sollten sie stillen, nicht öffentlichen, den Augen der Gemeinschaft entzogenen Andachten und asketischen Übungen dienen; sie hätten die einsame innige Hingabe ermöglicht, wie sie Abt Odo gewünscht hat. Aber diese Räume sind an anderen Cluniazenserkirchen nicht gebaut worden, zumindest fehlen sie an den erhaltenen Denkmalen. Es ist also fraglich, ob sie einem Raumbedürfnis der Reform Rechnung getragen haben oder ob sie nicht vielmehr Reminiszenzen an einen Vorgängerbau darstellten. CONANT hat eine karolingische Kirche (Cluny A) unter den Fundamenten des Presbyteriums von Cluny II festgestellt, deren Gestalt dem karolingischen Dreiapsidensaal von Müstair in der Schweiz geglichen haben muß (anstelle der Apsiden besaß Cluny A allerdings rechteckige, gestaffelte Nischen). Den Saal in Müstair flankieren gangartige Nebenräume. In Cluny haben diese offenbar das Vorbild für die Criptae abgegeben. Bei den nachgewiesenen Beziehungen des Typs Müstair zum Orient liegt der Gedanke nahe, daß auch das Presbyterium von Cluny II und damit das der cluniazensischen Reformkirchen letztlich die Erinnerung an einen östlichen Bautyp bewahren sollte.

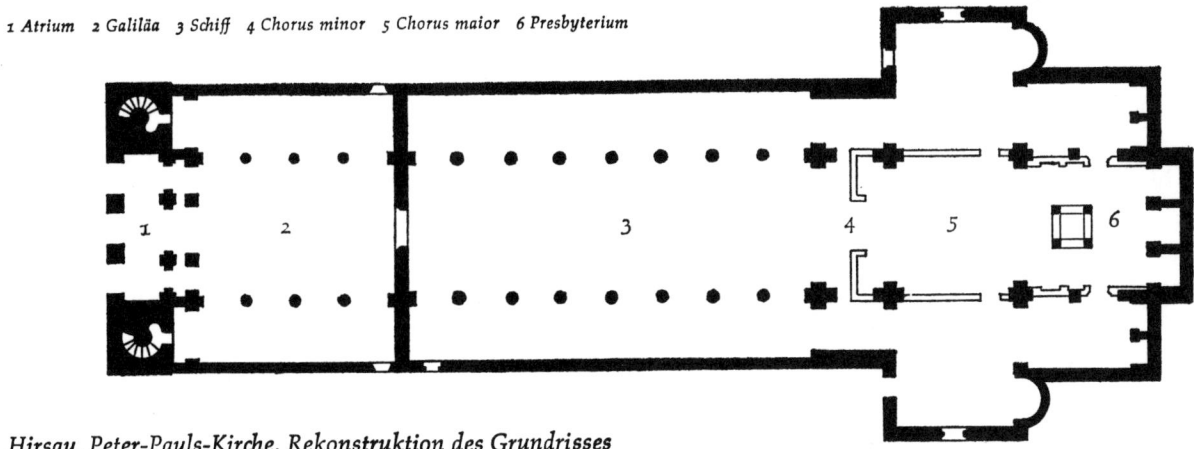

Hirsau, Peter-Pauls-Kirche. Rekonstruktion des Grundrisses

Vom Presbyterium führten Stufen hinab in den Chor, in jenen Teil der Kirche also, in dem der liturgische Gesang gepflegt wurde, übrigens nur von den gebildeteren Mönchen, den «literati», im Gegensatz zu den weniger gebildeten, den «illiterati», die bei Platzmangel vielfach außerhalb des eigentlichen Chorraumes, etwa in den Querhausflügeln, dem Dienst beiwohnen mußten. Der Raum für den Chor — bei kreuzförmigen Anlagen, wie schon festgestellt, in der Regel unter der Vierung — war immer abgeteilt durch umlaufende Sitz- und Bankreihen. Die Sitzreihen im rechten Winkel zur West-Ost-Achse der Kirche waren mit Durchgangsöffnungen versehen, neben der westlichen saßen rechts der Abt und links der Prior; danach hieß die südliche Hälfte des Chores «chorus abbatis dexter» und die nördliche «chorus prioris sinister». Jeweils die hintere Reihe des Gestühls war erhöht und aufwendig mit Pulten und einzelnen Klappsitzen gestaltet, die vordere Reihe war einfacher und weniger bequem gehalten.

Nach Westen schloß sich an den Chor für die singenden Mönche noch ein Vorraum an, in dem diejenigen «literati» Platz nahmen, deren Gesundheitszustand oder sonstige Verfassung ein Ausüben des vorgeschriebenen Chordienstes verwehrte. Dieser Raumteil hieß «chorus minor» — von ihm ist ausführlich in den Hirsauer Quellen die Rede —, im Gegensatz zu dem «chorus maior», eben dem Chorraum der psalmodierenden Mönche. Der «chorus minor» erstreckte sich im Mittelschiff bis zum Kreuzaltar. Hier erkennt man die Grenze zwischen Chor und Laienhaus in der zweiten Kirche von Cluny: So weit der Chor ins Mittelschiff nach Westen reicht, begleiten ihn drei Pfeilerpaare, dann erst beginnen die Reihen der Säulen, die für den Raum der Laien in der Kirche überliefert sind. Man kann sicher sagen, daß in der zweiten Kirche von Cluny der «chorus maior» ins Mittelschiff reichte und nur das westliche Joch zwischen den Pfeilern den «chorus minor» abgab. Deutlich widerspiegelt hier die Baugestalt die von der Nutzung her bedingte Gliederung. Die liturgische Grenze im Raum gestalterisch durch den Wechsel der Stützenform kenntlich zu machen, ist eine der charakteristischsten Eigenheiten der Kirchenbaukunst benediktinischer Reform.

Zum Chordienst gehörte das Läuten der Glocken. Es erfolgte unmittelbar vom Chor aus, der Glockenstuhl mußte also seinen Platz über der Vierung in einem Turm haben. Eine Verteilung der Glocken auf mehrere Türme erscheint nach dem Wortlaut der Quellen ausgeschlossen. Die Rekonstruktion eines

Vierungsturmes schon für die zweite Kirche des Klosters Cluny darf als gesichert gelten; auch der älteste Nachfolgebau in Romainmôtier weist einen solchen auf. Er war, wie es scheint, für Kirchen cluniazensischer und verwandter Klöster verbindlich vorgeschrieben. 32

Vorgeschrieben war auch die als Galiläa bezeichnete Vorkirche im Westen, eine geräumige Halle, für die in den Quellen auch die Bezeichnungen «atrium», «vestibulus», «porticus» und schließlich «paradisus» vorkommen. Der Zweck dieser Halle ergibt sich aus der Prozessionspraxis des klösterlichen Kultus. Alle größeren Prozessionen hatten in ihr einen längeren Aufenthalt mit Gesang, und zwar am Ende des Weges, der die Lebens- und Leidensgeschichte Christi zum Inhalt hat.

Die Schlußworte des Matthäusevangeliums machen die symbolische Bedeutung dieses Bauteils im Sinne der apostolischen Aufgabe des Mönchtums klar: Am Ende des Leidensweges Christi steht der Anfang der Kirche, steht die Ecclesia, die Gemeinschaft der Heiligen, das neue Paradies. Nachdem die Mönche, wie die Apostel, die Botschaft des Auferstandenen in Galiläa «Gehet hin und machet alle Völker zu Jüngern...» (Matth. 28, Vers 19) vernommen haben, gehen sie erneut in das Kirchengebäude, eben in die Ecclesia ein. Hier bekommt das so zweckmäßig gebaute, geradezu bestechend logisch gegliederte Bauwerk durch seine Nutzung und nicht durch seine Gestalt — es liegt uns daran, das zu betonen — symbolischen Gehalt. Aus den heftigen Reaktionen der Zisterzienser auf die spätere cluniazensische Bau- und Kunstpraxis, repräsentiert durch einen dritten Kirchenbau im Kloster Cluny selbst, werden wir ersehen, daß den Cluniazensern der Vorwurf gemacht wurde, diesen Symbolgehalt nicht mehr allein durch geistige Aktivität lebendig erhalten, sondern durch materiellen Aufwand verewigt zu haben. Es ist die jüngere Reform, die

dann die Rückkehr zum ursprünglichen Bauideal verlangt.

Die Gestalt der Vorkirche von Cluny II ist aus dem ergrabenen Grundriß erschließbar: dreischiffig, basilikal oder auch zweigeschossig (so in Romainmôtier zu Beginn des 12. Jahrhunderts), mit zwei Türmen an der Westseite (das besagt die Beschreibung aus Farva), zwischen diesen Türmen und davor das eigentiche Atrium, das «atrium subter turres». Es war der Platz der Laien, die an der Prozession nicht teilnahmen, der Platz der Zuschauer. Diese Verschmelzung oder anderenorts die Zusammenziehung des Atriumvorhofes zu einem Turmzwischenraum — wie es später an St. Peter und Paul in Hirsau der Fall war — scheint in Cluny ein Ergebnis baugeschichtlicher Abfolge gewesen zu sein. Nach CONANT ist die Monumentalisierung der Galiläa in Cluny II um die Jahre 1000/1010 in das ursprünglich größere Atrium hinein erfolgt. METTLER hatte also recht, wenn er vermutete, daß «die Galiläa der alten Cluniazenser einen offenen Hof bildete». Die überdachte Vorkirche mit zwei Westtürmen ist demnach in Cluny entwickelt worden, und die Beschreibung aus Farva machte sie um 1040/50 zur Vorschrift.

Die Bemühungen, aus den Quellen eine Vorstellung von der zweiten Kirche des Klosters Cluny zu erhalten, werden unterstützt durch die Ergebnisse archäologischer Untersuchungen, so daß die Rekonstruktion von CONANT einen größeren Sicherheitsgrad hat als die Versuche zur Rekonstruktion der Kirche aus dem Klosterplan von Sankt Gallen. Dieser Plan und die Beschreibung von Farva haben jene praktisch begründete Vorstellung von den Zwecken gemeinsam, die die Architektur von Kirche und Kloster zu erfüllen hatte. Sie sind Zeugnisse sachlichen monastischen Denkens.

Haben nun auch die Kirchen in ihrer Gestalt diesem Rationalismus entsprochen? Im Grundriß und in der daraus ersichtlichen Raumordnung auf jeden Fall. Aber es ist vorauszusetzen, daß sie es auch hinsichtlich des baukünstlerischen Aufwandes taten. Man erkennt das vor allem in der Zurückhaltung bei dem repräsentativsten Bauelement, dem Turm. Nur ein Turm über der Vierung ist für den von Abt Majolus geweihten Bau von Cluny II zu erschließen, die Türme über der Galiläa fügte erst sein Nachfolger Odilo hinzu. Und noch etwas kam unter Odilo hinzu, die Wölbung des Schiffes. Bis dahin waren allenfalls die Seitenschiffe und Teile des Presbyteriums gewölbt, das Hochschiff aber trug eine flache Decke oder gab den Blick frei in das Gebälk des Dachstuhles. Die Rationalität des Raumes war eindringlicher, seine Sachlichkeit fast demonstrativ.

Erst unter Odilo begann sich ein Hang zur Repräsentation bemerkbar zu machen; dies zeigen seine Baumaßnahmen, die er offenbar als Verbesserung verstand. Abt Hugo hat dann diesem Repräsentationsbedürfnis mit dem großartigen Neubau der dritten Kirche des Klosters entsprochen. Verinnerlichung und Bescheidenheit des Reformanfangs traten zugunsten von Prachtentfaltung in Liturgie und Architektur zurück. Das stolze Wort Odilos über seinen Neubau des Kreuzganges, hölzern habe er ihn vorgefunden und marmorn habe er ihn zurückgelassen, kennzeichnet, auch wenn die Paraphrase eines Augustuswortes nicht authentisch sein sollte, die Saturiertheit des burgundischen Reformmönchtums im 11. Jahrhundert.

Die Reformideale, die Ideale des Mönchtums, sollten deshalb bald erneuert werden, die Anfänge der Zisterzienser standen bevor. Im Reich aber, unter den besonderen politischen, sozialen und ökonomischen Verhältnissen auf deutschem Boden, erlebte das Cluniazensertum, gregorianisch geprägt, im späteren 11. und frühen 12. Jahrhundert noch eine kurze, aber sehr beeindruckende Blüte. Sie ist mit dem Namen Hirsau verbunden.

Reform und Reich

Mönchtum und Klöster im Reich waren im 10. Jahrhundert nicht weniger der Reform aufgeschlossen als in Burgund, doch scheint es der cluniazensischen Reformexpansion vorerst nicht gelungen zu sein, mit den gleichen Konsequenzen in den Reichsklöstern Fuß zu fassen. Vielleicht kann man aber die Reform, die vom Kloster Gorze bei Metz seit 933 ausging, als die für die Bedingungen des Reiches zugeschnittene Variante von Cluny ansehen und die Gegensätze zwischen beiden Reformrichtungen, innere wie äußere, als Auswirkungen der anders gearteten gesellschaftlichen Umwelt verstehen. Immerhin unterhielt Gorze zur cluniazensischen Abtei St-Bénigne in Dijon vertraglich festgelegte Bruderschaftsbeziehungen, so daß zumindest nicht von einer gänzlichen Sperrung gegen Cluny gesprochen werden kann. Der monastische Ansatz zur Reform war in Gorze und Cluny der gleiche: Erneuerung des gemeinschaftlichen Lebens der Mönche nach strenger Befolgung der Regel. Die Folgerungen waren verschieden: Sie finden sich in Gorze in den mehr aufs Praktische gerichteten Consuetudines, jenen immer wieder neu in den Klöstern der Reform niedergelegten Ausführungsbestimmungen zur Regel, finden sich im Festhalten an der anianischen Benediktinertracht und der betonten Ablehnung der cluniazensischen «laxa vestis» und «duplex vestis», der langen faltenreichen und weitärmeligen Gewänder mit antikischem Einschlag, in denen das ältere Mönchtum Verstöße gegen die seit alters vorgeschriebene Kleidung aus engerer und kürzerer «Tunika» und «Kukulle» erblickte.

Die Gorzianer bewahrten die karolingisch-anianischen Traditionen auch im außerklösterlichen Bereich, die Einordnung der Klöster in die Gegebenheiten des Reiches blieb für sie problemlos. Sie betrachteten den König uneingeschränkt als den Inhaber göttlich verliehener Macht, dessen Maßnahmen gottgewollter Ordnung dienen. Die Bindung an den Diözesanbischof entsprach für sie den Bestimmungen des Konzils von Chalcedon 451. Bildungs- und Kulturaktivität galt ihnen als Notwendigkeit mönchischen Wirkens. Entscheidend für die gesellschaftliche Entwicklung im Reich war ihre Haltung zur Institution der Eigenkirche und der Vogtei.

Das sogenannte Eigenkirchenrecht besagte, daß demjenigen, der auf seinem Grund und Boden eine Kirche oder ein Kloster gegründet hatte, auch die Herrschaft darüber zustand. Der Grundherr, als Laie, bestimmte die Geistlichen für seine Stiftung und lieh ihnen Land und Gut im Sinne eines Benefiziums auf Lebenszeit. Für die zentrale Reichsgewalt war dieses Recht von höchster Bedeutung. Die fränkischen und sächsischen Könige hatten die auf Krongut angelegten geistlichen Stiftungen, Bistümer und Klöster, im Interesse ihrer Politik mit Männern besetzt, die allmählich in den Stand von Reichsbeamten wuchsen und zu Trägern der Reichsverwaltung wurden. Die kirchlichen Institutionen waren dem politischen Reichsverband eingegliedert. Die wirtschaftliche Stärke der Kirchen- und Klosterländereien trug zum Unterhalt des Hofes bei; Untertanen mußten zur Leistung militärischer Dienste gestellt werden.

Der Klerus war nicht in der Lage, die aus dem Eigenkirchenrecht resultierenden Verpflichtungen zu übernehmen. Es bedurfte dazu der Vogtei. Im ursprünglichen Sinne war sie eine Schutzherrschaft, und auch die mittelalterliche Vorstellung von der Kirchenvogtei ging davon aus, daß geistliche Einrichtungen weltlichen Schutz brauchten, einen Vogt, der sie vor Gericht vertrat, der das zu stellende Heeresaufgebot führte und überhaupt politische Angelegenheiten regelte. Der Vogt erhielt dafür wirtschaftliche Abgaben und sonstige Privilegien. Das

Amt war beim Adel begehrt. Der König übertrug es seinen Vertrauten.

Eigenkirchenrecht und Vogtei waren also die Grundlage für das Eingreifen weltlicher Gewalten in kirchliche und klösterliche Belange. Ein Angriff gegen diese Institutionen mußte einem Angriff gegen die Reichsgewalt gleichkommen. Ein solcher Angriff war in der cluniazensischen Libertasforderung enthalten. Die Reform von Gorze dagegen kannte diese Forderung nicht, sie tastete Eigenkirchenrecht und Vogtei nicht an. So konnte sie die «Formung» werden, nach der das Reichsmönchtum reformiert wurde mit Unterstützung der Könige, die in der Reformbewegung keine Gefahr für das die Zentralgewalt stützende Reichskirchensystem sahen. Bis zu dem Salier Heinrich III. hören wir von der Reformfreundlichkeit der deutschen Könige und römischen Kaiser. Auch Cluny unterhielt zum Imperator gute Beziehungen, wohl weil es in ihm die Potestas, die königliche Macht, als die eine der zwei Gewalten anerkannte, die zusammen mit der Auctoritas, mit der Autorität der Priester, nach altchristlicher und kirchenväterlicher Tradition die Welt regierte, ohne die lokalen cluniazensischen Interessen zu berühren. Auch verstand sich das Kaisertum der Franken seit 800 und erneut das der Ottonen und Salier seit 962 als Bewahrer und Erneuerer des konstantinischen Imperium Romanum. Widerspiegelungen dieser Idee in der Baukunst fanden sich in karolingischer Zeit (Saint-Denis, Aachen, Fulda), sie sind auch in ottonischer und frühsalischer Zeit faßbar (Dome zu Magdeburg, Mainz, Straßburg, Würzburg, Klosterkirche zu Limburg an der Haardt, auch die Kirche der Reichsabtei Hersfeld). Die römische Tradition des Kaisertums dürfte eine wichtige Voraussetzung für die belegten Kontakte gewesen sein zwischen Otto dem Großen und Abt Majolus, zwischen Otto III. oder Heinrich II. und Abt Odilo – der Biograph Odilos berichtet von dem goldenen Reichsapfel, den Heinrich II. als Zeichen seiner Verehrung dem Kloster Cluny stiftete — und schließlich zwischen Heinrich III. und Abt Hugo, der bei des Kaisers Sohn Heinrich Pate stand. Als aber Heinrich III. in durchaus reformerischer Absicht und im Bewußtsein eines ihm aus dem Kaisertum zustehenden Rechtes auf der Synode in der italienischen Stadt Sutri 1046 drei sich befehdende Italiener auf dem Stuhle Petri durch den deutschen Bischof Suitger von Bamberg als Klemens II. ablöste, da scheinen Clunys Romverbundenheit — inzwischen weltpolitisch aktiviert — und die imperialen Befugnisse in Konflikt geraten zu sein. 1049 schloß das Kloster den Imperator — wie zuvor schon die Territorialherren — aus seinem Immunitätsbereich aus.

Die Frontstellung gegen das Imperium war jetzt prinzipieller Natur; man hatte in Cluny nichts gegen die Befreiung des Papsttums aus den Fehden der römischen Adelsgeschlechter, wohl aber etwas gegen die Einsetzung eines Papstes durch den Kaiser. Die Reformer wehrten sich gegen den Eingriff des Laien, sie kämpften für den Primat des Priesters. Dem lag ein entscheidender Wandel in der Auffassung vom Verhältnis zwischen Papsttum und Kaisertum zugrunde. Die Christenheit im römischen Weltreich hatte die kaiserliche Autorität nach dem Gebot des Evangeliums geachtet. Als das Christentum Staatsreligion wurde, war der Kaiser Wegbereiter, Schützer und Vorkämpfer der Kirche gegen Heiden und Ketzer geworden, war Gottgeliebter und Gotterhalter, war erster Priester und Kaiser in einem. In Byzanz blieb er das bis ans Ende der christlichen Herrschaft. Im Westen, wo das Reich aufgehört hatte zu existieren, war sich das Papsttum, trotz Anerkennung der oströmischen Oberhoheit, weitgehend selbst überlassen und begann, die Zwei-Gewalten-Lehre zu entwickeln und auszubauen. Und von der Überzeugung, daß Imperium und Sacerdotium getrennte Funktionen haben, scheint be-

reits der Krönungsvorgang Karls des Großen bestimmt gewesen zu sein, ganz abgesehen davon, daß die «Konstantinische Schenkung», eine in der zweiten Hälfte des 8. Jahrhunderts fingierte Übertragung von Hoheitsrechten durch Konstantin an den römischen Bischof, das Papsttum als staatstragende Macht legitimieren sollte. Doch war für Karl der Papst nur der vornehmste Bischof und der Kirchenstaat nur ein privilegiertes Immunitätsgebiet seines Reiches. Karl verstand sich als der Herr der Kirche im Sinne Konstantins und dessen apostolischer und alttestamentlicher Vorbilder — er ließ sich David nennen — und entschied sogar in dogmatischen Fragen. Doch bereits Papst Nikolaus I. verlangte schon im 9. Jahrhundert die Unterstellung des weltlichen Herrschers als eines sündhaften Christen unter das päpstliche Richteramt und forderte die Freiheit kirchlicher Entscheidung von jeder staatlichen Beeinflussung — Ansprüche, die dann von Cluny zunächst für den innerklösterlichen Bereich übernommen, im 11. Jahrhundert aber erneut vom Papsttum geltend gemacht wurden, nun mit der nötigen weltpolitischen Durchschlagskraft. Aus der Klosterreform war eine allgemeine Kirchenreform geworden; das Zeitalter des Reformpapsttums begann.

Äußerer Anlaß für den in der zweiten Hälfte des 11. Jahrhunderts ausbrechenden Konflikt war, daß ein von der Notwendigkeit der Reform überzeugter römischer Kaiser sein Amt als Herr der Kirche ausgeübt, das Papsttum von lokalen Machtinteressen befreit und den Stuhl Petri mit Männern seiner Wahl besetzt hatte. Nach der Synode in Sutri sind noch drei deutsche Bischöfe von Heinrich III. zu Päpsten erhoben worden. Gerade sie aber machten allmählich Front gegen die Auffassung, der Papst sei ein dem kaiserlichen Willen untergeordneter Reichsbischof. Die Reform des Papsttums hatte die Unterwerfung des Kaisers zum politischen Ziel. An die

Stelle kaiserlicher Schutzherrschaft sollte die päpstliche Hegemonie über das katholische Europa treten. Man könnte in dieser Politik des Papsttums einen rationalen Kern im Sinne der Reform erkennen insofern, als es zur Erhaltung der Internationalität des christlichen Imperium romanum einer anderen Macht als der des deutschen Königs bedurfte. Der päpstliche Vorstoß hatte Erfolg, weil sich das deutsche Königtum in der zweiten Hälfte des 11. Jahrhunderts in erbittertem Kampf mit dem Territorialadel befand, der seine Positionen politisch und ökonomisch gegen die Zentralgewalt auszubauen versuchte. Fortschritte in der Entwicklung der Produktivkräfte waren die Grundlage für einen derartigen Wandlungsprozeß der feudalen Gesellschaftsordnung. Neuerungen in der Landwirtschaft, die Dreifelderwirtschaft und schließlich die Rodung hatten zu höherer Produktion, zur weiteren Arbeitsteilung zwischen Landwirtschaft und Handwerk und damit zur Differenzierung der bäuerlichen Klasse geführt. Der Produktenaustausch erfolgte innerhalb eines sich ständig erweiternden Fernhandelsnetzes. Kaufmanns- und Handwerkersiedlungen, Märkte, Städte entstanden. Das Stadtbürgertum erschien als neues Element in der sozialen Struktur des Mittelalters. In der Auseinandersetzung zwischen König und Adel nahm es meistens für die Zentralgewalt Partei, um durch sie Schutz vor Bedrückungen seitens feudaler Territorialgewalten zu erhalten.

Auf den Tod Heinrichs III. 1056 folgte während der Minderjährigkeit seines Sohnes eine Periode der Ohnmacht des Königtums. Als Heinrich IV. nach 1065 die königliche Macht wiederherstellen wollte, kam es zu permanenten kriegerischen Auseinandersetzungen zwischen ihm und der schon sehr starken Adelsopposition.

Nun sah sich Heinrich IV. aber noch einer zweiten Front gegenüber, dem Reformpapsttum, das mit Gregor VII. seit 1073 einen radikalen Vertreter aufbot. Ein erster Konflikt entstand um die Besetzung italienischer Bistümer durch Heinrich: Der Papst erkannte die Investitur durch den Laien nicht mehr an. Investitur bedeutete die feierliche Zeremonie, in der der gewählte Bischof vom weltlichen Gebieter, dem er einen Treueid geleistet hatte, die Insignien seines Amtes, Stab und Ring, erhielt. Sie war seit der späteren Karolingerzeit in Anknüpfung an griechische Bräuche allgemein üblich und hatte die König-Priester-Vorstellung zur Grundlage; die Frage Laie oder nicht war unter dieser Voraussetzung gegenstandslos. Doch die Reform änderte durch eine antithetische Denkweise die Einstellung zu dieser Frage: Der Herrscher wurde als Laie erkannt, dem das Recht zur Investitur nicht zukam. Diese Scheidung von weltlichen und geistlichen Bereichen, der man wiederum das Rationalistische in der Geisteshaltung der Reform ablesen möchte, konnte zu diesem Zeitpunkt nur Umsturz bedeuten.

[27] REICHENAU-OBERZELL, *Stiftskirche St. Georg, Mittelschiff nach Osten (um 890/96, die Wandmalereien überwiegend aus dem 10. Jahrhundert)* · Das Raumideal der mittelalterlichen Mönchskirche hatte sein Vorbild in den frühchristlichen Basiliken Roms. Als in der Karolingerzeit der monumentale Kirchenbau im fränkischen Reich einsetzte, war Alt-St.-Peter, die Peterskirche des 4. Jahrhunderts in Rom, der Bau, den es nachzuahmen galt, um die Verbundenheit mit dem Haupt der Christenheit zum Ausdruck zu bringen. Auch dort, wo eine analoge Form nicht gebaut wurde, war der von ruhigen Flächen begrenzte Raum der Basilika das baukünstlerische Ziel. Säulen tragen die bisweilen bemalten Wände des Mittelschiffes mit den hochliegenden Fenstern des Lichtgadens, und eine flache hölzerne Decke schließt den Raum. Das abendländische Mönchtum hielt unter dem Einfluß der Reformen an diesem Ideal fest, mit bewußter Ablehnung der Bauformen bischöflicher Kathedralarchitektur.

[28] HERSFELD, *Ruine der Abteikirche, Blick von Westen auf die noch in voller Höhe erhaltenen Umfassungswände des Querschiffes* · Die Kirche der im 8. Jahrhundert an der Stelle einer Einsiedelei des heiligen Sturmius gegründeten Benediktinerabtei ist vermutlich erst im 11. Jahrhundert errichtet worden, folgt aber deutlich der um 800 in Fulda nach römischem Vorbild gebauten Klosterkirche.

[29] ROHR, *Michaelskirche, Krypta (10. Jahrhundert)* · Der gewölbte Raum unter dem Chor barg ein Grab oder Reliquien, denen besondere Verehrung zuteil wurde. Seit der Reform von Cluny verzichtete das Mönchtum auf die unterirdischen Andachtsräume in seinen Kirchen.

[30, 31] ROMAINMÔTIER, *Prioratskirche (um 1000—1030), Blick in den nördlichen Teil des dreischiffigen Presbyteriums und Blick durch das Langhaus nach Osten*

[32] ROMAINMÔTIER, *Prioratskirche (um 1000–1030), Ansicht von Südwesten mit Vorkirche, Langhaus und Querschiff*

[33] PAYERNE, *Benediktinerkirche (11. Jahrhundert), Ansicht des Staffelchores und des Querschiffes von Osten*

Die Klosterkirchen von Romainmôtier und Payerne in der Westschweiz haben sowohl in der Abfolge der Bau- und Raumteile (doppelgeschossige Vorkirche, basilikales Langhaus, Querschiff mit Vierungsturm und mehrschiffiges Presbyterium) wie auch hinsichtlich der Ausformung im einzelnen (am Außenbau Blendengliederung und Bogenfriese, innen gedrungene Säulen und Tonnenwölbung mit Stichkappen) die zweite Kirche des Klosters Cluny zum Vorbild gehabt.

[34] SANGERHAUSEN, *Ulrichskirche (um 1100), Blick auf Langhaus und Querschiff mit Vierungsturm von Südwesten*

[35, 36] SANGERHAUSEN, *Ulrichskirche (um 1100), Pfeilerkämpfer und Blick durch das Langhaus nach Osten* · Bauform und Baucharakter machen einen direkten Einfluß der Baukunst des burgundischen Reformzentrums deutlich. Im Detail tritt zeitgenössisches Formengut des Harzlandes hinzu.

[37] HIRSAU, *Eulenturm, Ansicht von Süd-*
westen · Der nördliche Westturm ist der einzige
erhaltene Bauteil des 1692 zerstörten Klosters. Zusammen mit dem südlichen Westturm faßte er die
Atriumshalle als Zugang zur Vorkirche ein; beide sind
der 1082 bis 1091 erbauten Klosterkirche St. Peter und
Paul erst im 12. Jahrhundert angefügt worden.

[38] HIRSAU, *Aureliuskirche (1059–1071, Wieder-*
herstellung 1955), Mittelschiff nach Osten

[39] KLEINCOMBURG, *Klosterkirche St. Gilgen*
(erste Hälfte des 12. Jahrhunderts), Ansicht von
Südosten

Die Aureliuskirche stand in jenem Kloster, das Abt
Wilhelm 1069 reformierte, bevor er das neue Kloster
am anderen Ufer der Nagold erbauen ließ. Sie ist nur
als Torso erhalten; eine Vorstellung von ihrer
ursprünglichen Gestalt vermittelt die Kirche in Kleincomburg.

[40, 41] SCHAFFHAUSEN, *Münster (1104 vollendet), Ansicht mit Vorhalle von Westen und Blick durch das Mittelschiff nach Osten*

Folgende Seiten:

[42] ALPIRSBACH, *Klosterkirche (1095–um 1125), Mittelschiff nach Westen*

[43] SPEYER, *Dom (nach 1080), Mittelschiff nach Westen*

Die Kirchen der hirsauisch reformierten Benediktinerklöster in Schaffhausen und Alpirsbach zeigen eindrucksvoll die Bauform des Mönchtums, das am Vorbild der frühchristlichen Basilika festhielt. Im Speyerer Dom Kaiser Heinrichs IV. dagegen erkennen wir die Formen der imperialen Architektur mit der plastisch-rhythmischen Gliederung der Stützen und Wände, mit der grandiosen Wölbung des hohen Mittelschiffes und der Fülle antikischen Bauschmucks.

[44] SPEYER,
Dom
(nach 1080), Kapitell
im südlichen Quer-
schiff
[45]
PAULINZELLA,
Klosterkirche, Kapi-
telle im Langhaus
(um 1120)
Ornamentformen am
kaiserlichen und am
mönchischen Bau.

[46, 47] PAULINZELLA, *Ruine der Klosterkirche (um 1105–1124), Blick durch die nach 1124 errichtete Vorkirche auf die Westwand der Basilika; Säulen und Kapitelle im rechten Gewände des Hauptportals*

[48—50] PAULINZELLA, *Ruine der Klosterkirche (um 1105—1124), Querhaus von Osten, nördliche Querhauspforte mit Bogenfeld und südliche Mittelschiffswand des Langhauses*

[51] HAMERSLEBEN,
Augustiner-Chorherren-Kirche
(nach 1112),
Mittelschiff nach Osten
[52] ERFURT,
Peterskirche (1147 geweiht),
südliche Nebenapsis

[53, 54] THALBÜRGEL, *Klosterkirche (um 1140–1200), Mittelschiff nach Osten und Ruine der Vorhalle*
Die gegliederten Pfeiler und profilierten Arkaden sind Spätformen, die nicht nur in Thüringen, sondern auch im schwäbischen Verbreitungsgebiet der hirsauisch-benediktinischen Kirchenbaukunst vorkommen.
Folgende Seiten:
[55, 56] HALBERSTADT, *Liebfrauenkirche (nach 1088), Ansicht von Osten und Blick durch das im 13. Jahr-hundert gewölbte Querhaus nach Süden*

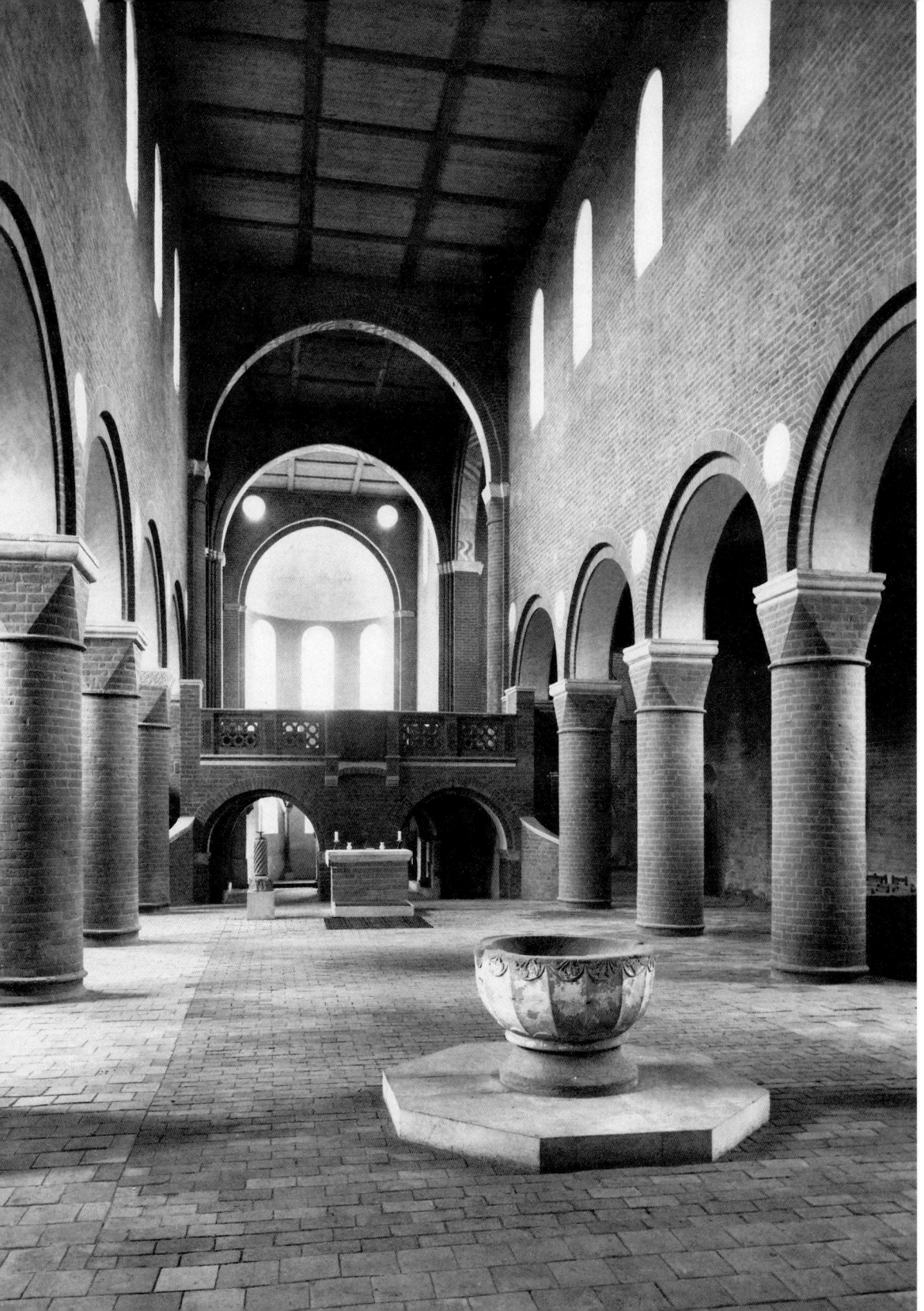

[57, 58] JERICHOW, *Prämonstratenserkirche (um 1150—1200), Blick durch das Mittelschiff auf Krypta und Chor, Ansicht von Osten*

[59—61] JERICHOW, *Prämonstra-*
tenserkirche (um 1150—1200), Krypta,
Blick nach Osten, Kapitell der Granit-
säule im Apsisscheitel und Säulenschaft
am Portal zwischen südlichem Quer-
schiff und Kreuzgang mit der mora-
lisierenden Darstellung vom prediegen-
den Fuchs in der Mönchskutte

[62] JERICHOW, *Prämonstratenserkirche (um 1150—1200), Kapitell im Langhaus*
[63] ALTENBURG, *«Rote Spitzen», Türme der Augustiner-Chorherren-Kirche (1172 geweiht)*
Folgende Seiten:
[64, 65] WECHSELBURG, *Stiftskirche (um 1160—1180), Ansicht von Osten und Inneres des Chores*
Augustiner-Chorherren und Prämonstratenser haben als Klerikerorden Baugewohnheiten des Reformmönchtums übernommen, aber nicht mit der gleichen Strenge gehandhabt. Gemäß den mehr der Öffentlichkeit zugewandten Aufgaben haben ihre Kirchen reicheren, auch figürlichen Bauschmuck und häufig mehrere Türme.

[66—69] PARAY-LE-MONIAL, *Prioratskirche (um 1100), Gesamtansicht von Nordwesten und Chor von Südosten*

Folgende Seiten:

Blick aus dem Mittelschiff zum Chor und Inneres des Chorumganges · In kleineren Dimensionen wiederholt dieser Bau die Gestalt der dritten Kirche des Klosters Cluny. Charakteristisch ist die schichtende Staffelung des Chores mit Umgang und Radialkapellen sowie die enorme Höhe des Innenraumes, die dadurch entsteht, daß erst über Triforium und Oberlichtgaden die Spitztonnenwölbung ansetzt. Die Detailvielfalt und die Raumhöhe stellen einen Verlust der baukünstlerischen Ideale des Reformmönchtums dar.

69

Die Reformer strebten einen Umsturz im Sinne des Zusammenbruches der Vorstellungen von einer einheitlichen Ordnung der Welt an. An ihre Stelle sollte die moderne Anschauung von der Polarität geistlicher und weltlicher Macht treten. Der Kaiser und der deutsche Episkopat wollten der Auffassung Gregors nicht folgen. Der Papst mußte deutlicher werden. Da sich Heinrich, von seinen Bischöfen darin bestärkt, an das 1075 erneuerte Investiturverbot nicht hielt, drohte ihm Gregor. Heinrich IV. handelte daraufhin ganz im Sinne des traditionellen römischen Kaiseramtes: Er ließ Gregor am 24. Januar 1076 in Worms durch Reichstag und Synode absetzen.

Doch nun kam das völlig Neue und offenbar Unerwartete. Gregor antwortete schon am 22. Februar des gleichen Jahres auf der berühmten Fastensynode in Rom mit dem Bannfluch gegen Heinrich und seine Helfer von Worms. Diesen Augenblick nutzte die deutsche Fürstenopposition. Sie erklärte auf dem Fürstentag in Tribur bei Mainz, den König absetzen zu wollen, falls es ihm nicht gelänge, sich binnen eines Jahres vom Bann zu lösen. Heinrich mußte nach Canossa gehen. Doch der winterliche Bußgang über die Alpen auf die oberitalienische Burg der Markgräfin Mathilde von Tuszien, wo Gregor den König am 28. Januar 1077 lossprach — unter den Fürbittenden soll sich auch der Abt Hugo von Cluny befunden haben —, brachte nicht den gewünschten Erfolg. Die deutschen Fürsten wählten am 15. März 1077 Rudolf von Schwaben zum Gegenkönig. Der Krieg im Reich ging weiter.

Dies war die Zeit, in der sich auf deutschem Boden cluniazensische Ideale des Mönchtums radikalisierten. Die Reform bekam im Schwarzwaldkloster Hirsau, das 1059 durch Adalbert von Calw erneuert worden war, ihr Zentrum, nachdem dort der 1069 aus St. Emmeram in Regensburg berufene Abt Wilhelm 1079 die Gebräuche Clunys eingeführt hatte: 1081 legte er nach ihrem Vorbild schriftlich die für Hirsau und seine Filiationen gültigen Consuetudines fest. Schon sechs Jahre zuvor hatte er die Befreiung vom Eigenkirchenherrn erreicht. Das berühmte und umstrittene Hirsauer Formular garantierte dem Kloster die freie Wahl des Abtes und des Vogtes sowie den päpstlichen Schutz. Die Grafen Calw setzten dem offenbar keinen Widerstand entgegen, da ihnen trotz freier Vogtwahl de facto die Vogtei zufiel und ihre territorialpolitischen Bemühungen nicht gefährdet waren. Der Vorgang wiederholte sich in der Folge nicht nur bei den Hirsauer Tochterklöstern, sondern auch bei Gründungen, die mit anderen Kleriker- und Mönchsverbänden besetzt wurden. Die vom Adel gestifteten Reformklöster gerieten so trotz der Libertasforderung zu Bestandteilen feudalherrschaftlichen Landesausbaus und nicht selten in das Fahrwasser antiköniglicher Politik.

Die Hirsauer Mönche entfalteten allerdings im außerklösterlichen Bereich auch eigene Aktivitäten. Die Romanitas galt ihnen als Pflicht und Parteinahme für den Gregorianismus, den sie durch Predigten unter dem Volke verbreiteten. Ihre Propaganda gegen die Simonie, den Kauf geistlicher Ämter, und für das Zölibat, die Ehelosigkeit der Prie-

[70] VÉZELAY, *Benediktinerabtei, Kirche Ste-Madeleine (um 1120–1150), Mittelschiff nach Westen* · Im Gegensatz zu der Kirche in Paray-le-Monial und der dritten Kirche des Klosters Cluny, mit denen Ste-Madeleine die Wand- und Pfeilergliederung wie auch das reiche antikische Detail gemeinsam hat, ist hier versucht, durch den nur zweigeschossigen Wandaufbau und das damit verbundene niedrigere Ansetzen der Wölbung die Überhöhung des Innenraumes zu vermeiden. Die Zisterzienser knüpfen in ihrer Baukunst an diese Gestaltung an, um das Reformideal für die Kirchen der Mönche zurückzugewinnen.

ster, fielen bei sozial niederen Schichten auf fruchtbaren Boden, zumal ähnlich kritisches, meist weitaus gesellschaftsgefährdenderes Gedankengut bereits unter Bauern und Städtern im Umlauf war. Man gewinnt den Eindruck, daß schon die Hirsauer eine Art Auffangbewegung für ketzerische Volksströmungen darstellten, so wie es später bei den Prämonstratensern und Bettelorden der Fall gewesen ist.

In diesem Zusammenhang war die Möglichkeit, als Laie im Kloster leben zu können, von großer Bedeutung. Armutswillige konnten so ihre Ideale verwirklichen, ohne die Gelübde ablegen zu müssen. Laienbrüder hatte es schon in Cluny gegeben, in Hirsau sollen sie zahlreicher gewesen sein. Für die innerklösterliche Praxis rekrutierten sich aus diesen Laienmönchen, den Konversen, zusätzliche Arbeitskräfte. Für sie wurde ein besonderes Gebäude mit Dormitorium und Refektorium errichtet. Doch auch außerhalb der Klöster kam es dank der hirsauischen Bußpredigten zu Laiengemeinschaften, auch von Frauen, die unter geistlicher Leitung ein an monastischer Vorschrift orientiertes Leben führten, wohl in dem Wunsche, das Ideal der Urchristenheit zu verwirklichen.

Hier nun ist die Parallele zu westfranzösischen Häretikern der ersten Hälfte des 11. Jahrhunderts deutlich, zu den Ketzern, die ein Leben nach dem Evangelium anstrebten, alles Äußerliche unnütz fanden, unwürdige Priester von heiligen Handlungen ausschließen wollten, vor allem Taten und nicht allein das Bekenntnis des Glaubens gelten ließen, die die Gotteshäuser als Steinhaufen und die Darstellungen des Kreuzes als Menschenwerk betrachteten, Glockengeläut und Kirchengesang für unnötig hielten, die die Ehe ablehnten, um das Fleisch von der Begehrlichkeit zu befreien, die den Besitz aufgaben, Heim und Familie verließen und sich von ihrer Hände Arbeit ernährten — die leben wollten wie die Apostel. Man findet bei den Ketzern Askese und Innerlichkeit, Drang nach Erleuchtung und sogar schon die dialektische Scheidung zwischen Diesseits und Jenseits.

In der zweiten Hälfte des 11. Jahrhunderts vertraten die Reformer im Mönchtum und im Papsttum wesentliche Forderungen der Häretiker. Damit war die Ketzerei an sich gegenstandslos gemacht, ihre gesellschaftsgefährdende Energie aufgefangen und unter Kontrolle gebracht worden. Hierin blieb die «Orthodoxie der Hirsauer Bewegung» zwar gewährleistet, aber die Grenzen zum unorthodoxen Denken und Handeln wurden trotzdem gestreift. So sehr die Reform die Erhaltung des Bestehenden durch Erneuerung anstrebte, ein Ansatz zu häresieverdächtiger Opposition war im Keim immer vorhanden. Wir glauben, das auch der Kirchenbaukunst des Mönchtums abspüren zu können.

Die Kirchen der Hirsauer

Abt Wilhelm trat am 28. Mai 1069 sein Amt in Hirsau an. Das Kloster, das er übernahm, lag unweit von Calw in einem waldreichen Tal am Nordrand des Schwarzwaldes auf dem rechten Ufer der Nagold. Die Gebäude wurden seit zehn Jahren wiederhergestellt oder neu errichtet, der Neubau der dem heiligen Aurelius geweihten Kirche war noch nicht abgeschlossen, seine Weihe erfolgte erst am 4. September 1071. Über die Baugeschichte der Aureliuskirche in Hirsau sind wir weder durch die Ausgrabung von Erich SCHMIDT noch durch den erhaltenen Torso der Basilika — es steht nurmehr das Langhaus ohne den Obergaden des Mittelschiffes — ausreichend unterrichtet. Vor allem die in unserem Zusammenhang so wichtigen Fragen — Wann erhielt die Kirche ihr dreischiffiges Presbyterium? Wann erfolgte der Umbau zur Säulenbasilika? — sind bisher nicht einwandfrei beantwortet worden.

38,
39

Der Neubau nach 1059, der einem karolingischen Vorgänger folgte, war eine dreischiffige kreuzförmige (Pfeiler- oder Säulen-?) Basilika mit Apsiden an Querhaus und Chorquadrum sowie mit einer Zweiturmfassade im Westen; die Seitenschiffe waren kreuzgratgewölbt, die Vierung trug einen Turm. Bei dem späteren Umbau beseitigte man die Querhausapsiden zugunsten von Chorseitenschiffen, die im Osten gerade schließen, und ersetzte im Falle, daß eine Pfeilerbasilika vorangegangen war, die Stützen des Langhauses durch Säulen. Ohne Zweifel bezweckte der Umbau die Anpassung der Aureliuskirche an die liturgischen Bedürfnisse cluniazensischer Prägung. Diese aber waren in Hirsau nicht von Anfang an gegeben, erst Ende der siebziger Jahre des 11. Jahrhunderts entschied sich Abt Wilhelm für Lebensformen nach dem Vorbild der burgundischen Reformabtei. Er bat Ulrich von Cluny, einen Freund noch aus der Regensburger Zeit, die Gewohnheiten für das Schwarzwaldkloster aufzuzeichnen — eben jene «Antiquiores Consuetudines Cluniacensis Monasterii», die METTLER auf die Gestalt der Cluniazenser-Kirchen hin befragt hat —, und er sandte dreimal Mönche seines Klosters zur Information nach Cluny. Frühestens zu diesem Zeitpunkt werden auch die baulichen «Gewohnheiten» Clunys in Hirsau gefordert worden sein. METTLER datiert daher den Umbau von St. Aurelius in die Zeit nach 1079, betont aber, daß in den von Abt Wilhelm nach 1080 verfaßten Consuetudines Hirsaugiensis bereits von Raummangel in der Kirche die Rede sei, was sich nur auf die relativ kleine Aureliuskirche beziehen könne. Es wäre also denkbar, daß Abt Wilhelm gleich einen Neubau und nicht erst einen erweiternden Umbau des alten Klosters im Auge hatte. Tatsächlich begann Wilhelm 1082/83 mit dem Bau eines neuen, größeren Klosters auf dem anderen Ufer der Nagold. Sollte sich deshalb der Umbau der Aureliuskirche zu diesem Zeitpunkt erübrigt haben und erst wesentlich später, etwa nach 1120 erfolgt sein? (W. HOFFMANN) Oder hatte man gerade deshalb, weil das neue Kloster erst im Bau war — seine Kirche wurde 1091 geweiht — die den cluniazensischen Anforderungen entsprechend umgebaute Aureliuskirche seit dem Ende der siebziger Jahre nötig? Oder besaß, wie Erich SCHMIDT meint, der Neubau nach 1059 schon den dreigeteilten Chor und die Säulen im Langhaus, so daß der Bau bei Annahme der cluniazensischen Gewohnheiten den neuen Bedürfnissen gerecht war und lediglich auf die Dauer zu klein wurde? Das eigentlich cluniazensische Bauprogramm der «Hirsauer» ist jedenfalls nicht an St. Aurelius, sondern erst an St. Peter und Paul verwirklicht worden.

Auch diese Kirche steht nicht mehr. Die Geschichte der monastischen Kirchenbaukunst scheint aus einer Kette von Rekonstruktionen zu bestehen und die Mönchskirche ein Abstraktum zu sein. In der Tat haben die meisten der Klosterkirchen, von denen wir meinen, daß sie das Architekturideal der Reformen verwirklichten, die Zeiten nicht überdauert. Sankt Gallen blieb Utopie. Cluny II bestand kaum hundert Jahre, da mußte es einer neuen, gar nicht mönchischen Kirche weichen. Cîteaux und Clairvaux hinterließen nur Spuren der Bauabsichten ihrer Gründer. Im Verhältnis dazu ist uns St. Peter und Paul in Hirsau geradezu deutlich greifbar. Bis 1692 — am 20. September fiel sie dem Pfälzischen Erbfolgekrieg zum Opfer — hat sie weitgehend in der Form bestanden, in der sie Abt Wilhelm seit 1082/83 erbauen ließ und 1091 weihte. Zu Anfang des 18. Jahrhunderts konnte sie noch in wesentlichen Teilen zeichnerisch erfaßt werden. Diese Unterlagen ermöglichen zusammen mit den Ergebnissen neuzeitlicher Ausgrabungen die relativ einwandfreie Rekonstruktion einer Kirche, die in der Realisation des angestrebten Bauideals weit über das Vorbild von Cluny II hinausging. Aber daran,

123

daß Cluny Vorbild war, wenn auch nicht in formal-stilistischem Sinne, möchten wir festhalten.

Wie weit fußte Hirsau auf Cluny? Ohne Zweifel war die «liturgische Gestalt» beider Kirchen gleich. Da ist zunächst das dreischiffige Presbyterium, dessen Seitenschiffe mit dem Hauptschiff durch zwei (drei?) Arkaden auf Pfeilern oder Säulen verbunden waren. Da sind die Altarplätze östlich vom Hochaltar, drei in der Mitte und je zwei in den Abseiten. Der architektonische Rahmen für diese Reihe von sieben Altären vor der rechtwinkligen Ostwand der Kirche mit dem charakteristischen mittleren Risalit — die Altäre standen jeder für sich in einer niedrigen tonnengewölbten Nische, über den drei mittleren befand sich eine Bühne — hob diesen Teil vom Sanktuarium nochmals ab, ähnlich wie es der Abschluß des Presbyteriums in Cluny II tat. Diese betonte, architektonisch hervorgehobene Absetzung der östlichen Altarreihe erkennen wir als ein nicht unwesentliches Motiv cluniazensischer Kirchenbaukunst, das sich bei Nachfolgebauten in mancherlei Variation, aber im Prinzip immer wieder findet. Weiter gab es in Hirsau wie in Cluny II die Apsiden an den frei bleibenden Teilen der Ostwand des Querschiffs; Criptae dagegen fehlten. Den «chorus maior» beherbergte die Vierung, den «chorus minor» das

Hirsau, Innenansicht der Peter-Pauls-Kirche. Rekonstruktion

Hirsau, Außenansicht der Peter-Pauls-Kirche. Rekonstruktion

erste Mittelschiffsjoch westlich davor; dieses war tiefer als die übrigen Travéen des Langhauses und von diesem durch kreuzförmige Pfeiler als Stützen anstelle von Säulen geschieden, also eine ganz ähnliche Situation wie in Cluny II, wo das Laienhaus Säulen, der zum Chor gehörige Teil des Langhauses aber Pfeiler als Stützen hatte. Der «chorus minor» war seitlich flankiert von offenbar tonnengewölbten Räumen mit gegenüber den übrigen Wänden verstärkter Außenmauer. Man hat vermutet, daß über ihnen Türme geplant gewesen seien. Ausgeführt waren sie nicht, und man findet bei keinem Bau der Hirsauer Kongregation Türme an dieser Stelle. Die Vorstellung von einer «turmbewehrten Gottesburg», von einer — zusammen mit zwei Türmen an der Westseite — viertürmigen Hirsauer Klosterkirche, dürfte unzutreffend sein. Die Funktion des Glokkenträgers jedenfalls übernahm wie in Cluny ein

Turm über der Vierung, in Hirsau bis ins 16. Jahrhundert aus Holz.

Das Laienhaus in Hirsau war eine Säulenbasilika mit acht Arkaden, also gestreckter als Cluny II mit nur vier Arkaden. Die Säulen auf attischen Basen trugen Würfelkapitelle, jene stereometrischen Schöpfungen der mittelalterlichen Architektur, die vom Rund der Säule zum Quadrat der Bogenansätze vermitteln. Sie waren schmucklos, gleichsam abstrakt, im Sinne von Architektur absolut. Ähnlich verhielt es sich mit der übrigen Gestaltung. Die Bögen waren rechteckig gerahmt von einer Leiste mit einem würfeligen Muster, das einem Schachbrett gleicht. Sonst waren die Mittelschiffwände ungegliedert, nur im Obergaden durchbrochen mit Rundbogenfenstern in den Achsen der Arkaden.

Dem Schiff war eine Galiläa vorgelegt, möglicherweise zunächst ein offener atriumartiger Vorhof, worauf die überlieferte Benennung «paradisus» hinweisen könnte, vielleicht aber auch von Anfang an eine dreischiffige Vorkirche, wie sie später vorhanden war. Die Türme an der Westseite mit der zwischen ihnen liegenden Halle, dem «atrium subter turres», fügte man erst nach dem Tode des Abtes Wilhelm hinzu, wohl wiederum nach dem Vorbild von Cluny, und zwar entweder zunächst dem Vorhof, bevor dieser in eine überdachte Vorkirche umgewandelt wurde (siehe unsere Zeichnung), oder dieser Vorkirche selbst, die sich bis dahin mit einer basilikalen Querschnittfassade dargeboten hätte (Rekonstruktion von E. SCHMIDT). Der Bau Wilhelms besaß mit Ausnahme des in den Consuetudines vorgeschriebenen Glockenträgers über dem «chorus minor» keine Türme! Hinsichtlich seiner liturgischen Gestalt erweist sich die Klosterkirche St. Peter und Paul in Hirsau als Kopie der zweiten Kirche in Cluny.

Mit der Abfolge von Atrium, Galiläa, Laienhaus, Chorus minor, Chours maior und Presbyterium entspricht sie den Vorschriften. Die architektonischen Mittel, mit denen diese Gliederung ausgeführt wurde, bewirken Klarheit und Überschaubarkeit. In Grundriß und Aufbau sind die Teile deutlich voneinander abgesetzt, die Galiläa mit Atrium und Türmen — übrigens der Sankt-Galler Plankonzeption äußerst verwandt und letztlich frühchristlichen Vorbildern folgend —, dann die eigentliche Kirche, langgestreckt, in Kreuzform mit rechtwinkligen Endungen, innen die Galiläa mit Pfeilern (wechselnd mit Säulen?) als Stützen, das Laienhaus mit langen Reihen eng gestellter Säulen, der Mönchsteil wieder mit Pfeilern, durch vier monumentale Querbögen in Chorus minor, Chorus maior, Presbyterium und östliche Altarreihe unterteilt und auch durch die Grundrißproportionen geschieden. Die Seitenschiffe des Presbyteriums sind breiter als die des Langhauses. Die Travée des Chorus minor ist größer als die übri-

gen im Langhaus. Chorus maior und Presbyterium, also Vierung und Chorquadrum, sind nicht deckungsgleich. Kein einheitliches Grundmaß durchgliedert den Gesamtbau, sondern zweckentsprechende Sachlichkeit bestimmt die Raumaufteilung.

Diese Sachlichkeit, die wir der Peter-und-Pauls-Kirche von Hirsau abspüren und die wir in der Mentalität des reformmonastischen Bauherrn voraussetzen, kommt auch in dem Mangel an Aufwand, architektonischem wie dekorativem, zum Ausdruck. Dazu gehört die Schmucklosigkeit der Würfelkapitelle, das Fehlen einer rhythmisch-dynamischen Wandgliederung innen wie außen und nicht zuletzt der Verzicht auf Wölbung. Allseitig flächige Begrenzungen schaffen einen relativ bewegungsarmen Raum, der dem frühchristlichen Baucharakter nahekommt. Daß man in Hirsau danach strebte, beweisen gerade die flachen Decken (oder die offenen Dachstühle?) und die Säulenreihen im Langhaus. Die Rezeption frühchristlicher Architektur ist in Hirsau gegenüber Cluny geradezu im Sinne eines Historismus gesteigert. Diese Rezeption wurde so von keiner späteren Reformbewegung des Mönchtums wieder praktiziert. Sie beruhte — es ist das Verdienst von Edgar LEHMANN, dies erstmalig herausgearbeitet zu haben — auf der Rolle, die Hirsau und seine Reform im Investiturstreit gespielt hat. Die Verbundenheit mit Rom war eine Grundvoraussetzung des Reformbeginns von Cluny. Politische Parteinahme für Rom aber in dem sich zuspitzenden Machtkampf zwischen den zwei Gewalten, zwischen Regnum und Sacerdotium, zwischen Kaiser und Papst, blieb dem jungen deutschen Reformzentrum vorbehalten. Es stellte seine Parteinahme auch in der Gestalt seiner neuen Kirche zur Schau.

Auf seiten des Reiches herrschte eine ganz andere Auffassung von kirchlicher Architektur als auf der Seite der Reform. Dafür steht der Dom zu Speyer, die architektonische Machtdemonstration Heinrichs IV. Der Kaiser ließ seinen Dom zur gleichen Zeit umbauen, als Abt Wilhelm in Hirsau seine neue Klosterkirche errichtete. Aber der Dom erhielt reichgegliederte Wände, gestaffelte Nischen und Blendbögen auf Säulen und Pilastern, bekrönende Bogengalerien, Kuppeln und Türme, erhielt antikisierenden Blattdekor an Friesen und Kapitellen. Vor allem aber erhielt er mächtige Kreuzgewölbe im hohen Mittelschiff des Langhauses, von der Sache her eine Großtat mittelalterlicher Bautechnik, von der Bedeutung her Triumphsymbol kaiserlicher Macht. Ebenso waren die beiden Dreiturmgruppen ein sichtbares Zeichen für das Da-Sein des Imperators in der Ekklesia. Es hat den Anschein, als habe Heinrich IV. durch diesen Umbau dem Speyerer Dom eine Gestalt geben wollen, die das Gottkönigtum noch einmal in byzantinischer und karolingischer Tradition repräsentieren sollte. Die Hypertrophie, mit der dieser Anspruch vorgetragen wurde, könnte aus der Abwehrstellung resultieren, in der sich der Kaiser gegenüber der römischen Reformpartei befand. Auf jeden Fall war der Aufwand in Speyer ebenso demonstrativ gemeint wie der Verzicht darauf in Hirsau. Gegensätze in der Politik und der Ideologie haben zu den gegensätzlichen Architekturschöpfungen auf deutschem Boden geführt.

Eine wesentliche Folge dieses Gegensatzes für die Geschichte der kirchlichen Baukunst war es, daß die retrospektive Einstellung in Hirsau die Entwicklung zum rhythmisch durchgliederten Gewölbebau in Deutschland entscheidend gehemmt hat. Durch seine Filiationen hat Hirsau ein Architekturideal verbreitet, das dem Entwicklungsstand der Zeit — so wie die Kunstgeschichte es sieht — nicht entsprach. Dieses Ideal verstand das Kirchengebäude eines Klosters letztlich im altcluniazensischen Sinne als Ausdruck der Nachfolge frühen Christentums, als Ausdruck mönchischer Armut, als Gehäuse für einen auf Verinnerlichung gestellten Kultus. Diese Auffassung mußte jene scheinbar aufwandlosen, sachlichen Architekturschöpfungen hervorbringen, mit denen das Reformmönchtum dem Vorwurf entgehen wollte, der von häretischer Seite gegen den Aufwand im Kirchenbau vorgebracht wurde. Eigentlich müßten die Kirchen der benediktinischen Reform als reine Zweckbauten errichtet worden sein, und dem widerspräche nicht die Annahme, daß die Eleganz der Maßverhältnisse, die Klarheit der Details, die Perfektion der Bautechnik, mit einem Wort, daß die architektonische Qualität die Realisierung eines künstlerischen Ideals wahrscheinlich macht. Das Mönchtum hätte dann künstlerisch eine Gegenposition demonstriert, ebenso rational bestimmt wie alle übrigen Äußerungen seiner Reform.

Es heißt, die Hirsauer Reform habe sich wie ein Lauffeuer ausgebreitet. 130 Klöster hätten sich ihr noch zu Lebzeiten des Abtes Wilhelm angeschlossen. Ältere Benediktiner-Niederlassungen, bisweilen schon seit längerer Zeit vakant, wurden durch sie erneuert. Neugründungen waren relativ selten.

Nicht in allen, aber in vielen Fällen war die Reformierung eines Klosters mit Baumaßnahmen verbunden. Sie betrafen in erster Linie die Kirche. Soweit die Ergebnisse dieser Bautätigkeit auf uns gekommen sind, zeigen sich reformbedingte Gemeinsamkeiten der liturgischen Gestalt, vor allem die Raumvielfalt der Ostteile, dreischiffige Presbyterien mit der deutlichen Neigung zu apsidialen Schlüssen, die im Gegensatz zu St. Peter und Paul in Hirsau mehr dem etwa durch Romainmôtier vertretenen altcluniazensischen Vorbild folgen. Ferner findet sich der markierte Chorus minor. Meist auf eine Vorhalle reduziert erscheint die in den Stammklöstern so ausgeprägte Vorkirche. In den Formen herrscht Schlichtheit und Strenge vor. Säulen mit Würfelkapitellen oder ungegliederte Pfeiler, profilierte Arkadengesimse und -rahmungen, sonst hohe glatte Wände, flache Decken, das sind die Kennzei-

127

chen des Innenraumes; ursprüngliche Wölbung tritt hin und wieder in den Sanktuarien auf, gegliederte Pfeiler gibt es erst gegen Mitte des 12. Jahrhunderts. 53 Am streng gebauten, quaderverblendeten Außenbau ist eine Unsicherheit hinsichtlich der Turmstellung zu bemerken, die sich aus notwendigen Kompromissen gegenüber dem beabsichtigten Turmverzicht erklärt. Westtürme scheint es — abgesehen von schon vorhandenen älteren — allein dort gegeben zu haben, wo das Vorkirchenprogramm voll verwirklicht worden ist (Hirsau, Paulinzella) und Osttürme 46 lediglich auf Grund besonderer örtlicher Bedingungen (Erfurt, St. Peter), beides zusammen übrigens nur bei Adaptionen durch andere Kongregationen (Augustiner-Chorherren: Liebfrauenkirche in Halberstadt). Meist aber ist nur an unbetonter Stelle 55 im Osten dem Bau ein Turm angefügt, auf den man als Glockenträger nicht verzichten konnte (Alpirsbach, Schaffhausen). Überzeugend wirken dagegen Vierungstürme, die ursprünglich wie in Hirsau wohl aus Holz errichtet waren und erst in gotischer Zeit als Steintürme erneuert wurden (Schwarzach in Baden; Sangerhausen, St. Ulrich). Immer wieder sto- 34 ßen wir bei der cluniazensisch-hirsauischen Kirchenbaukunst auf das Bestreben, mit nur einem Turm, möglichst über der Vierung, auszukommen. Die Merkwürdigkeit, daß Türme an den Ostenden der Seitenschiffe des Langhauses sowohl in Hirsau an St. Peter und Paul als auch in Paulinzella geplant, aber nicht ausgeführt wurden, unterstreicht die gewollte Beschränkung.

Mit dem Hinweis auf landschaftliche Baugewohnheiten hat man der Baugestalt der Peter-Pauls-Kirche in Hirsau beikommen wollen, um sie aus der Abhängigkeit vom Vorbild Cluny zu befreien. Man meinte, sie bilde das Ende einer oberrheinischen Architekturentwicklung (L. SCHÜRENBERG), und 84 glaubte, das unmittelbare Vorbild in der Klosterkirche gefunden zu haben, die der salische Kaiser Konrad II.

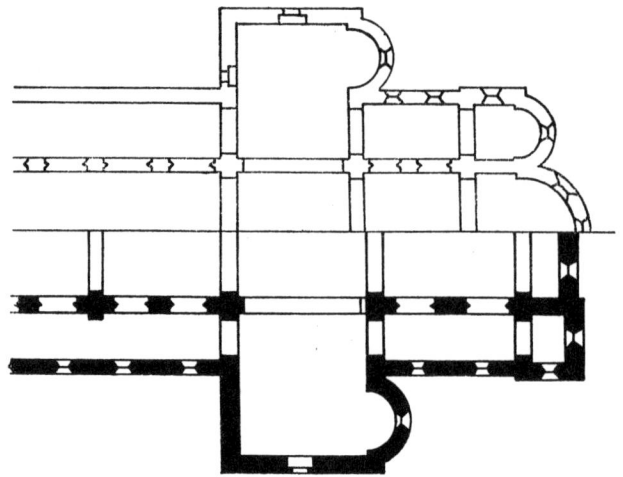

Erfurt, Peterskirche. Rekonstruktion des Grundrisses vom ersten und zweiten Bau

nach 1025 auf der Limburg an der Hardt hatte errichten lassen. Diese Kirche, eine langgestreckte Säulenbasilika, besitzt ein quadratisches Sanktuarium über einer dreischiffigen Krypta. Je drei Blendnischenfelder an den Wänden gelten als die Anregung für das Motiv der drei Altarnischen an der Ostwand hinter dem Hochaltar in Hirsau.

Tatsächlich aber handelt es sich in Hirsau um ein Risalit, das über die gerade Flucht der Ostwand vortritt und im Untergeschoß die drei Altarnischen aufnimmt. Hier könnte ebensogut Cluny selbst Pate gestanden haben, zumindest nach den Rekonstruktionen von CONANT. Die Risalitbildung in Hirsau scheint neu zu sein, wenn nicht Erinnerungen an Urformen vorliegen, die älter sind als Cluny II. Die Umsetzung des Motivs in eine apsidiale Endung findet sich in Alpirsbach im Schwarzwald: Drei Altarnischen sind dem vorspringenden Halbkreisschluß im Untergeschoß eingefügt; wie in Hirsau darüber eine Bühne. Daß die 1103/04 vollendete Klosterkirche in Schaffhausen, der früheste und reinste Nachfolgebau von Hirsaus St. Peter und Paul, einen solchen Risalit ebenfalls besaß, ist naheliegend, wird aber neuerlich bestritten. Auf jeden Fall besaß sie eine abgesetzte Reihe flachrechteckiger Raumteile als östlichen Abschluß.

Dieser abgesetzten Reihe flachrechteckiger Raumteile begegnet man wieder an der Kirche auf dem Petersberg in Erfurt, dem größten Hirsauer Bau in Thüringen. Sie ist dort das Ergebnis einer relativ spät (nach 1127?) erfolgten Planänderung oder eines noch späteren Neubaues (nach einem Brand 1142?). Ein vorangegangener Bau, dessen Grundsteinlegung von den Chroniken mit dem Amtsantritt des Abtes Burchard im Jahre 1103 in Zusammenhang gebracht wird, besaß nicht den rechteckigen Ostschluß, sondern ein durch Ausgrabungen nachgewiesenes, mit Apsiden geschlossenes dreischiffiges Presbyterium, vielleicht, aber nicht sicher, auch seitliche Apsiden an den Ostwänden des Querhauses. Die 1112 geweihte Kirche der Tochtergründung in Herrenbreitungen an der Werra, die mit ihren Ostteilen dem Vorbild der Mutterkirche («Erfurt I») folgt, verfügt über die hirsauischen Querhausapsiden nicht.

Die Vorliebe für apsidiale anstelle gerader Ostendungen der Hirsauer Kirchen in Thüringen ist auf den Einfluß niedersächsischer Bautraditionen zurückgeführt worden. In der Tat besaß die Klosterkirche in Ilsenburg ein mit drei Apsiden geschlossenes dreischiffiges Presbyterium, aber die Ilsenburger Kirche ist älter als St. Peter und Paul in Hirsau. Ohne Zweifel ist ihre Gestalt jedoch von der Reform geprägt — man vergleiche wiederum Romainmôtier —, und ohne Zweifel ist diese Gestalt unabhängig von dem Einfluß Hirsaus in Thüringen und im Harzgebiet verbreitet worden. Vermutlich ist dabei ein reformerischer Personenkreis beteiligt gewesen, dessen politische Ziele gregorianisch und nachweislich gegen den kaisertreuen Episkopat gerichtet waren und der sich deshalb später mit den Hirsauern vereinigen konnte. Es war der aus Gorze kommende Herrand, der von seinem Oheim, dem Bischof von Halberstadt, um 1070 nach Ilsenburg gerufen wurde, um das Kloster zu reformieren. Herrand hat Landgraf Ludwig von Thüringen zur Gründung des Klosters Reinhardsbrunn bewogen, in das 1085 ein Prior Ernst mit zwölf Mönchen aus Hirsau einzog. Der vermutliche Herrandschüler Giselbert wurde erster Abt, nach 1088 reformierte er auch das Kloster auf dem Petersberg in Erfurt. Kirche und Kloster in Reinhardsbrunn (Weihe 1097) sind vom Erdboden verschwunden, über ihr Aussehen wissen wir nichts. Ein anderer Bau, der ebenfalls dem Thüringer Landgrafen Ludwig dem Springer seine Entstehung verdankt — die Gründungsdaten schwanken zwischen 1083 und 1110/16 —, St. Ulrich in Sangerhausen, zeigt gleichermaßen reformerisches, aber nicht hirsauisches, sondern eher altcluniazensisches Gepräge mit dreischiffigem, apsidial geschlossenem Presbyterium, mit fünfteiligem Querschiff und raumhohen Apsiden an den äußeren Querarmen, mit Tonnen- und Kreuzgratgewölben in den Ostteilen, die sicher auch im Langhaus ursprünglich beabsichtigt waren. Den Außenbau beherrscht der zentrale Turm über der Vierung. Im ganzen ist St. Ulrich also aufwendiger als Hirsaus

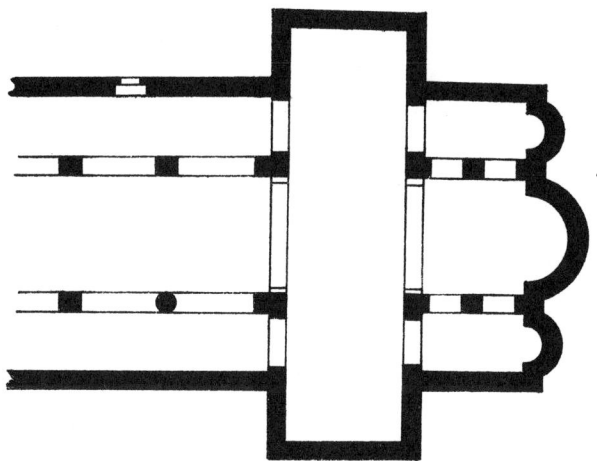

Herrenbreitungen,
Benediktinerkirche. Rekonstruktion des Grundrisses

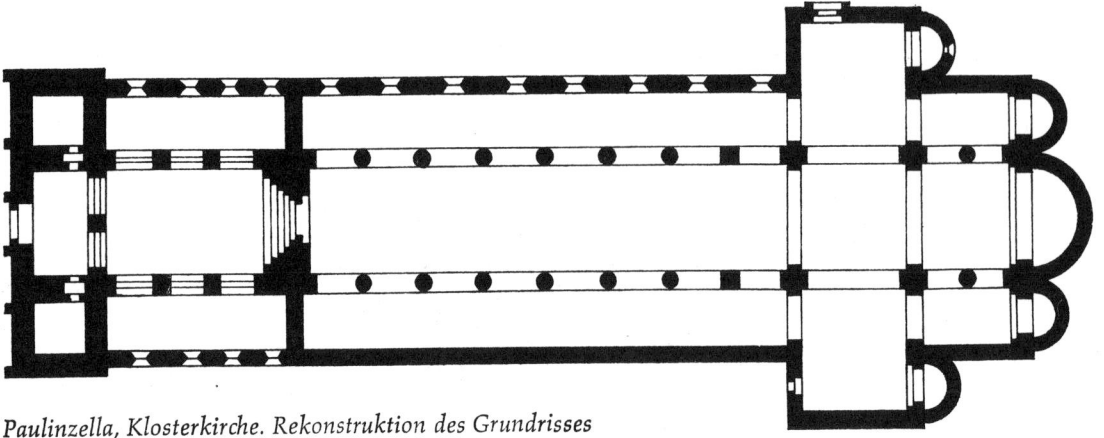

Paulinzella, Klosterkirche. Rekonstruktion des Grundrisses

Peter-Pauls-Kirche und eher an Cluny II orientiert. Auf jeden Fall zeigen die Kirchen in Ilsenburg und Sangerhausen einen *vorhirsauischen* Reformeinfluß auf die Baukunst des Harzlandes, der dann auf die ersten hirsauischen Filiationen in Thüringen wirkte, auf Reinhardsbrunn, auf die Peterskirche in Erfurt und auf Herrenbreitungen, auch auf die «Zelle», die die sächsische Adlige Paulina zwischen 1102 und 1105 in dem thüringischen Waldtal des Rottenbaches gegründet hat.

Paulinzella ist der Inbegriff einer mittelalterlichen Kloster- und Kirchenruine. Es hat die Phantasie der Romantiker ebenso beflügelt wie das denkmalpflegerische Erhaltungsbestreben unserer Zeit. Heute ist das Bauwerk in seinem überkommenen Bestand gesichert, in seiner ursprünglichen Gestalt dokumentiert und von einer gepflegten Parklandschaft umgeben, ist als Denkmal der Kunst und der Geschichte bewahrt. Die baukünstlerische Qualität hat zu Vergleichen mit der klassischen Antike herausgefordert. Die Baugeschichte führt in das Zeitalter des Gregorianismus, des Investiturstreites und der beginnenden Kreuzzüge. Der vor 1107 liegende Baubeginn des apsidial geschlossenen dreischiffigen Presbyteriums zeigt noch die Abhängigkeit von den harzländischen Reformkirchen. Erst 1107 zog ein

45–
50

Hirsauer Konvent unter dem Abt Gerung ein. Offensichtlich geriet der schon begonnene Kirchenbau nun unter den Einfluß Hirsaus. Paulinzella besitzt die frühesten in Thüringen sicher nachweisbaren Apsiden an den Querhausarmen. Das Raumprogramm des Langhauses folgt dem von St. Peter und Paul in Hirsau; es fehlt nur der Gurtbogen, der zusammen mit dem östlichen Pfeilerpaar den Chorus minor vom säulengetragenen Mittelschiff zu trennen hätte. Hirsauisch und cluniazensisch ist auch die Planung der Vorkirche, der Galiläa, und der beiden Westtürme, die jene Halle zwischen sich nahmen, die Atrium genannt wurde. Neu ist in Paulinzella die gestalterische Aufwertung des Westportals der Kirche, eines mehrstufigen Säulenportals, das als das erste seiner Art auf deutschem Boden gilt. Diese Neuerung an einem Bau der Reform geht auf das Vorbild der dritten Kirche des Klosters Cluny zurück, auf jenen Bau, der durch seinen Aufwand die Reform in Frage stellte. Wenn man Cluny III in Paulinzella rezipierte, dann war man auch hier wohl schon über die rein innerklösterliche Aufgabenstellung des Reformbeginns hinausgegangen und fühlte sich dem universalen Sieg der Christenheit verbunden, dem Sieg, den das Sacerdotium über das Regnum davongetragen hatte und als dessen

50

46

47

Monument man den riesigen Neubau in Cluny verstand.

Auf dem Petersberg in Erfurt trat im Jahre 1127 Abt Werner aus Hirsau sein Amt an. Zwischen 1127 und dem 16. Juni 1147 hat dann die Kirche auf dem Petersberg ihre neue Gestalt bekommen, von der heute nur ein Torso zu sehen ist. Sie erhielt nach Hirsauer Vorbild den rechteckigen Ostschluß, der den ursprünglich apsidialen ersetzte, um sich mit zwei stattlichen Türmen der Stadt darzubieten. Bedeutende Abmessungen und reichere Details verliehen dem klösterlichen Bau einen beinahe imperialen Zug. Hier wurde nicht mehr das Reformideal vorgetragen, sondern der Triumph christlicher Herrschaft.

Als die cluniazensisch-hirsauische Reform in dieser Weise pervertierte, verbreiteten sich bereits die Zisterzienser über Europa, jene Mönche, die das Ideal der Nachfolge Christi erneuern und dem benediktinischen Mönchtum erhalten wollten. Mit ihrer Kirchenbaukunst knüpften sie anfangs an die der Cluniazenser und Hirsauer an. Sie übernahmen offensichtlich gern die kapellenreichen Ostteile und bevorzugten dabei die altcluniazensische Staffelung des Grundrisses, wie ihn noch heute die ehemalige Abteikirche in Payerne besitzt. Besonders beliebt waren diese «Staffelchöre» — davon wird später die Rede sein — bei den Zisterziensern im mittleren Deutschland, in Franken, Thüringen und Sachsen. Und gerade hier scheint diese Variante der clunia-

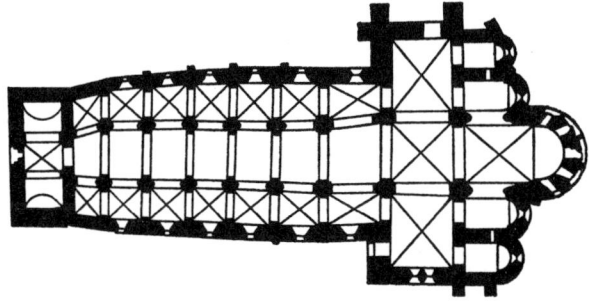

Payerne, Benediktinerkirche. Grundriß

zensischen Chorform in ihrer zisterziensischen Umprägung, mit geschlossenen Wänden anstelle verbindender Arkaden zwischen Haupt- und Nebenchören, auf einen Bau der Benediktiner, die Klosterkirche in Thalbürgel, gewirkt zu haben. Das Kloster wurde 1133 durch Bertha, Gemahlin eines Markgrafen Heinrich von Groitzsch und gebürtige Schwarzburgerin, gegründet und vermutlich von Paulinzella her besetzt. Bertha war sowohl eine Verwandte der Paulina als auch der Grafen von Schwarzburg-Käfernburg, die später Vögte von Paulinzella waren und die 1143 das Zisterzienserkloster Georgenthal gründeten, dessen Kirche nach der Mitte des 12. Jahrhunderts wie die in Thalbürgel einen Staffelchor erhielt. In Thalbürgel befinden sich die Türme am Ostende der Langhausseitenschiffe im Winkel zum weitausladenden Querhaus, die in Paulinzella geplant, aber nie gebaut worden waren. Das cluniazensisch-hirsauische Raumprogramm wurde einschließlich einer dreischiffigen Vorhalle eingehalten. Bemerkenswert ist, daß die zu den Seitenschiffen hin geschlossenen Untergeschosse der Türme zusammen mit einem kürzlich in Teilen rekonstruierten Lettner den gesamten Ostteil, Chöre und Presbyterium, gleichsam als selbständige Kirche gestalterisch entschiedener vom Langhaus absetzten, als es sonst bei Kirchen der Reform der Fall ist. Die reiche Gliederung der Langhauspfeiler und -arkaden sowie dessen rechteckige Rahmung lassen sich von den Formen des 1147 geweihten Zweitbaues der Erfurter Peterskirche ableiten, weisen aber mit den Dekorationen ihrer Kapitelle ins ausgehende 12., mit einigen Details sogar ins frühe 13. Jahrhundert. Ist Thalbürgel also ein Spätling der cluniazensisch-hirsauischen Reform? Als solcher stellt sich im südwestlichen Deutschland die Klosterkirche von Schwarzach bei Baden dar. Sie gilt als der späteste Kirchenbau (nach 1209), der nach Hirsauer Überlieferung errichtet worden ist. So eindeutig liegen die Dinge in Thalbürgel nicht. Seine Klosterkirche steht kunstgeschichtlich in jenem Spannungsfeld, das sich im 12. Jahrhundert zwischen alter und neuer Reform, zwischen Cluniazensern und Zisterziensern aufgetan hatte.

Recht weit in das 12. Jahrhundert reichte die Wirkung cluniazensischer Reform auf die Kirchenbaukunst im Gebiet nordöstlich des Harzes. Ihre Baugewohnheiten wurden hier nicht so sehr von den monastischen Kongregationen, sondern von den Klerikerorden, den Augustiner-Chorherren und den Prämonstratensern, verbreitet. Die dreischiffige Chorform mit Aspiden, jene altcluniazensische Reduktion der reicheren Anlage von Cluny II, war schon bald nach der Mitte des 11. Jahrhunderts in Ilsenburg gebaut worden. Möglicherweise wiederholte man sie in Halberstadt an der Augustiner-Chorherrenkirche Unser Lieben Frauen bereits nach 1088, allerdings mit einer entscheidenden Änderung, nämlich mit geschlossenen Wänden zwischen den Chorschiffen, so daß die Seitenschiffe zu selbständigen Nebenkapellen wurden. Diesem Vorbild folgten die Augustiner-Chorherrenkirche in Hamersleben nach 1112 und im dritten Viertel des 12. Jahrhunderts, möglicherweise aber auch erst bedeutend später, die Kirche des Prämonstratenserstiftes in Jerichow. Bemerkenswert ist bei allen das Fehlen der Querhausapsiden. Diese finden sich nur an der Kirche einer Hirsauer Filiation in diesem Gebiet nördlich des Harzes, dem sogenannten Kaiserdom in Königslutter. Lothar III. hatte 1135 den Grundstein zu dieser Kirche des Benediktinerklosters gelegt, in das ein älteres Kanonissenstift von ihm umgewandelt worden war. Königslutter war Tochter des 1099 von den Hirsauern übernommenen Klosters Berge bei Magdeburg. Die Bauten dieses Klosters sind bei der Anlage eines städtischen Parks durch Peter Joseph Lenné 1823/25 gänzlich beseitigt worden. Es wäre denkbar, daß das Hir-

sauer Bauprogramm durch Kloster Berge reiner als bisher nach Niedersachsen vermittelt worden ist. Das könnte auch für die in diesem Gebiet nicht gebräuchlichen gestreckten Langhäuser mit gleichbleibenden Stützen gelten, die im 12. Jahrhundert hier häufiger wurden. Das Harzgebiet besaß eine beständige Bautradition, zu deren wesentlichen Merkmalen der Stützenwechsel, der rhythmische Wechsel von Pfeilern und Säulen, gehörte. Selbst bei dem reformerisch beeinflußten Neubau der Klosterkirche in Ilsenburg ist im letzten Viertel des 11. Jahrhunderts noch das architekturlandschaftliche Charakteristikum zur Anwendung gekommen. Erst die Reformzeit des 12. Jahrhunderts vermochte diese Tradition zu durchbrechen. Doch klingt der Stützenwechsel auch bei den reinen Pfeilerbasiliken immer wieder durch, in der wechselnden Stärke der Pfeiler (Halberstadt, Unser Lieben Frauen) oder in wechselnden Kämpferprofilen (Königslutter).

Bezeichnenderweise besitzt Königslutter wieder nur einen Vierungsturm (der sächsische Westriegel mit zwei Turmaufsätzen gehörte nicht zum Reformbaukonzept). Dagegen ist an den nichthirsauischen Bauten das Turmaufgebot verwirklicht, das für Hirsau und Paulinzella zwar geplant, aber eben nicht ausgeführt war: die beiden Türme in den Winkeln an der Westseite des Querschiffes in Hamersleben und Halberstadt, hier dazu noch zwei Westtürme, wodurch die Halberstädter Liebfrauenkirche eine viertürmige burghafte Erscheinung wurde, kein Reformbau im ursprünglichen Sinne, aber eine Demonstration des regulierten Klerus, der sich mit seiner Reform beinahe militant gab.

Charakteristisch waren die Vorgänge in Magdeburg um Norbert von Xanten, den Gründer des Prämonstratenserordens, der 1126 den Stuhl des Erzbischofs bestieg. Sein Versuch, das Domkapitel seinem Orden anzuschließen, scheiterte am Widerstand der eingesessenen Geistlichen. So besetzte er 1129

55,
56

III

Petersberg bei Halle,
Augustiner-
Chorherren-Kirche.
Ruine des Chores
nach einer Zeichnung von
Karl Friedrich Schinkel
aus dem Jahre 1833

Ruinen auf dem
Petersberge bei Halle.

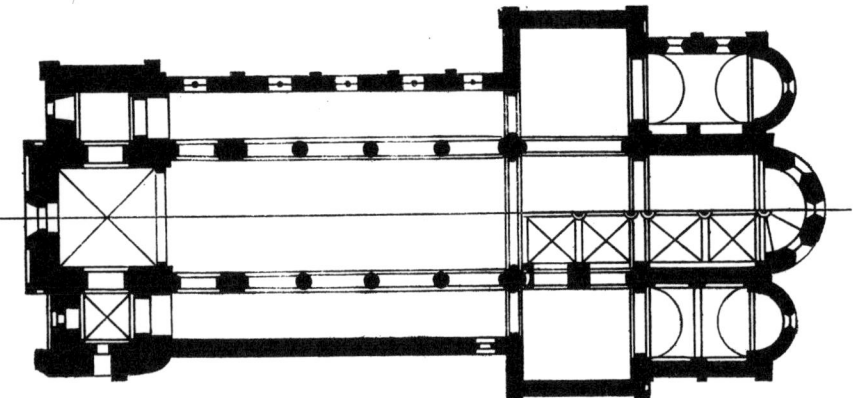

Jerichow, Prämonstratenserkirche. Grundriß

das um 1015/18 gegründete Kollegiatstift Unser Lieben Frauen mit Prämonstratensern. Damals besaß das Stift als Kirche eine flachgedeckte Säulenbasilika des 11. Jahrhunderts. Norbert ließ den westlichen Abschluß dieser Kirche, einen hoheitsvollen Dreiturmbau, errichten, der, erst nach seinem Tode vollendet, die Gebäudegruppe von Kirche und Kloster hoch überragt und weithin sichtbar die ehrgeizige politische Zielstellung des Erzbischofs und seines Ordens verkündete. Zu dieser Zielstellung gehörte die Expansion nach Osten. Das Liebfrauenstift in Magdeburg wurde zum Mutterkloster aller im 12. Jahrhundert östlich der Elbe gegründeten Prämonstratenser-Niederlassungen, zu denen neben Jerichow auch die neu eingerichteten bischöflichen Domstifte in Havelberg und Brandenburg gehörten. Ihren Kirchen spürt man die Vorbildwirkung der Kirche des Mutterklosters an. In Jerichow ist der westliche Dreiturmbau übernommen worden. In Jerichow sowie in Brandenburg befindet sich unter dem Chor eine Krypta, also ein Bauteil, der von der Reform längst aufgegeben worden war, hier aber im Anschluß an ein älteres Vorbild — die Krypta der Magdeburger Liebfrauenkirche geht auf die Bauperioden vor Norbert zurück — wieder auftaucht. Angeblich ist die Krypta in Jerichow nachträglich eingebaut worden. Die Stimmigkeit der Proportio-

nen des Chores spricht eigentlich dagegen. Wie dem auch sei, nicht nur die Prämonstratenser bauten wieder Krypten, auch die Augustiner-Chorherren im gleichen kulturgeschichtlichen Einflußbereich scheinen Krypten für ihr liturgisches Raumprogramm benötigt zu haben. Die ausgegrabene Krypta der Stiftskirche in Wechselburg aus dem späten 12. Jahrhundert ist dafür ein Beispiel. Und was die Form und die Maßverhältnisse des Chores der Kirche auf dem Petersberg bei Halle anbetrifft, so werden diese besser verständlich, wenn man sich eine in das Chormittelschiff eingefügte Krypta vorstellt. Sollte sie geplant gewesen sein?

Die Bauformen der älteren benediktinischen Reform, die in der deutschen Kirchenbaukunst bis zum Ausgang der romanischen Stilperiode nachwirkten, waren oft bis zur Unkenntlichkeit von den Formen der Landschaft oder der fortgeschrittenen Zeit überlagert. Dort, wo die jüngere benediktinische Reform, die der Zisterzienser, an die Kirchenbaukunst der älteren anknüpfen konnte, wurde deren Charakter reiner bewahrt als bei den Klerikerorden. Doch beweist gerade die Klosterkirche in Jerichow, trotz Krypta und repräsentativer Turmfassade, daß auch die Prämonstratenser in der Lage waren, das an der frühchristlichen Basilika orientierte Kirchenbauideal der Reform zu verwirklichen.

9, 10

58

59, 60

64, 65

57, 58

Die dritte Kirche des Klosters Cluny

In dem gleichen Jahrzehnt nach 1080, in dem in Hirsau ein monastisches und in Speyer ein imperiales Bauideal verwirklicht wurde, legte am 30. September 1088 auch der Abt Hugo von Semur in Cluny den Grundstein für eine neue, für die dritte Kirche des burgundischen Klosters. Diese Kirche sollte nördlich der zweiten stehen, so daß der ältere Bau vorerst noch weiter benutzt werden konnte. Später, als man den Kreuzgang bis an die neue Kirche heranzog, opferte man dafür nur das Langhaus von Cluny II, während der Ostteil sowie Vorkirche und Atrium in anderen Klostergebäuden aufgingen.

Auch von dem Riesenbau der dritten Kirche ist nur ein bescheidener Rest auf uns gekommen, jedoch ausreichend, um etwas zu ahnen von dem, was das ehrgeizige Zentrum des abendländischen Mönchtums mit ihm beabsichtigte, nämlich den Sieg des Sacerdotiums zu verherrlichen und damit das Imperium zu treffen. Vor dem geschichtlichen Hintergrund waren Cluny III und Speyer Rivalen, Hirsau und Speyer dagegen Kontrahenten.

Weltpolitisch aber war noch mehr im Spiel. Papst Urban II. — selbst ein ehemaliger Cluniazenser, dem man die Worte über sein Kloster in den Mund legte: «Ihr seid das Licht der Welt!» — weihte am 25. Oktober 1095 einen Teil der Kirche und legte

1 «Cluny III»
2 und 3 Presbyterium, Querschiff und Atrium von «Cluny II»,
  die in das neue Kloster einbezogen wurden

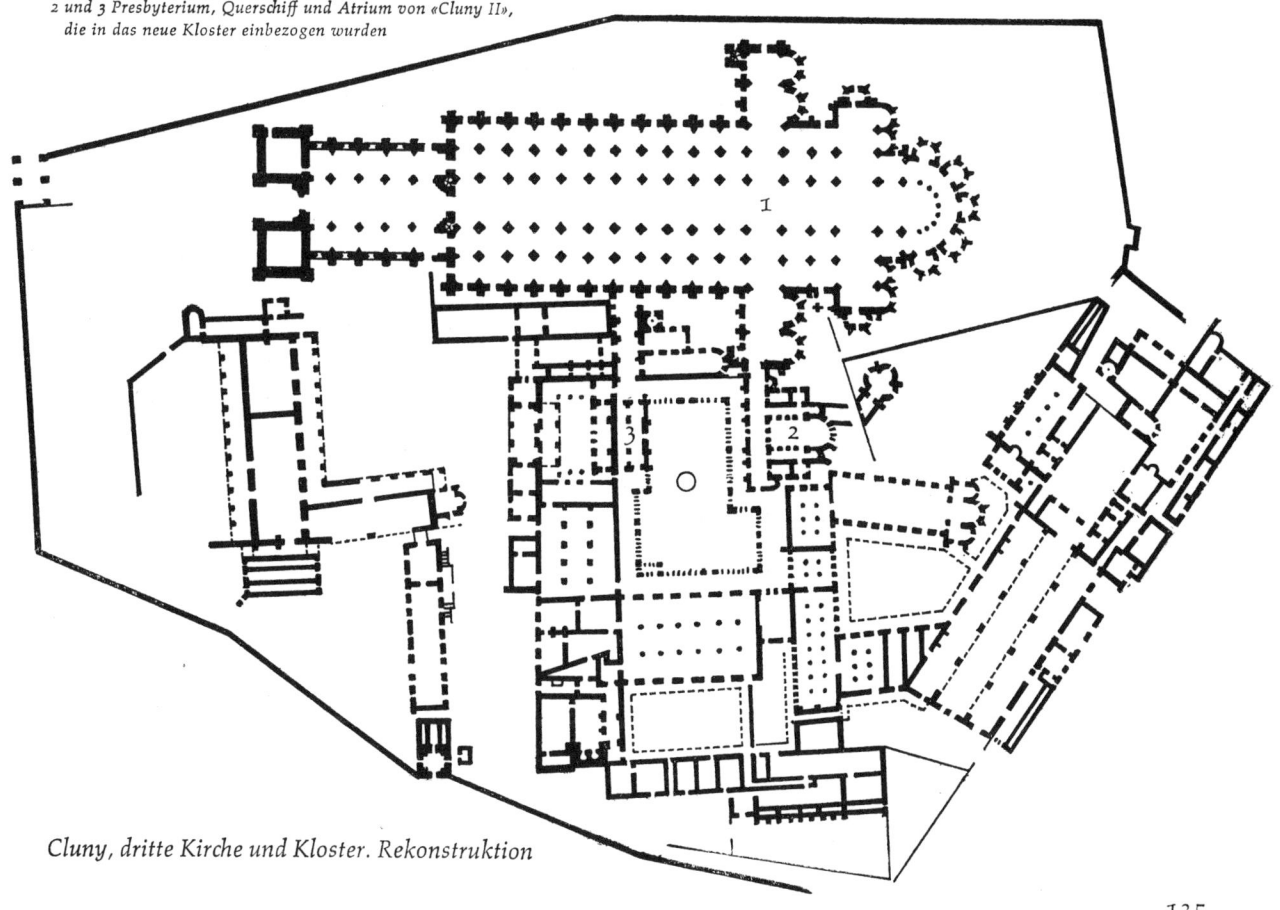

Cluny, dritte Kirche und Kloster. Rekonstruktion

die weitere Errichtung des Bauwerkes dem Abendland ans Herz. Die Könige Alfons VI. von Kastilien und Heinrich I. von England unterstützten das Unternehmen bereits nach Kräften. Der inzwischen doch zum Kaiser gekrönte Heinrich IV. und König Philipp I. von Frankreich blieben jedoch als Gegner des Papstes von diesem heiligen Werke ausgeschlossen — ebenso wie von einem anderen, zu dem Urban II. im gleichen Jahr, am 26. November 1095, auf der Synode von Clermont-Ferrand aufrief und für das er begeisterte Zustimmung fand, dem ersten Kreuzzug nach Jerusalem zur Befreiung des Heiligen Grabes, das sich seit 1071 in den Händen der Seldschuken befand. Urban fußte auf Plänen Gregors VII. schon aus dem Jahre 1074, aber ein Hilfsersuchen des byzantinischen Kaisers Alexios I. Komnenos lieferte ihm den unmittelbaren Vorwand. Tatsächlich stand wohl die Absicht dahinter, das östliche Christentum, das seit dem Großen Schisma von 1054 endgültig von Rom getrennt war, wieder dem Stuhl Petri zu gewinnen, um damit die Idee von der Universalherrschaft des Papstes zu krönen. Vor dem Hintergrund des äußerlich erfolgreichen ersten Kreuzzuges wuchs nun der vieltürmige Bau der dritten Klosterkirche von Cluny in rund vier Jahrzehnten empor — die Schlußweihe erfolgte am 25. Oktober 1130 durch Papst Innocenz II. —, unübersehbar getragen von jener Euphorie des Sieges und der Hypertrophie universaler Machtvorstellung, die eben jene, an die Grenzen religiösen Wahns reichende Bewegung des Heiligen Krieges ins Leben gerufen hatte.

Dieser Bau war keine Kirche der Mönche, er war eine Kirche für die Welt. Unzählige Pilger schauten sie und nahmen ihr Bild mit auf ihre Wanderschaft. Das Pilgerwesen zu fördern gehörte zu den Hauptanliegen Clunys seit seiner Gründung. Selbst nicht an einem der großen Wege nach Santiago de Compostela zum legendären Grab des Apostels Jakobus

maior gelegen, war die Abtei doch bemüht, möglichst viele Wallfahrtsstätten an den mittelalterlichen Pilgerstraßen in ihre Hände zu bekommen. Auch waren die Cluniazenser bestrebt, die Pilgerfahrten nach Jerusalem zu vermehren. Die Wallfahrten nach dem Osten schienen gefährdet, als der Seldschuken-Sultan Malih Schah am Ende des 11. Jahrhunderts in Syrien und Palästina einbrach. Cluny war an einem freien Weg nach Jerusalem interessiert und wird mit zu den Anregern des Heiligen Krieges gerechnet werden müssen, der zur Befreiung der christlichen Heiligtümer im Osten und zur Bekehrung aller Heiden geführt werden sollte. Die dritte Kirche des Klosters erscheint einmal mehr als Siegesmonument der abendländischen Christenheit.

Cluny faszinierte schon immer Archäologen und Kunsthistoriker. Der amerikanische Gelehrte Kenneth John CONANT hat ihm eine lebenslange Forschungsarbeit gewidmet und die Ergebnisse 1968 vorgelegt, in deren Mittelpunkt die Rekonstruktion von Cluny III steht. CONANT stellt Grundrisse, Aufrisse und Modelle vor, nach denen der Bau hier kurz beschrieben werden soll: eine fünfschiffige, 187 m lange und im Mittelschiff 30 m hohe basilikale Anlage, die im Ostteil zweimal von Querschiffen durchschnitten wird und halbkreisförmig endet dergestalt, daß ein Halbkreis schlanker Säulen das Mittelschiff begrenzt und das innere Seitenschiff um diese Säulenstellung herumgeführt ist in Form eines Umgangs, an den sich nach außen fünf radial angeordnete Kapellen legen. Diese Komposition hat Cluny III mit den sogenannten Pilgerkirchen an den Wegen nach Santiago de Compostela gemeinsam, etwa mit dem gleichzeitigen Bau von St-Sernin in Toulouse oder mit der Kathedrale am Wallfahrtsort selbst, die ihrerseits die Kirche St-Martin in Tours zum Vorbild hatten, eine im 18. Jahrhundert zerstörte Emporenbasilika, deren Seitenschiffe die Querhausarme und den Chorschluß umliefen. Cluny übernahm die Dreischiffigkeit der Querhäuser nicht und auch nicht die Emporen, die die Pilgerkirchen vermutlich von Basiliken in Ägypten (Abu Minas) und Nordafrika (Tebessa) entlehnt hatten. Die beiden Querschiffe von Cluny III — möglicherweise eine Überdimensionierung der wenig älteren Chorgestaltung an jener Kirche, in der der Körper des heiligen Benedikt von Nursia ruhte, Saint-Bénoit-sur-Loire — waren an den Ostseiten ihrer nach Nord und Süd vortretenden Flügel mit je zwei Apsiden besetzt; das westliche lud weiter aus als das östliche. Schon aus der Grundrißgestalt ergibt sich die vielfältige Höhenstaffelung des Aufrisses: Der basilikale Querschnitt war zweifach gestuft, auch das innere Seitenschiff verfügte über einen Lichtgaden. Neu gegenüber den Pilgerkirchen ist der über einem Blendtriforium freie Lichtgaden im Hochschiff, oberhalb dessen erst die gurtgegliederte Tonnenwölbung ansetzte. Die damit verbundene Höhensteigerung

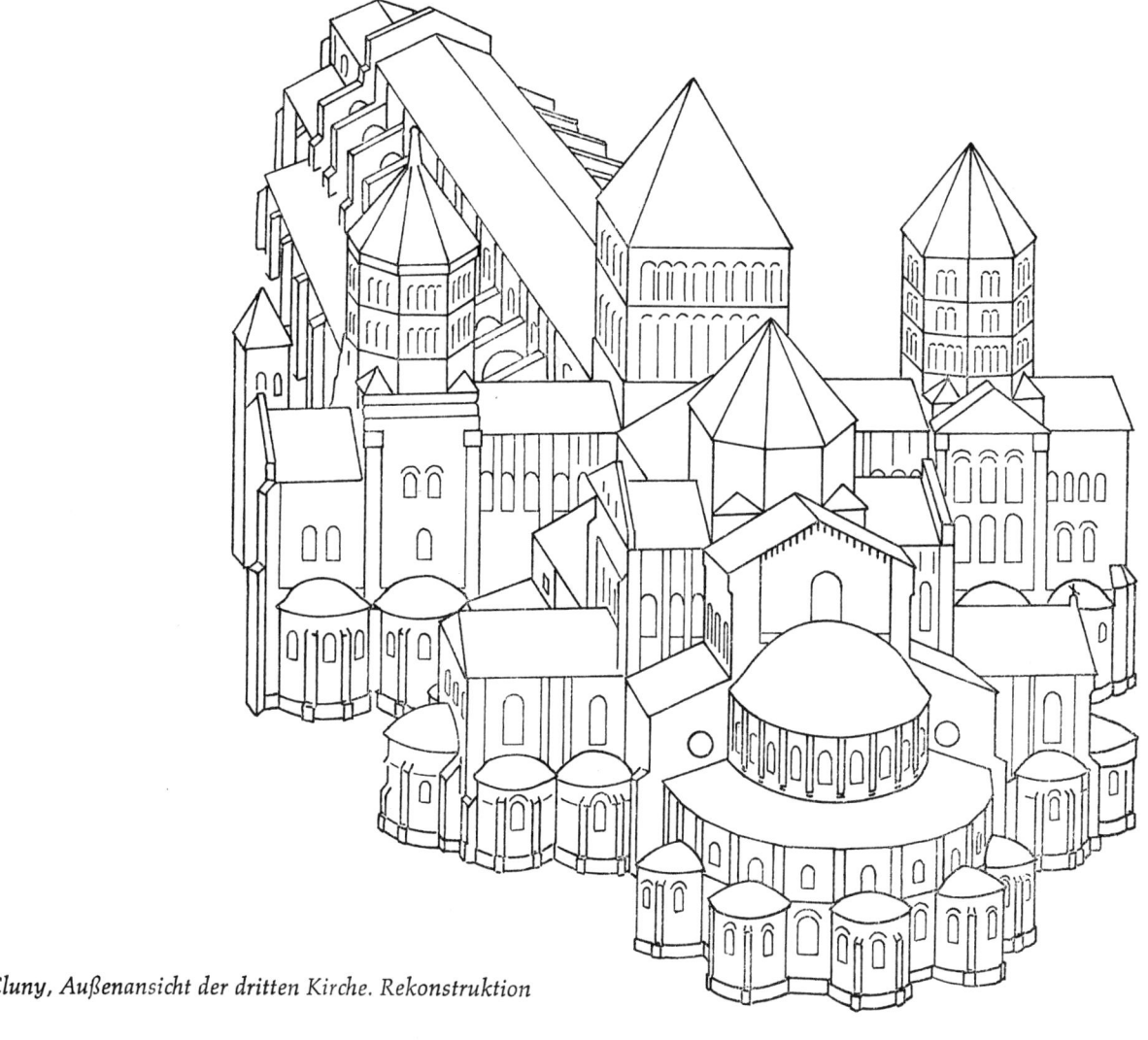

Cluny, Außenansicht der dritten Kirche. Rekonstruktion

gab wenig später den Zisterziensern Anlaß zur Kritik an der Kirchenbaukunst der Cluniazenser.

Von Osten her gesehen, baute sich der Baukörper aus den Elementen Radialkapellen, Umgang, Chorhaupt, Seitenschiffs- und Mittelschiffsgiebel, kleines Querschiff mit oktogonalem Vierungstambour und großes Querschiff mit hohem quadratischem Vierungsturm und achteckigen Nebentürmen gewaltig auf. Im Detail, den Lisenen und Konsolfriesen, scheint eine antikisierende Tektonik vorgeherrscht zu haben. Antikes Formengut hat auch das Innere sehr wesentlich bestimmt. Die kreuzförmigen Pfeiler des Langhauses besaßen nur nach den Seitenschiffen Halbsäulenvorlagen, zum Mittelschiff waren sie mit kannelierten Pilastern besetzt. Kannelierte Pilaster mit korinthischen Kapitellen gliederten auch das Triforium, und zwischen ihnen gab es ein Motiv, das der islamisch-maurischen Baukunst in Spanien entstammt, ein im Halbkreis geführter Rundbogenfries. Ebenfalls mit der Baukunst des Islam wird die Verwendung von spitzen Bögen für die Arkaden des Langhauses in Verbindung gebracht; sie sind allerdings in Spanien nicht nachweisbar. Schließlich lassen die Fensterreihen der Obergaden — vorgesehen waren drei Fenster in jedem Joch — und ihre Anordnung an den Giebelseiten der Querschiffe an Kirchen im konstantinischen Rom oder im vorjustinianischen Byzanz denken, und das Chorhaupt wird Zentralbauten des frühchristlichen Ostens geähnelt haben, so daß wir auch durch die Formen auf die Berührung mit dem Orient hingewiesen werden. Spätantike, Byzanz und Islam dürften sehr wesentlich zum Erscheinungsbild von Cluny III beigetragen haben. Die 1071 geweihte Kirche des Klosters Monte Cassino, des «Urklosters» der Benediktiner, soll vermittelndes Vorbild gewesen sein (K. J. CONANT).

Der gesamte Bau von Cluny III war gewölbt, Tonnen mit halbkreisförmigem Querschnitt in den Hochschiffen, Kreuzgrate in den Seitenschiffen, Halbkuppeln in den Apsiden, Kuppeln auf Trompen unter den Nebentürmen, unter dem großen Vierungsturm das zentrale Gewölbe der Kirche, eine Kuppel auf Pendentifs. In der Vorkirche gab es bereits Kreuzrippen. Gerade mit der Wölbung ging es nicht immer gut. 1125 stürzten Teile des Mittelschiffes oder des südlichen großen Querhauses ein; eine Folge des zu «lichten» Obergadens, der daraufhin mit nur einem Fenster pro Joch wiederhergestellt wurde. Erst zwei Jahre nach der Schlußweihe von 1130 konnten die Arbeiten abgeschlossen werden. Im übrigen baute man an dieser Kirche auch in den folgenden Jahrhunderten, bis sie 1790, nach der Aufhebung des Klosters, zerstört wurde.

Erhalten geblieben sind aber einige Kirchen, die in der Nachfolge von Cluny III stehen, allen voran die cluniazensische Prioratskirche in Paray-le-Monial, deren um 1100 entstandener Chor innen wie außen als Kopie des großen Vorbildes — mit nur geringfügigen Vereinfachungen (CONANT: a «pokket edition» of Cluny) — erscheint. Doch nicht nur das Raumkonzept des Chores mit Umgang und radialem Kapellenkranz ist in reduziertem Maßstab zur Anwendung gekommen, auch die Art und Weise der Wandgliederung im Langhaus mit spitzbogigen Arkaden auf kreuzförmigen Pfeilern, mit kannelierten Pilastern als Pfeiler- und Wandvorlagen zur Teilung der Blendfelder des Triforiums und mit einem Konsolgesims unter dem Lichtgaden ist der dritten Kirche von Cluny entlehnt. Die erst über dem Lichtgaden ansetzende Wölbung in Form einer Spitztonne bildet den Abschluß des so zu ungeheurer Höhe gebrachten Raumes.

Verwandt mit der antikisierenden Gliederung der Mittelschiffswände von Cluny III ist auch die des Langhauses der Kathedrale St-Lazare in Autun aus dem zweiten Viertel des 12. Jahrhunderts. Sie soll dort, im Zentrum der Bourgogne, allerdings wesent-

66– 69

lich von spätantiken Bauwerken am Ort (Stadttore) beeinflußt sein, womit die stark ausgeprägte Lokaltradition der burgundischen Architektur mehr in den Vordergrund getreten wäre. An St-Lazare ist auch nicht die enorme Höhensteigerung der Proportionen von Cluny III wiederholt (Mittelschiffsbreite zu -höhe in Autun 1:2,4 und in Cluny 1:3), trotz des dreiteiligen Wandaufbaues (Arkaden, Triforium, Lichtgaden) und des Ansetzens der Spitztonnenwölbung erst über der Fensterzone des Mittelschiffes. St-Lazare in Autun beeindruckt durch klassische Maße, dürfte aber doch von einem cluniazensischen Einfluß nicht ganz frei sein.

Interessant ist die Baugeschichte der Prioratskirche Ste-Croix von La Charité-sur-Loire. Das Kloster nannte sich die «Älteste Tochter von Cluny». Es lag am Flußübergang einer der großen Pilgerstraßen Frankreichs. Seine Kirche wurde 1107 durch Papst Paschalis II. geweiht. Zu diesem Zeitpunkt besaß Ste-Croix in La Charité-sur-Loire noch ein mehrschiffiges Presbyterium nach dem Vorbild der zweiten Kirche des Mutterklosters. Doch schon im zweiten Viertel des 12. Jahrhunderts veränderte man den Chor und errichtete einen Umgang mit fünf Radialkapellen und acht Säulen im Scheitel des Mittelschiffabschlusses, ja, man übernahm sogar die Blendgliederung des Triforiums mit kannelierten Pilastern über den Chorumgangsarkaden und ging damit in der Nachahmung des neuen, modernen Vorbildes Cluny III noch über die Prioratskirche in Paray-le-Monial hinaus. Im ganzen ist diese jedoch weit vollständiger erhalten als die in La Charité-sur-Loire, von der nur noch der Chor und das Querschiff mit dem Vierungsturm einen Eindruck von der ursprünglichen Großartigkeit vermitteln.

Das Kloster Ste-Madeleine in Vézelay war Wallfahrtsort und Anfang einer der Pilgerstraßen nach Santiago de Compostela zugleich. Es galt als Grabstätte der Maria Magdalena. Im 11. Jahrhundert

nahm die Verehrung der heiligen Büßerin zu, und der cluniazensische Abt Artaud schritt 1096 zu einem Neubau der Kirche, deren Chor 1104 geweiht wurde, deren Langhaus aber erst nach einem Brand im Jahre 1120 entstand. Im Obergeschoß der Vorkirche — einem Bauteil, der das Vorbild der Raumabfolge in Kirchen der cluniazensischen Reform erkennen läßt — ist um 1150 ein Michaelsaltar geweiht worden. Um diese Zeit war die Kirche Ste-Madeleine vollendet. Mit der dritten Kirche von Cluny hat ihr Wandaufriß im Mittelschiff den Reichtum plastischer Glieder antikischer Prägung gemeinsam. Abweichend von Cluny III und seinen Nachfolgebauten ist aber die zweigeschossige Gliederung, das Fehlen des Triforiums und das Einschneiden des Lichtgadens in die Gewölbezone, wodurch anstelle der bislang üblichen Tonnenwölbung Kreuzgewölbe mit scharfen Graten in den durch Gurtbögen voneinander getrennten Jochen entstehen. Durch diese Verschränkung von Oberlichtgaden und Gewölbezone ist hier zum erstenmal die sonst an Bauten der «jüngeren» burgundischen Schule, den Nachfolgebauten von Cluny III auftretende Überhöhung des Innenraumes vermieden worden.

Die Zisterzienser, die Mönche des neuen benediktinischen Reformordens im 12. Jahrhundert, hatten aus Gründen der Opposition gegen die von ihnen so empfundene architektonische Übertreibung der dritten Kirche des Klosters von Cluny auf solche Vorbilder der «älteren» burgundischen Bauschule zurückgegriffen, vielleicht auch auf Bauten der Provence, die keinen Lichtgaden im Hochschiff besaßen, was aber dem Wunsch, die «ungeheure Höhe» der Cluniazenserkirchen zu umgehen, nur unbefriedigend entgegengekommen ist. Das Gewölbekonzept der Kirche Ste-Madeleine in Vézelay dagegen bot einen geeigneteren Anknüpfungspunkt für die zisterziensische Kirchenbaukunst.

70

DIE ZISTERZIENSER

Bernhard von Clairvaux und der neue Orden

Die dritte Kirche von Cluny war noch nicht vollendet, als schon heftige Kritik laut wurde an ihrer Größe und an dem materiellen Aufwand, der um ihretwillen getrieben wurde. Aber es waren keine Ketzer, die «die ungeheure Höhe, die unmäßige Länge, die überflüssige Breite» tadelten. Es waren keine von der rechten Lehre abweichenden Prediger, die kostspielige Steinmetzarbeiten und die Neugier reizende Malereien schmähten, weil sie «den Blick der Betenden auf sich ziehen und von frommer Andacht ablenken». Es war ein Mönch, der die Mönche fragte: «Was macht das Gold im Heiligtum?» Es war ein Mönch, der die finanziellen Manipulationen zu entlarven trachtete, mit denen die aufwendigen Bauten ermöglicht wurden, und vielleicht hat ihm dabei tatsächlich der finanzielle Ruin des Klosters vor Augen gestanden, an dem der Bau und die reiche Ausstattung der dritten Kirche gewiß mitschuldig waren und der den Abt Ponce de Melgueil (1109–1122) zum Rücktritt gezwungen hatte. «Durch einen gewissen Kunstgriff wird das Vermögen ausgegeben, damit es sich vervielfacht, das Geld wird ausgegeben und gemehrt, und Verschwendung schafft Reichtum. Denn durch das Anschauen verschwenderischer, aber wunderbarer eitler Dinge werden die Menschen mehr zum Geben als zum Beten herangezogen ... und wo mehr an Reichtümern gesehen wird, wird auch williger gegeben. Vor goldbedeckten Reliquien laufen Augen über, und Börsen gehen auf ... Es strahlt die Kirche in ihren Mauern, und an ihren Armen leidet sie Mangel! Ihre Steine kleidet sie in Gold, und ihre Kinder läßt sie nackt! Mit den Gaben der Bedürftigen wird den Augen der Reichen gedient. Die Neugierigen kommen, damit sie erfreut werden, und nicht die Elenden kommen, damit sie genährt werden.» Andere, die so geredet oder geschrieben hätten, wären vom Bann der Kirche getroffen worden, und vermutlich hat es manchen gegeben, der deshalb vernichtet wurde und vergessen ist. Den aber, dessen Worte wir zitieren, machte die Kirche zu einem Heiligen, den Abt Bernhard des Zisterzienserklosters Clairvaux.

Wer war dieser Bernhard von Clairvaux? Er nannte sich die «Chimäre seines Jahrhunderts», und er wählte dieses Mischwesen der antiken Phantasiewelt, dessen bildliche Darstellung er verurteilte, noch aus heutiger Sicht als Selbstbezeichnung zu Recht. Als Historiker die zwiespältige Erscheinung charakterisierend, schrieb Friedrich Schiller unter dem 17. März 1802 an Goethe: «Ich habe mich dieser Tage mit dem heiligen Bernhard beschäftigt und mich sehr über diese Bekanntschaft gefreut, es möchte schwer sein, in der Geschichte einen zweiten so weltklugen geistlichen Schuft aufzutreiben, der zugleich in einem so trefflichen Elemente sich befände, um eine würdige Rolle zu spielen. Er war das Orakel seiner Zeit und beherrschte sie, ob er gleich und eben darum, weil er bloß ein Privatmann blieb und andere auf dem ersten Posten stehen ließ. Päpste waren seine Schüler und Könige seine Kreaturen. Er haßte und unterdrückte nach Vermögen alles Strebende und beförderte die dickste Mönchsdummheit, auch war er selbst nur ein Mönchskopf und besaß nichts als Klugheit und Heuchelei; aber es ist eine Freude, ihn verherrlicht zu sehen.» Auch Jakob BURCKHARDT hat diese von der Aufklärung geprägte

Auffassung von Bernhards geschichtlicher Bedeutung geteilt, wenn er in offensichtlichem Anschluß an Schiller bemerkt: «Er war ein Orakel und half, den Geist des 12. Jahrhunderts zu unterdrücken.» Der Forschung im 20. Jahrhundert blieb es vorbehalten, eine apologetische Stellung zu beziehen; erst jüngst bemüht sie sich, das geschichtliche Bild zu objektivieren.

In der Tat hat Bernhard bestimmte geistige und auch soziale Strömungen des 12. Jahrhunderts «unterdrückt», hat andererseits aber gerade durch die Übernahme von Argumenten seiner Gegner reformierend in die Gesellschaft gewirkt. Er war 1112 in das Kloster Cîteaux eingetreten, ein benediktinisches Kloster neuer Prägung. Es war entstanden, nachdem 1075 ein Cluniazensermönch namens Robert aus seinem Kloster in Tonnerre floh, um mit sieben Brüdern in der Waldeinsamkeit von Molesme ein eremitisches Ideal zu verwirklichen. Als dies scheiterte, zogen sie 1089 weiter in die Sumpfgegend von Cîteaux.

Diesmal waren sie zahlreicher, unter ihnen der Engländer Stephan Harding, der die Ziele der neuen Gemeinschaft schriftlich niederlegte in einem kleinen Werk, das als Carta caritatis bald bekannt und zur Grundlage der Klosterordnung einer neuen Mönchsverbindung, eines Ordens wurde, dessen Angehörige sich nach dem latinisierten Ortsnamen von Cîteaux — Cistercium — Zisterzienser nannten. Die Carta wurde später durch die Consuetudines und die Instituta ergänzt. Sie verpflichteten zur Befolgung der Regel Benedikts, zu liebevollem Zusammenleben aller Mönche, zur Armut, und sie verboten jeglichen Luxus, in der Kleidung wie beim Essen. Sie schrieben als Aufgaben des Mönchs das Gotteslob, die Lektüre der heiligen Schriften und die körperliche Arbeit vor. Die Hervorhebung dieser Vorschriften macht deutlich, wie weit sich das Mönchtum von den Uridealen entfernt hatte. Nur eines war neu bei den Zisterziensern, das Gebot des Zusammenhaltes. Es war gegen die Verselbständigung einzelner Klöster gerichtet. Alle Äbte hatten sich einmal im Jahr auf einem Generalkapitel einzufinden, und jedes Kloster mußte sich zweimal jährlich von einem Beauftragten, meistens vom Abt des jeweiligen Mutterklosters, visitieren lassen. Diese zentralistische Organisationsform einer Kongregation gab es in der Geschichte des Mönchtums bisher nicht. Sie erst schuf eigentlich den Orden. Ihre Auswirkungen berührten das politische, soziale und kulturelle Leben ganz Europas in den nächsten zwei Jahrhunderten.

Die Kraft seiner Ausstrahlung bekam der Orden durch Bernhard, einen geborenen Grafen von Fontaines. Bereits drei Jahre nach seinem Eintritt in Cîteaux verließ er das Mutterkloster und gründete das unweit gelegene Clairvaux, Clara Vallis, Helles Tal. Bis zu seinem Tode 1153 konnte er über siebzig weitere Niederlassungen seines Ordens ins Leben rufen. Insgesamt soll es zu diesem Zeitpunkt etwa 340 Zisterzienserklöster gegeben haben. Überall in Europa wuchsen sie mit den charakteristischen Namen Fontenay, Troisfontaines, Clairefontaine, Bellevaux, Fountains, Chiaravalle, Tre Fontane, später dann Marienfeld, Marienthal oder Mariensee empor. Vielleicht kann man in dem slawisch-wendichen Dobrilugk, das mit «Gute Wiese» oder «Gutes Tal» gleichgesetzt werden kann, eine zisterziensische Umdeutung des schon älteren Ortsnamens für das 1165 in der Niederlausitz gegründete Kloster erblicken?

Die Territorialgewaltigen riefen die Weißen Mönche und übergaben ihnen zum Seelenheil für sich selbst und ihre Angehörigen und Nachkommen Land, unfruchtbares Sumpf- und Waldgelände, aus dem die einziehenden Zisterzienser alsbald urbare Kulturflächen machten, offenbar unter Anwendung großer agronomischer Erfahrungen und unter Einsatz eines Arbeitskräftepotentials, das sie durch Weiterentwicklung des schon älteren, bei den Cluniazensern und Hirsauern auch vorhandenen Konversenwesens schufen. Die Laienmönche, die sich aus wohl jüngeren besitzlosen Bauern und Handwerkern rekrutiert haben dürften, ermöglichten die Wirtschaftsführung ohne Mithilfe von zinspflichtigen Bauern, wenigstens in den Anfängen. Wie zahlreich sie waren, spiegeln die Klosteranlagen der Zisterzienser wider, bei denen der Westteil des Gevierts der claustralen Gebäudegruppe eben den Konversen vorbehalten blieb, der Konversenflügel mit eigenem Refektorium und Dormitorium, der noch dazu mit der Klausur der geweihten Mönche keinerlei Verbindung hatte, ja bisweilen sogar durch einen besonderen Gang, die Klosterstraße, von ihr getrennt war. Der Westteil der Klosterkirche vor dem Kreuzaltar gehörte den Konversen.

Mit der Eigenwirtschaft auf selbstbebauten Höfen, den Grangien, glaubten die Zisterzienser dem Regelgebot zum einfachen Leben und zur Lösung aus den Bindungen der Welt zu entsprechen. Die Beschäftigung von Laienmönchen und auch, wie es schon in den Instituta heißt, von Lohnarbeitern (mercennarii) wurde im Sinne der Regelbefolgung verstanden. Gerade im Hinblick auf die Armutsforderung kam dieser neuen Einrichtung große Bedeutung zu. Das Gebot zur Armut gehörte seit jeher zum apostolischen Nachfolgeideal des Mönchtums, es war aber das am schwersten zu realisierende, da jede Institutionalisierung des Klosters zu Besitz und schließlich auch zu Macht in der Welt führen mußte. Jede Reform, die zur Erneuerung der Besitzlosigkeit aufrief — und monastische Reformen konnten gar nicht anders —, gefährdete deshalb die Institution, um deren Erhaltung es eigentlich ging. Immer befand sich das Mönchtum in diesem Widerspruch zwischen Ideal und Realität, und immer entschied es sich schließlich für die Realität — und überlebte!

In der Situation des frühen 12. Jahrhunderts galt es seitens des organisierten Mönchtums das Armutsideal zu verteidigen, denn es traten außerhalb der Kongregation Personengruppen auf, die das Recht der Nachfolge Christi im apostolischen Sinne für sich in Anspruch nahmen und es durch Agitation wandernder Prediger in die Laienwelt trugen. Das war nicht nur Kritik am Benediktinertum, bei dem man die christlichen Ideale vernachlässigt sah, das rührte vielmehr an den Bestand des Ordnungsgefüges der damaligen Gesellschaft. Hier nun setzte die Reform der Zisterzienser sowohl für das Mönchtum neue Normen als auch den kirchlich nicht mehr kontrollierbaren Wanderprediger- und Eremitenbewegungen ihre Grenzen. Der Orden machte sich dabei in starkem Maße die Argumente der oft häresieverdächtigen Eiferer zu eigen. Die Überlegenheit sicherte ihm eine straffe Organisation.

Die Flucht aus dem wohlhabenden Kloster in die Einöde von Wäldern und Sümpfen war seinerzeit weit verbreitet. Nicht nur Robert von Molesme handelte so. Auch die Einsiedler und Wanderprediger wollten das Mönchsein eigentlich nicht aufgeben, aber sie verstanden das ihre als Protest gegen das Establishment der Benediktiner und — dies war das Entscheidende — als das wahre Mönchsein. Ihre Vorbilder waren die Wüstenmönche Ägyptens. Das überrascht bei den durch den Kreuzzug gegebenen Berührungen mit dem Orient nicht. Gefördert wurde die Eremitenbewegung durch die Möglichkeit der Rodung. Große Waldgebiete Frankreichs, nur von verstreuten Einzelwirtschaften durchsetzt, verdanken den Einsiedlern ihre agrikulturelle Erschließung. Sie verlief zunächst planlos, erhielt aber bald systematischen Charakter. Eremitenkolonien wurden zu Siedlungszentren. Die feudalen Eigentümer des Landes ließen die Eremiten gewähren. Die erschlossenen Gebiete kamen einer Erweiterung ihrer Territorialherrschaft gleich.

Die Anfänge der Zisterzienser unterscheiden sich nicht von dieser Bewegung: Flucht aus dem reichen Kloster, die Robert nach dem Aufblühen von Molesme wiederholte, asketische Lebensführung in der Einöde und dabei Urbarmachung unwirtlichen Geländes. Das Neue aber entwickelte sich in Cîteaux. Die dort versammelten Mönche entschieden sich für die Bewahrung der benediktinischen Tradition, und es gelang ihnen, diese mit den Askeseidealen der Eremiten zu verbinden. Die Mönche in der Einöde waren der Disziplin des Ordens unterworfen. Selbst Robert kehrte, um das Gebot der Beständigkeit, die stabilitas loci, zu erfüllen, wieder nach Molesme zurück. Mit dieser Disziplin der Ordensorganisation siegten die Zisterzienser und trugen so zur Stabilisierung der durch die unkontrollierten Asketen und Eremiten gefährdeten Lage des Mönchtums bei, und vielleicht hatten sie gerade deshalb Erfolg, weil sie deren Protesthaltung mit zur Grundlage ihrer Renovatio, ihrer Erneuerung, gemacht hatten.

Doch das Eremitentum war nur die eine Seite der Bewegung. Um auch die Wanderprediger in ihrer Stoßkraft, die gegen den weltlichen Klerus gerichtet war, zu entschärfen, wählten die Zisterzienser eine Unterstützung aus den Reihen der Prediger selbst, denn den Mönchen war die Laienseelsorge untersagt. Norbert von Xanten, den wir als Erzbischof von Magdeburg schon erwähnt haben, war einer der seltenen Prediger, die sich päpstlicher Genehmigung erfreuten. Er wurde später durch die Verweigerung dieses Privilegs zur Gründung einer Kleriker-Kongregation gezwungen, die sich nach ihrem ersten Kloster in Nordfrankreich, Prémontré — latinisiert Praemonstratum —, Prämonstratenser nannten und die Regel des heiligen Augustin annahmen wie die schon älteren Augustiner-Chorherren, mit denen sie sich verwandt fühlten, über die sie aber insofern hinausgingen, als sie die überregionale Ordensorganisation der Zisterzienser zum Vorbild für einen selbständigen Orden nahmen. Ihre Durchschlagskraft bei der Reform des Klerus war nicht geringer als die der Zisterzienser bei der des Mönchtums. Die Prämonstratenser breiteten sich mit der gleichen Schnelligkeit über ganz Europa aus, sie besetzten Schlüsselstellungen des Episkopats und hielten sich von Eingriffen in die weltliche Politik nicht zurück. Später erwuchsen ihnen gerade dadurch Vorwürfe seitens des Reformmönchtums, das seine Integrität beeinträchtigt sah, weil auch die Prämonstratenser Mönche wären. Tatsächlich haben sich die Prämonstratenser nie als Mönche gefühlt, obwohl sie deren Lebensformen übernommen hatten; sie waren lediglich nach einer Regel gemeinsam lebende Weltgeistliche.

So finden wir seit den zwanziger Jahren des 12. Jahrhunderts zwei Reformorden, die Mönchskongregation der Zisterzienser und die Klerikerkongregation der Prämonstratenser, die, obwohl selbst aus dem sozialen und ideologischen Vorwärtsdrängen der Zeit entstanden, aktiv den kirchlich nicht mehr kontrollierbaren oder den offen als häretisch erkannten gesellschaftlichen Bewegungen entgegentraten. Das spielte sich auf der intellektuellen Ebene — wofür die Auseinandersetzungen Bernhards von Clairvaux mit Petrus Abaelard ein Beispiel sind — ebenso ab wie im Bereich sozialrevolutionärer Kämpfe — dafür ist die Unterwerfung der Anhänger Tanchelms von Antwerpen durch Norbert von Xanten ein Exempel. Nicht von ungefähr bedienten sich beide Orden in ihrer Argumentation vor allem des Armutsideals, jenes Ideals des Urchristentums, dessen Nichteinhaltung den kirchlichen Institutionen vorgeworfen und dessen Verwirklichung von den antihierarchischen Bewegungen in Anspruch genommen wurde. Eremiten, Prediger und ihre Jünger lebten als die Armen Christi. Jetzt aber waren es Norbert und Bernhard, die sich und die Mitglieder ihrer Orden als die wahren Pauperes bezeichneten.

Sie taten das aber nicht nur gegen die Ansprüche der gleichsam «wilden» Pauperesbewegungen, sie taten das auch gegenüber dem alten Mönchtum, das sie zu reformieren, zu erneuern trachteten.

Es ist für unseren Zusammenhang nun von höchstem Interesse, daß Bernhard von Clairvaux den Armutsanspruch auch jenem grandiosen Angriff gegen die verschwenderische Bau- und Kunstübung der Cluniazenser zugrunde gelegt hat. «Was soll dies bei Armen, bei Mönchen, bei geistlichen Männern», schreibt er um das Jahr 1124 an den Freund und Schüler Wilhelm, Abt des Klosters St-Thierry, in der «Apologia ad Guillelmum — Sancti Theoderici Abbatem», aus der wir eingangs zitierten. Sehen wir, was dies für die Kunst bei den Zisterziensern in Theorie und Praxis für Folgen hatte.

Kunstauffassungen bei den Zisterziensern

Zunächst wird man Bernhards Anwürfe wörtlich nehmen müssen. Ihm war tatsächlich darum zu tun, daß der Mönch ein Beispiel der Armut zu geben und daß er den Armen zu dienen hat. Von diesem Standpunkt aus, den schon Stephan Harding formuliert hatte, mußten die übermäßig dimensionierten Kirchen und deren wertvolle Ausstattung als eine ungeheure, für Mönche unwürdige Verschwendung angesehen werden. Bernhard zählt die Kostbarkeiten mit dem Unterton der Verachtung auf, schildert dabei aber anschaulich das Aussehen eines cluniazensischen Klosters im frühen 12. Jahrhundert mit all seiner Pracht. Er nennt die kostspieligen Steinmetz-

arbeiten und die Malereien, die die Neugier erregen, er beschreibt die goldbedeckten Reliquien, die farbigen Heiligenfiguren, die Kronleuchter, die Wagenrädern glichen, und die erhabenen Bäume aus schwerem Erz, die als Kandelaber benutzt wurden. Er schmäht die Mosaikbilder auf den Fußböden und die gemeißelten Monstrositäten in den Kreuzgängen. Schließlich verdammt er die Kreuze aus Gold und Silber, die Kelche und Weinkrüge, die mit Bildern bestickten Altartücher und geistlichen Gewänder, und Bernhard fragt deshalb als Mönch die Mönche, die er als Arme, als Pauperes, anspricht: Was soll im Heiligtum Gold, wenn wirklich Arme darin sind! Er zählt auf, was das Mönchsein seit jeher ausmacht, und dabei geht der an lateinischen Klassikern geschulte und rhetorisch ähnlich begabte Schriftsteller mit ihm durch: Verzicht um Christi willen auf jegliche Pracht der Welt, auf allen Glanz, auf streichelnde Klänge, auf liebliche Düfte, auf alles dem Geschmack Angenehme, auf alles dem Gefühl Gefällige, mit einem Wort: Mönche erachten alles dem Leib Ergötzliche nichtig, damit sie Christus gewinnen. Was also könnten sie für einen Nutzen ziehen aus der Verschwendung an Gold- und Edelsteinen? Bernhard unterstellt Eitelkeit, mehr noch, Wahnsinn! Die Mauern golden, aber die Bedürftigen nackt und ohne Brot! Und das bei Mönchen, den wahrhaft Armen? Bernhard steigert sich zum Höchsten, was den Mönch in der Nachfolge Christi auszeichnet: Erst wenn er den Märtyrertod erleidet, und zwar in der Kirche, in der Unkraut und Unwahrheit und Habsucht sind, nicht aber Schlichtheit

[V] LEHNIN, *Kirche des Zisterzienserklosters (1190/95–1260), Ansicht von Südwesten* · Auch im Backsteingebiet verfügten die Mönchsorden über Bauleute, die das Arbeiten mit dem Ziegelmaterial ausgezeichnet beherrschten und dabei sowohl Vorbildliches aus der Hausteinarchitektur umsetzen als auch materialgerechte Bauformen neu schaffen konnten. Die französische und die rheinische Baukunst des 12. und 13. Jahrhunderts haben auf die Gestalt der Lehniner Kirche gewirkt. Durch die Internationalität des Ordens ist ein bedeutendes Werk europäischer Architektur in einer Umgebung entstanden, die zur Entstehungszeit noch ohne eigene Bautradition war.

und Demut, erst dann erfüllen sich die Verse im Psalm Davids: Herr, ich liebe die Zierde deines Hauses und den Ort, wo deine Ehre wohnet.

So eiferte der Reformmönch gegen die Saturiertheit des Benediktinertums cluniazensischer Observanz. Der scharfe Ton soll Befremden hervorgerufen haben, er war auch nicht ganz gerecht: Cluny hatte sich durch tägliche Armenspeisungen ruiniert. Es heißt, der Adressat Abt Wilhelm habe Bernhard gegen den Vorwurf der Übertreibung in Schutz nehmen müssen. Etienne GILSON meint, daß auch der heutige Leser an der leidenschaftlichen Art der Ausfälle Anstoß nehmen müsse, zumal er wisse, daß der «Luxus für Gott» bei den Cluniazensern einem christlichen Empfinden entsprungen sei. Es gab Zeitgenossen Bernhards, die dies mit theologischen Argumenten rechtfertigten. Rupert von Deutz, ein Benediktinerabt, äußerte beispielsweise: «Wenn diese Dinge in weltlicher Hinsicht Zierden sind, so sind sie in kirchlicher und göttlicher Hinsicht Spenden der Frömmigkeit.» Es gab also entgegengesetzte Ansichten über das materiell Wertvolle und das den Sinnen Angenehme im kultischen Gebrauch. Bernhards Argumentation, die in der Form wie im Inhalt als zu weitgehend empfunden worden ist, läßt gerade deshalb eine Auffassung durchscheinen, die tiefer begründet ist als nur im Askeseverlangen und in der Verteidigung des Armutsprivilegs. Er trat dem Kunstwerk im Dienste des Kultes wie ein aufgeklärter Rationalist gegenüber: Das Kunstwerk ist ein von Menschenhand gemachter Gegenstand, zu seiner Herstellung mußten Arbeit und Geld aufgewendet werden. Es gilt dem Mönch als eine Sache, die für ihn hinsichtlich des materiellen Wertes überflüssig und hinsichtlich des ideellen Wertes sinnlos ist und als Träger transzendenter Bedeutungen nicht anerkannt werden kann.

Bei Bernhard handelte es sich zweifelsohne um eine Ausnahmeposition, die allerdings für das Reformmönchtum charakteristisch war und besonders von den Zisterziensern über lange Zeit bewußt eingenommen und verteidigt wurde. Um diese «Ausnahme» zu erläutern, bedarf es einiger Worte zur Ästhetik des frühen und hohen Mittelalters.

Die ästhetischen Auffassungen der karolingischen Renaissance fanden wir in den Libri Carolini, in denen die Stellung des karolingischen Hofes zu dem Bilderstreit in Byzanz niedergelegt war. Man verstand Bilder als Werke, die als eine Sache hergestellt wurden und die in Beziehung zu einem Zweck standen. Es waren keine angebeteten Idole, aber es waren zweckdienliche Gegenstände, die nicht zerstört werden durften. Sie erinnerten an Begebenheiten der Vergangenheit; dazu mußten sie wirklichkeitsgetreu und formal «diszipliniert» sein, dann waren sie auch «schön».

In der nachkarolingischen Zeit trat ein entscheidender Auffassungswandel ein. Karls Sohn Ludwig der Fromme erhielt vom byzantinischen Kaiser Michael II. dem Stammler das Corpus Areopagiticum zum Geschenk, Schriften eines anonymen, wohl syrischen Kirchenschriftstellers des späten 5. Jahrhunderts, die dem Dionysius Areopagita aus der Apostelgeschichte zugeschrieben und alsbald als Werke des Apostels von Frankreich, Saint Denis, verbreitet und verehrt wurden. Die geistige Wirkung verdankten sie der Übersetzung und Interpretation

[VI] DOBERAN, *Kirche des Zisterzienserklosters, Glasmalerei aus dem Chor mit dem Bild einer Stifterin (um 1300)* · Figürliche Glasmalereien sind in Zisterzienserkirchen nach den Bau- und Kunstbestimmungen des Ordens nicht erlaubt gewesen. Auch in Doberan stellen sie eine Ausnahme dar. Die Mehrzahl der dortigen Fenster trägt das vorgeschriebene dekorative Muster, wie es auch das von der Stifterin dargebrachte Fenster zeigt.

durch den irischen Lehrer an der Hofschule Karls des Kahlen, Johannes Scotus Eriugena. Rosario AsSUNTO, dem wir hier im wesentlichen folgen, schreibt, daß damit «die eigentliche mittelalterliche Ästhetik entstand, die sich auf den Begriff der Anschauung als höchster Erkenntnisform, der Schönheit als Vollkommenheit des Seins und der symbolischen Bedeutung der Kunstformen gründete». Grundlage des neuen, des eigentlichen ästhetischen Ideals war die Theorie, nach der die Schönheit aller Erscheinungen dieser Welt Analogie des Übersinnlichen ist; durch die sinnliche Wahrnehmung dieser Schönheit der materiellen Form, die nur eine relative Vollkommenheit besitzt, gelangt der Mensch zur Anschauung der universalen Schönheit und absoluten Vollkommenheit, die sich in den Erscheinungen der Welt spiegelt oder in ihnen verborgen ist. Diese vom spätantiken Neuplatonismus geprägten Denkmodelle bestimmten von jetzt an die künstlerische Praxis. Bilder waren die unvollkommenen Spiegelbilder, in denen der Mensch die Ur-Bilder, die Ur-Ideen, die transzendente Welt, also Gott, zu erkennen vermochte. Das Bild Gottes war das des Herrn und Richters, furchterregend, schrecklich, thronend in den Apsiskuppeln oder den Bogenfeldern der Portale, nach den Auffassungen des Pseudo-Areopagiten anschaubar schön wie auch die Diener des Bösen, des Teufels und der Hölle, die Dämonen — als phantastische Mischwesen in den peripheren Zonen des kirchlichen Gebäudes und vor allem an den Kapitellen der Säulen plastisch zum Bild gemacht —, weil sie teilhaben an der Totalität des Seins, das gut ist und einen universalen, einen kosmischen Ursprung hat. Von daher rechtfertigt sich auch der «Luxus für Gott» der Cluniazenser, jener von Bernhard von Clairvaux hart angegriffene Glanz des Goldes, der als Intensivierung der Anschaubarkeit verstanden wurde, wobei die Auffassung des Johannes Scotus bei seiner Interpretation des Pseudo-Areopagiten

von der universalen Schönheit als dem höchsten Licht zugrunde zu liegen scheint, das «durch Analogie die reinen intelligiblen Wesen offenbart» (R. AsSUNTO). Ein Text aus dem Kölner Hitda-Codex (um 1000), der einer Majestas, einer Darstellung des thronenden Christus, gegenübersteht, verdeutlicht diese Auffassung: «Dieses sichtbare Bild stellt jene unsichtbare Wahrheit dar, deren Glanz das All durchdringt.» Auch ist an Formulierungen zu erinnern, die Eusebius von Cäsarea für die frühchristlichen Kirchen fand und die im 4. Jahrhundert die Erhöhung von Kunstwerken zu symbolischer Bedeutung in der Kunstauffassung bezeugen.

Soweit die ästhetischen Grundlagen der Kunstpraxis, die Bernhard von Clairvaux kritisierte, und es ist zu vermuten, daß sich seine Attacke nicht nur gegen den materiellen Aufwand, sondern auch gegen eben diese ästhetischen Ideale gerichtet hat. Und die Ablehnung dürfte dabei nicht allein vom Geschmackswandel der Zeit, von der «Stilwende» im frühen 12. Jahrhundert von der Romanik zur Gotik, diktiert worden sein. Die Apologia jedenfalls bestätigt, daß Bernhard den auf die Sinne, auf das «Fleisch» wirkenden Bildwerken die Vermittlung religiöser Erfahrungen, die Anschauung des Übersinnlichen, die Analogie bestritt. Er spricht von Idolen, in Anlehnung an Psalm 115, 4 und 135, 14 von Götzenbildern, vielleicht nicht nur aus Lust an drastischen Formulierungen, sondern weil er dem Analogieanspruch der Bildwerke Magie unterstellte, und um ihnen diese zu nehmen, versachlichte Bernhard Bilder mit dem Hinweis auf den zur Herstellung notwendigen Aufwand an Arbeit und Geld. Die Darstellungen des furchterregenden Bösen, die Bilder der Dämonen, verspottet er besonders: «Außerdem im Kreuzgang bei den lesenden Mönchen, was machen dort jene lächerlichen Monstrositäten, die unglaublich entstellte Schönheit und die formvollendete Häßlichkeit? Was sollen die unreinen Affen,

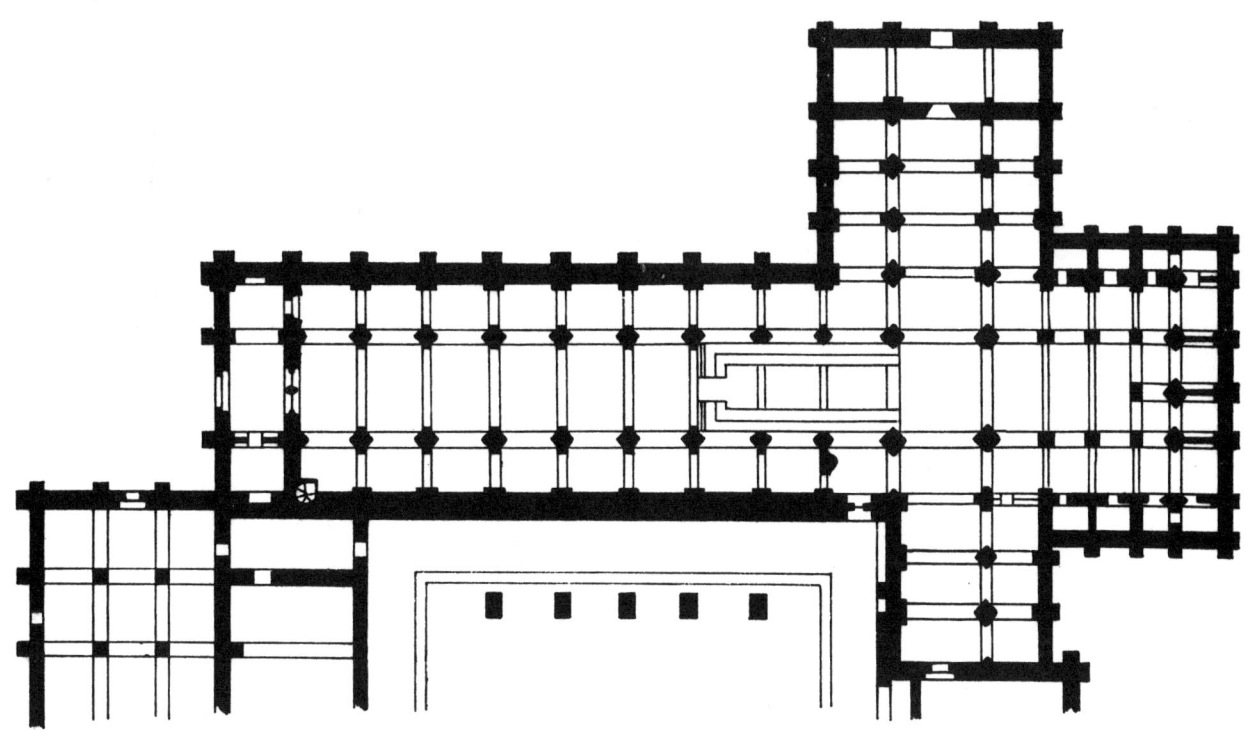

Cîteaux, Zisterzienserkirche. Rekonstruktion des Grundrisses vom zweiten Bau

die wilden Löwen, die mißgestalteten Kentauren, die Halbmenschen, die fleckigen Tiger, die kämpfenden Soldaten, die hornblasenden Jäger? Du kannst viele Körper mit einem einzigen Kopf und auch einen Kopf mit vielen Körpern sehen. Ein Vierfüßler hat einen Schlangenschwanz, ein Fisch den Kopf eines Vierfüßlers. Ein Tier ist vorn ein Pferd, hinten aber eine Ziege, und ein Tier mit Hörnern hat wiederum die hintere Körperhälfte eines Pferdes. Die Vielfalt der verschiedenen Formen ist so reich und so seltsam, daß es angenehmer dünkt, in den Mauersteinen zu lesen, und man den Tag lieber damit verbringt, alle diese Einzelheiten zu bewundern, als über Gottes Gebot nachzudenken. Bei Gott! Wenn man sich schon der Albernheiten nicht schämt, warum gereuen dann nicht die Kosten?»

In dieser Passage der Apologia mit einer hervor-

ragenden Beschreibung von Werken der bildenden Kunst erkennt man den Rationalisten. Er folgt dabei auffallend antiken Kritikern der Darstellung von Misch- und Fabelwesen. Indem Bernhard auf die Gefahr der Ablenkung durch die «unschöne Schönheit und die schöne Unschönheit» hinweist, läßt er seine eigene Auffassung von der Gottesschau anklingen, zu der er sinnlicher Anregungen nicht bedarf. Nur in gedanklicher Vertiefung und Versenkung gelangt er zur Gottesliebe, die allein zum Erkennen Gottes führen kann. Hier ist durch den Zisterzienserabt des 12. Jahrhunderts die Brücke von Augustinus bis zu Calvins Glaubenssatz geschlagen: Ohne Selbsterkenntnis keine Gotteserkenntnis — ohne Gotteserkenntnis keine Selbsterkenntnis. Die bernhardinische Liebesmystik hatte eine neue Gottesvorstellung im Gefolge. Dem

149

Menschen nahe mit seinen Leiden und Wunden, so wird das Bild des liebenden und geliebten Gottes der nächsten Jahrhunderte sein. Die Gemeinschaft der gottliebenden Seelen sollte nicht durch die deformierten Ausgeburten menschlicher Phantasie gestört werden.

So ergab sich schließlich aus dem Askeseverlangen und aus der Verteidigung des Armutsprivilegs, aus der Ablehnung des Analogieanspruchs und aus der mystischen Gottesschau der Verzicht des Mönchtums auf bildnerischen Schmuck in seinen Kirchen und Klöstern. Bernhard nahm in diesem Zusammenhang noch eine frappierende Unterscheidung zwischen dem Mönchtum und der Weltgeistlichkeit vor. Er schrieb: «Nun aber ist das eine die Sache der Bischöfe, das andere die Sache der Mönche. Wir wissen, daß jene, da Wissenden und Unwissenden gleichermaßen verpflichtet, das fleischlich gesinnte Volk, die am Sinnenschein hängende Volksfrömmigkeit mit materiellem Glanz zur Andacht ermuntern, weil sie es mit geistigem nicht vermögen.»

Aus dem Elitebewußtsein des Reformmönchs heraus bringt Bernhard hier eine beinahe befremdlich realistische Position zum Ausdruck, die aber dem immer wieder begegnenden monastischen Rationalismus entsprang und die das Verhalten des Mönchtums in der Geschichte — nicht nur gegenüber der Kunst — bestimmte. Den bildnerischen Schmuck eines Kirchengebäudes als Mittel zum Zweck zu degradieren — nicht anders kann man das geradezu verächtliche Zugeständnis an den Weltklerus verstehen, materiellen Aufwand zur Förderung frommer Andacht zu betreiben —, bedeutet jedoch abermals, den Wert von Bildwerken im Sinne des Analogieprinzips in Frage zu stellen. Unter der Voraussetzung, daß auch das Architekturwerk ein Bild sein konnte, müssen wir nun das Kirchengebäude der Zisterzienser nach seiner inhaltlichen Bedeutung befragen.

Kathedrale und Zisterzienserkirche

Wovon sollte das Kirchengebäude ein Bild sein? Die Antwort geben altchristliche und mittelalterliche Kirchenschriftsteller. Der erste, von dem wir entsprechende Zeugnisse kennen, war Eusebius von Caesarea. Es ist die Ekklesia, die Gemeinschaft der Gläubigen mit Christus, die im Bau zum Bilde wird. Augustinus erkannte im Tempel Salomos das typologische Vorbild der Kirche und des Leibes Christi, und Hieronymus sah die Stadt Jerusalem als Typus der Ekklesia. Als das himmlische Jerusalem, als die Stadt der Heiligen, auch als das neue Paradies, verstand das christliche Mittelalter seinen Kultbau; im Kirchengebäude «machte es sich ein Bild davon». In den Texten zu den Weihriten kommt zum Ausdruck, daß man den Heiligen die neue Kirche, die Stadt Gottes erbaut hatte. So entsteht der Eindruck, daß die mittelalterlichen Kirchen «nicht nur als Raumhüllen des gottesdienstlichen Lebens und ihre steinernen Figurationen nicht lediglich als Illustrationen der Heilsgeschichte» (F. MÖBIUS) aufgefaßt wurden, sondern als Hinweis auf eine Wirklichkeit, die umfassender ist als die des kultischen Geschehens. Das Gebäude sollte den Gläubigen des Mittelalters als «Darstellung einer übernatürlichen Wirklichkeit» gelten (O. v. SIMSON).

In der Geschichte der Baukunst gilt vor allem die gotische Kathedrale als Inbegriff der Realisierung dieser mittelalterlichen Bildauffassungen von der Architektur. Es besteht jedoch kein Grund, etwa beim romanischen Dom nicht den gleichen Bedeutungsanspruch zu vermuten. Der Kunsthistoriker Otto von SIMSON läßt in seinem Buch «Die gotische Kathedrale» den Abt Sugerius von Saint-Denis den neuen Stil der Gotik geradezu erfinden. Der karolingische Kirchenbau des Hausklosters der Capetinger, die im 12. Jahrhundert unter Ludwig VI., dem Dicken, und Ludwig VII. das nationale Königtum

Frankreich etablierten, reichte für die Scharen von Pilgern, die zu den hier verehrten Reliquien kamen, nicht mehr aus, und offenbar verlangte auch das als Zentralgewalt siegreiche Herrscherhaus nach einer architektonischen Demonstration. Und wenn wir hören, und zwar von Sugerius selbst, der über seine

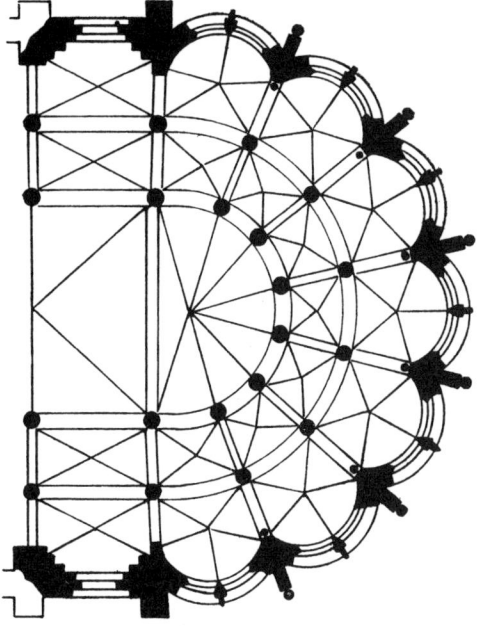

Saint-Denis, Abteikirche. Grundriß des Chores

Unternehmungen als Bauherr ausführlich berichtet hat, daß ihm unter den «idealen» Vorbildern für seine neue Abteikirche die Hagia Sophia vorschwebte, dann erkennen wir, daß er sich noch in einem ähnlichen Wirkungsbereich historischer Ereignisse befunden hat wie die Erbauer der dritten Kirche des Klosters Cluny. Der byzantinischen Kaiserkirche als dem vollendetsten Kultbau der Christenheit und dem auf göttliche Weisung gebauten Tempel Salomos an Bedeutung und Schönheit gleich, wie von Gott als Baumeister errichtet, sollte auch Sugers neue Kirche sein. Sie konnte das nur werden, wenn Bauherr und Architekt auf dem Bo-

den jener Theorie von der «Anschauung» standen wie das bisherige Mittelalter seit dem Wirksamwerden des peusdo-areopagitischen Werkes und seiner Interpretation durch Johannes Scotus Eriugena. Da es für Sugerius und seine Zeit feststand, daß der Autor des Corpus Areopagiticum mit dem Athener Paulusschüler und dieser mit dem ersten Bischof von Paris und Märtyrer Dionysius identisch war, ist es um so verständlicher, wenn der Abt des Klosters, das die Gebeine des Landesheiligen barg, dessen Schriften zur Grundlage seiner Kunstauffassungen machte.

Und so baute er seine neue Kirche, zunächst die beiden Türme an der Westseite, die den Eingang flankieren. Im Motiv folgt der Westbau mit den zwei Türmen, wie schon frühere Zweiturmfassaden, dem Vorbild von Toren antiker Stadtbefestigungen, aber mit den drei figurengeschmückten Portalen und der mittleren Fensterrose bildet er die Porta coeli, die Himmelspforte, ab.

Dann baute Suger den Chor über der alten, aber erweiterten und erhöhten Krypta. Um den eigentlichen Chor legt sich ein Umgang in zwei konzentrischen Ringen, von denen der äußere in einen Kranz von neun Kapellen übergeht; «circuitus oratoriorum» nennt Suger selbst die ihn begeisternde Architekturschöpfung. Er schreibt weiter, daß «das gesamte Heiligtum von einem wundervollen, ununterbrochenen Licht erleuchtet ist, das durch die heiligsten Fenster dringt». Gemeint sind jene farbigen Fenster, die in der Folgezeit zu einem gleichsam immateriellen lichtdurchlässigen, gleichzeitig auch bildtragenden Raumabschluß der Gerüstarchitektur gotischer Kathedralen werden sollten. Schon im Chor der neuen Abteikirche aus den Jahren 1140 bis 1144 ist alles aufgelöst in ein vielgliedriges System von Säulen und Pfeilern, von Gurten und Rippen, die die Gewölbe tragen. Die schließende Wand ist einer Reihe spitzbogiger Öffnungen gewichen.

Schließlich plante Suger zwischen Westtürmen und Chor das Querhaus und das Langhaus. Er begann damit erst am Ende seines Lebens, bis dahin ließ er die alte Kirche stehen, die nach der Legende

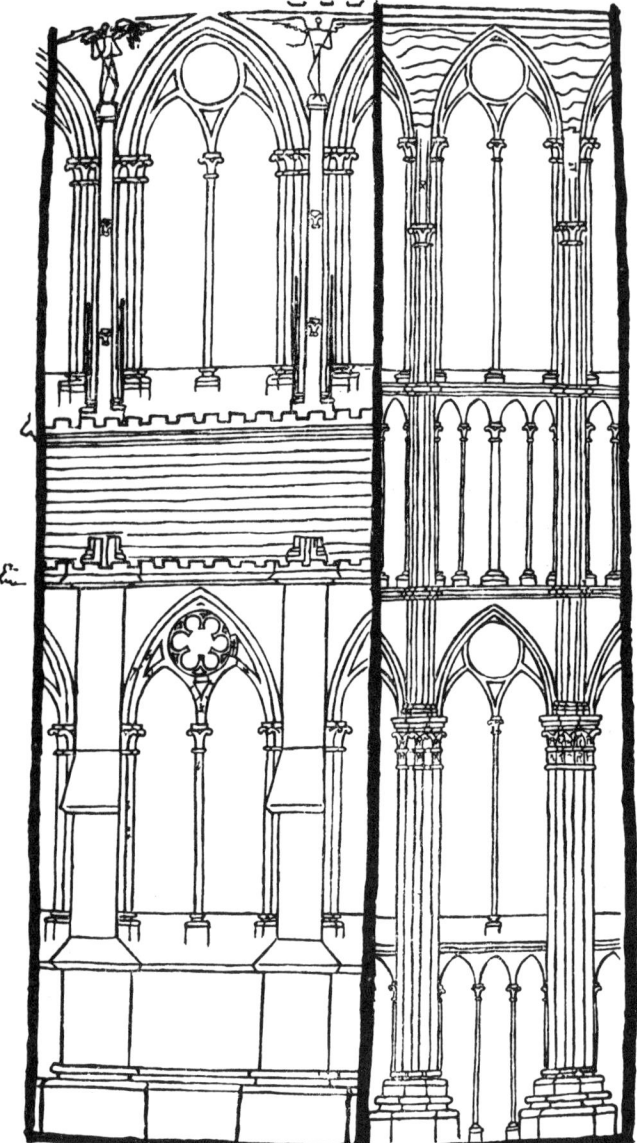

Reims, Kathedrale. Wandaufriß eines Langhausjoches außen und innen
aus dem Skizzenbuch des Villard de Honnecourt

vom «Hohenpriester und Herrn Jesus Christus mit eigener Hand den Segen» erhalten hatte. Man war über die Fundamente der neuen Teile nicht hinausgekommen, als Sugerius 1151 starb. Querhaus und Langhaus wurden erst im 13. Jahrhundert nach geändertem Plan neu gebaut. Doch lassen die Nachfolger der Abteikirche des Sugerius, die Kathedralen in Noyon, Sens und Paris, den ursprünglichen Plan erkennen. Danach sollte auch dieser Teil der Kirche schon im 12. Jahrhundert von einem Gliedergerüst aus Säulen, Pfeilern, Gurten und Rippen gebildet werden, das sich über fünfschiffigem Grundriß aufbaute. Die Chorumgänge hätten sich nach einem nicht vorspringenden Querhaus als Seitenschiffe des Langhauses fortgesetzt, in das wie in den Chor durch die großen spitzbogigen Fensteröffnungen mit farbigen Glasfenstern Licht geflossen wäre. Dieses Licht galt Sugerius als Abglanz himmlischen Leuchtens in der «Stadt des großen Königs». Sugerius hat das Allegorische seiner Kirche und auch das Allegorische der Geschichte ihrer Errichtung selbst dargelegt; es war die Errichtung der Himmelsstadt «auf den Fundamenten der Apostel und Propheten», in der Christus als Eckstein und Schlußstein «die eine Wand mit der anderen verbindet».

Die Evangelien und auch die Schriften Augustins liegen der metaphysischen Schilderung des Erlebens beim Bauen zugrunde. Ausdrücklich wird der materielle Vorgang mit dem geistigen gleichgesetzt: Auf dem Eckstein Christus wächst der ganze Bau zu einem heiligen Tempel, auf welchem ein jeder erbauet wird zu einer Behausung Gottes im Geist. Stolz auf die geleistete Arbeit, verfaßte der Bauherr hymnische Verse für den Eingang der Kathedrale:

«Edel erstrahlt das Werk, doch das Werk, das edel erstrahlt, möge erleuchten die Geister, daß sie eingehen durch die wahren Lichter zum wahren Licht, wo Christus das wahre Tor ist.»

Und noch einmal im Buch über die Weihe der

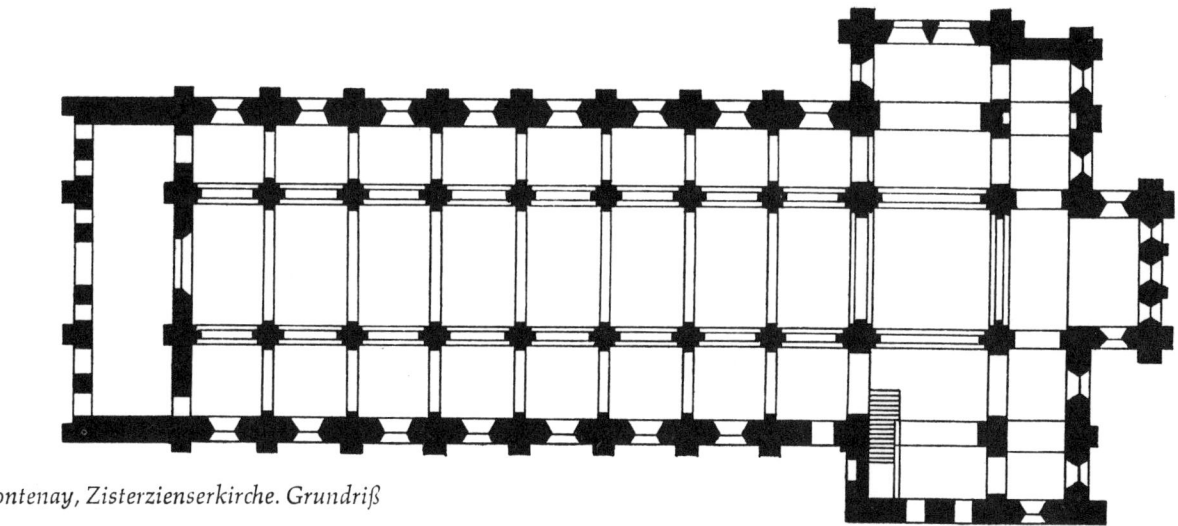

Fontenay, Zisterzienserkirche. Grundriß

Kirche: «Als — entsprungen aus meinem Entzücken über die Schönheit des Gotteshauses — die Lieblichkeit der farbigen Steine mich von den äußeren Sorgen weggerufen und innige Meditation mich bewogen hatte, die Verschiedenheit der heiligen Tugenden zu bedenken, indem ich das, was materiell ist, auf das Nichtmaterielle übertrug; da schien es mir, als sähe ich mich verweilen in einer seltsamen Region des Weltalls.»

Es wird deutlich: Sugerius kam es darauf an, sein religiöses Erleben, das ihm durch Erbauung und durch Anschauung der Kirche geworden war, seiner Mitwelt und Nachwelt zu vermitteln und sie im realen Bau der Kathedrale die mystische Verwirklichung des himmlischen Jerusalem erkennen zu lassen. Seine Darlegungen sind dabei so demonstrativ, daß der Gedanke, sie seien als Rechtfertigung und Verteidigung gegen andersartige Auffassungen von der Architektur und der Kunst im sakralen Gebrauch gerichtet, sehr nahe liegt (E. PANOFSKY). Nach unserer Kenntnis kommt als Vertreter einer solchen andersartigen Kunstauffassung, die das von Sugerius geübte pseudo-areopagitische Analogieprinzip von der Anschauung des Übersinnlichen im

Real-Schönen der Kunst nicht gelten läßt, nur Bernhard von Clairvaux in Frage. Es mag fraglich sein, ob Bernhard die Auffassungen des Abtes von Saint-Denis und seine künstlerische Praxis im Dienste der Volksfrömmigkeit gebilligt hat oder nicht. Für seinen Orden, ja doch wohl für das Mönchtum, so wie er es verstand und zu dem er auch Suger zählte, lehnte er sie rigoros ab. Nicht nur die Apologia, sondern vor allem die Kirchenbaukunst der Zisterzienser beweist es.

Was macht den Charakter des zisterziensischen Kirchengebäudes im Vergleich mit dem bischöflichen Dom oder der Kathedrale aus? Um es vorwegzunehmen: Die Zisterzienserkirche ist gegenüber der Kathedrale Reduktion und Negation zugleich, Reduktion im Hinblick auf die Form, Negation im Hinblick auf die inhaltliche Bedeutung. Zunächst die Form: Da versteht es sich von selbst, daß die Größe reduziert wird auf Abmessungen, die dem Bedarf des Klosters allein entsprechen. Die von Bernhard getadelte «ungeheure Höhe, maßlose Länge und überflüssige Breite» bezieht sich auf die dritte Klosterkirche in Cluny, und deshalb wird deren Grundriß gerne mit dem von Zisterzienserkirchen vergli-

153

chen. Man sollte aber bei einem Vergleich auch die Gegenüberstellung mit der gotischen Kathedrale im Auge haben, was vor allem im Hinblick auf die Bildfunktionen und deren Ablehnung aussagereich ist.

Anstelle vielteiliger Gliederung finden wir übersichtlich gestraffte Ordnung, anstelle zahlloser, nach Größe unterschiedlicher Anfügungen, Erweiterungen, Ausbuchtungen, deren wesentliche Hervorhebung in einem halbkreisförmigen apsidialen Abschluß liegt, finden wir ausschließlich rechtwinklige Mauerzüge, so daß der Hauptakzent der Dom- oder Kathedralkirche, die große Apsis, die das Allerhei- 86

ligste birgt und umschließt, den Zisterzienserkirchen der Bernhardzeit fehlt. Über dieser strengen 85 Rechtwinkligkeit baut sich ein überschaubares Raumgefüge mit klaren Begrenzungen auf, das ähnlich schon bei den Kirchen der Hirsauer begegnete. Dabei übernahmen die Zisterzienser die von der älteren Reformkongregation entwickelte Kapellenvielfalt der Ostteile, anfangs auf je zwei an den Ostseiten jedes Querhausarmes beschränkt, später aber in einer Häufung, die Cluniazenser und Hirsauer weit hinter sich läßt, ohne dabei die rechtwinkligen Raumbegrenzungen aufzugeben. Das basilikale

Fontenay, Zisterzienserkirche. Isometrischer Querschnitt

154

Langhaus wird bei den Zisterziensern gegenüber Cluny III wieder auf die klassische Dreischiffigkeit zurückgeführt. Doch bleibt es langgestreckt mit eng-gestellten Stützenreihen, ein «Wegebau» wie bei Cluniazensern und Hirsauern, die dieses Gestaltungsmotiv der altchristlichen Baukunst Roms rezipiert hatten. Vor dem mittleren Eingang lag eine einjochige Vorhalle von der Breite des Langhauses — dies wieder eine Reduktion der Vorkirchen bei den älteren Reformkongregationen.

Dieser rationalistischen Raumfügung entspricht bei den Kirchen der Zisterzienser an der Schwelle zur Gotik eine rationalistische Baustruktur, ein Gliedergerüst aus stützenden Pfeilern und Bögen als Widerlager für die nun durchweg vorhandenen Gewölbe. Diese sind zunächst die Spitztonnen älterer burgundischer Prägung, längsgerichtet in den Mittelschiffen, quergestellt in den Quer- und Seitenschiffen, später die gotischen Kreuzrippengewölbe. Doch ist der Funktionalismus dieses Gliedergerüstes in seiner Ganzheit sofort erkennbar und überschaubar, nirgends tritt eine den Eindruck bereichernde Häufung von Gliederungselementen auf, die die Logik der Struktur verschleiern könnte, von Dekorationen ganz zu schweigen. Die Formenfülle an Säulen, Diensten und anderen Stützvorlagen, die bei der Kathedrale zu unendlich in die Höhe schießenden Gliederbündeln werden und in ihrer rhythmischen Reihung den Blick durch das Schiff der Kathedrale geradezu von der gebauten Architektur wegleiten zur Immaterialität des flutenden Lichtes der farbigen Fenster — diese Formenfülle ist reduziert auf das Notwendigste, auf Pfeiler und Dienst für Gurt und Rippe, und die Wand bleibt spürbare Raumgrenze. Und während in der dritten Klosterkirche von Cluny ebenso wie in der gotischen Kathedrale die Gewölbe durch eine vielfältige, eigentlich sehr raffinierte Höhenschichtung der Mittelschiffswände dem Betrachter gleichsam entrückt sind und

einen verstandesmäßig nicht mehr faßbaren Bereich bilden, ist das Gewölbe der Zisterzienserkirche nichts weiter als fühlbarer Raumabschluß, wie es die Flachdecke der frühchristlichen oder der Hirsauer Basilika auch war. Der Wandaufriß des Mittelschiffs ist reduziert auf Arkaden- und Fensterzone mit dem glatten Wandstück dazwischen, hinter dem sich die Dachräume der Seitenschiffe befinden.

Das Äußere der dritten Kirche des Klosters Cluny überwältigte durch seinen Reichtum an Türmen, die das pyramidal aufsteigende Gewirr von Baukörpern bekrönten. Das Äußere der Kathedrale beeindruckt durch das in schwindelnde Höhe aufsteigende Strebewerk aus Pfeilern und kühnen Bögen, das den Gebäudekern weit und wehrhaft umgibt, und den Figurenreichtum der Portale an den westlichen Turm- und an den Querhausfassaden, wo die biblischen Gestalten und Heiligen, das ganze Gottesreich «in effigie» versammelt ist. An der Zisterzienserkirche suchen wir Türme, Strebewerk und Figuren vergeblich. Am Außenbau muten die Reduktionen noch weitaus radikaler an als im Inneren. Von dem Turmaufgebot Clunys bleibt ein Dachreiter über der Vierung, meist nur aus Holz (man erinnert sich an den hölzernen Vierungsturm in Hirsau). Selbst die Westfassade ist immer turmlos, sie gibt den Querschnitt der Basilika wieder und steht dem altchristlichen Vorbild, das die reformmonastische Baukunst nie aus den Augen verlor, von allen Bauteilen am nächsten. Von einem Strebewerk kann bei der Zisterzienserkirche eigentlich nirgends gesprochen werden, vor allem nicht beim Vergleich mit einem Kathedralbau. In der Regel sind die Strebepfeiler, auf die bei gewölbten Bauten nicht verzichtet werden kann, relativ flach vor die Wand gestellt und notwendige Strebebögen meist unter dem Seitenschiffsdach verborgen. Dort, wo man frei liegende Strebebögen nicht vermeiden konnte oder wollte — das ist bei den hochgotischen Anlagen der Fall —, haben

155

Pfeiler und Bögen eine geradezu ernüchternde Sachlichkeit der Formgebung — keine Fiale, keine Kreuzblume, kein Krabbenbesatz, geschweige denn Figuren. Figürliches Bildwerk war mit Kapitelbeschluß von 1134 für Zisterzienserkirchen und Klöster überhaupt verboten worden. Folglich sind auch die Portale schmucklos, sie besitzen nur Säulen, Rundstäbe oder Profile im Gewände und ganz selten im Bogenfeld ein mehr oder weniger abstraktes Ornament; sie sind also wesentlich in ihrer Funktion als Gebäudeeingang aufgefaßt.

112, 113

16

Die Tatsache, daß es Verbote gab in der bildkünstlerischen und architektonischen Praxis, beweist, daß die festgestellten Reduktionen bewußt

Ebrach, Zisterzienserkirche. Wandaufriß eines Langhausjoches

geschehen sind. Wenn man die «Erfindung» der gotischen Kathedrale einem intellektuellen Kreis von Geistlichen zuschreibt, als deren Exponent Suger von Saint-Denis namhaft gemacht wird, dann muß man ebenso für die Gestaltfindung der Zisterzienserkirche eine Gruppe führender Ordensmitglieder verantwortlich machen, an deren Spitze Bernhard von Clairvaux gestanden haben dürfte. Nach den Ergebnissen haben beide etwas völlig Verschiedenes angestrebt. Den Erbauern der Kathedrale «lag am Herzen, in ihren Domen ein Bild des Universums aufzurichten, das mit einem Blick nicht vollständig übersehbar, sondern unerschöpflich in einem Wechsel perspektivischer Durchsichten war, deren Einheit zum Ganzen, obgleich sie nie dem Blicke auf einmal vorlag, dennoch für die Phantasie noch sinnliche Deutlichkeit behielt» (H. LOTZE). Den Mönchen ging es um einen Bau, der mit einem Blick vollständig überschaubar, dem «der Charakter einer leicht übersichtlichen harmonischen Einheit und Abgeschlossenheit zum Ganzen natürlich» war. Die Zisterzienser erreichten dies mit dem Mittel der Reduktion gegenüber entwickelteren Bauformen. Der daraus resultierende Verzicht auf jeglichen Formenreichtum und die damit erzielte Einfachheit der Bau- und Raumwirkung wird man sicher mit dem Askeseideal des Mönchtums in Verbindung bringen können. Man wird in der Interpretation dieser Erscheinung aber noch weiter gehen dürfen.

114 115

War die Kathedrale ein symbolisches Bild der Welt und des Himmels, also des Universums, wie es das christliche Mittelalter verstand, so konnte die Zisterzienserkirche ein solches Bild nicht sein, weil ihr durch die Reduktionen gerade das fehlte, was die Kathedrale zum Bilde machte. Das Verbot von Gemälden und Skulpturen durch das Generalkapitel von 1134 läßt darauf schließen, daß es dem jungen Orden gar nicht leicht fiel, sich von Vorstellungen, die mit dem Bild im religiösen Gebrauch verbunden

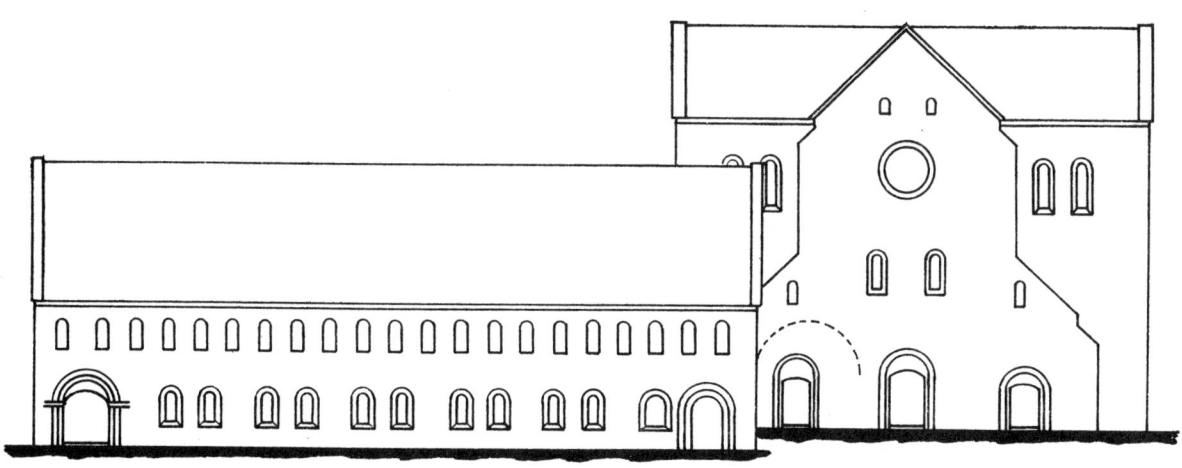

Altzella, Zisterzienserkloster. Rekonstruktion der Westansicht mit Kirche und Laienrefektorium

waren, zu lösen. Es wurde auch festgelegt, daß die Glasfenster in der Zisterzienserkirche weiß sollen und ohne Kreuze und Bilder. Wenn man sich der Worte Sugers erinnert, mit denen er die farbigen Bilder der «heiligsten Fenster» beschreibt, durch die das «wunderbare Licht» ununterbrochen in sein Gotteshaus einströmt, dann muß man doch annehmen, daß den Fenstern einer Zisterzienserkirche solche Sinnbedeutung nicht zukommen sollte und sie nur als für ihren Zweck nützlich empfunden wurden.

Daß verschiedenfarbige und mit Bildern bedeckte Fußböden nicht zugelassen waren, überrascht bei Kenntnis der Apologia nicht, eher, daß das Verbot erst 1148 ausgesprochen wurde. 1157 schließlich kam es zu dem Erlaß: «Steinerne Glockentürme sollen nicht gebaut werden.» Damit wurde der Zisterzienserkirche auch für die äußere Erscheinung der wesentliche Faktor genommen, der den Bau einer Kirche zum Bilde machen konnte. Gerade das ausdrückliche Turmverbot legt die Vermutung nahe, daß die Bildfunktion von Türmen und damit von Architektur überhaupt bewußt war und daß Türme auch deshalb vermieden werden sollten, nicht nur wegen des materiellen Aufwandes.

Wir kommen zu dem Schluß, daß die Reduktionen formaler Art im Kirchenbau der Zisterzienser gegenüber der Kathedralarchitektur die Ablehnung bestimmter Inhalte zur Ursache haben. Wir meinen, daß die Zisterzienserkirche kein Bild wie die Kathedrale sein sollte, keine anschaubare Spiegelung des übernatürlichen Kosmos, sondern ein Haus, ein Haus zum Beten. Im allgemein üblichen Sprachgebrauch nannten die Zisterzienser ihre Kirche denn auch «oratorium», nur selten verwendeten sie das mit universaler Bedeutung belastete «ecclesia». Sie erbauten also nicht wie Abt Sugerius die «Stadt des großen Königs», sondern — mit Bernhards Worten — einen sichtbaren Tempel um ihretwillen, sich selbst zur Wohnung, denn «der Allerhöchste wohnt nicht in Häusern, die von Menschenhand gebaut sind». Das Zitat entstammt einer Kirchweihpredigt des Abtes von Clairvaux. Wir fügen noch ein weiteres hinzu: «Gewiß, die Weihe durch die Bischöfe, die häufigen Lesungen der heiligen Schriften, die inbrünstigen Gebete, die Reliquien der Heiligen, die Gegenwart der Engel bewirken, daß diese Mauern heilig genannt werden und es auch sind. Aber trotzdem darf man nicht im mindesten annehmen, sie würden um ihrer selbst willen als heilig verehrt, da sie ja auch sicherlich nicht um ihrer selbst willen geheiligt wurden. Das Haus ist heilig wegen der Leiber, die Seelen aber sind geheiligt durch den Heiligen Geist, der in ihnen wohnt.» Man fühlt die Nähe des frühen Christentums, wenn so deutlich unter Berufung auf den Apostel Paulus (1. Korintherbrief 3, Vers 16) und die Apostelgeschichte (17, Verse 24 und 25) gesagt wird, daß die Heiligkeit dem Werk der Baukunst nur dann zukommt, wenn es seinen Zweck erfüllt, nämlich den durch den Heiligen Geist geheiligten Seelen zur Wohnung zu dienen. Für sich genommen galt das Bauwerk nichts. Die Zisterzienserkirche war «keine Verkörperung eigenwertiger Bedeutungsinhalte» wie die gleichzeitigen Bischofskirchen (K. H. ESSER), sie war ein Zweckbau, der demonstrativ sachlich gestaltet wurde. Immer gelangen wir bei der Analyse reformmonastischer Kirchenbaukunst zu dem gleichen Ergebnis: Die Kirche der Mönche ist bestimmt von zweckbetonter Sachlichkeit, sie erscheint frei von abbildenden Aufgaben und Werten.

Die heute noch zu empfindende «harmonische Einheit zum Ganzen» muß in der Absicht der Erbauer gelegen haben, denn es gibt entsprechende Äußerungen Bernhards, die als Hinweis auf das Kirchenbauideal der Zisterzienser verstanden werden können. Da ist von einem wahrhaft ruhigen Ort die Rede, «an dem man nicht einen Gott erblickt, der von Zorn erregt ist, sondern dessen Wille sich als gut, wohlgefällig und vollkommen erweist». «Diese Schau flößt keinen Schrecken ein, sondern sie labt. Sie regt die ruhelose Wißbegier nicht an, sondern beruhigt sie. Sie ermüdet die Sinne nicht, sondern befriedigt sie.» Auf die architektonische Praxis angewendet, sind solche Worte eine Erklärung für die Ruhe und die Harmonie zisterziensischer Innenräume, und sie richten sich gegen die romanische Plastik Burgunds ebenso wie gegen die Architektur gotischer Kathedralen. Diese Harmonie der Zisterzienserkirche rührt von der «unvergleichlichen Vollkommenheit ihrer Proportionen» her, und diese Proportionen wieder stimmen «mit den Verhältnissen der vollkommenen musikalischen Konsonanz» überein. Otto von SIMSON erkannte im Grundriß der Zisterzienserkirche im Musterbuch des Villard de Honnecourt diese «musikalischen Konsonanzen». Dahinter mag jenes augustinische Verständnis von Maß und Zahl als den Bausteinen kosmischer Ordnung stehen, das Bernhard von Clairvaux mit seinen Zeitgenossen teilte. Die Gesetze der Arithmetik bewirken, so glaubte man, die kosmische Harmonie, und man verband mit ihr die Vorstellung unhörbarer Klänge. Das Beherrschen derartiger «musikalischer» Baukompositionen weist die Zisterzienser neben den Erbauern der Kathedrale als große Architekten aus, als die wir sie an den über ganz Europa verbreiteten Kirchen ihres Ordens bewundern.

Zisterzienserkirchen in Europa

Die charakteristische Prägung, die der Bauwille des neuen Reformordens seinen Kirchen über das ganze Abendland hin zu geben vermochte, überrascht den Beobachter der Architekturgeschichte immer wieder von neuem. Ungezählte Veröffentlichungen hat die einschlägige Forschung hervorgebracht. Dabei wechseln die Gesichtspunkte der Betrachtung. Hat man zunächst einer von den Bauvorschriften des Ordens her bestimmten und durch seine straffe Organisation verbreiteten, stilistisch weitgehend einheitlichen zisterziensischen Baukunst das Wort geredet, so wollte man später in den Zisterzienserkirchen mehr die lokalen Besonderheiten der jeweiligen Landschaft erkennen, in der das Kloster liegt — also eine ähnliche Tendenzverschiebung, wie sie schon in den Forschungen zu cluniazensischen und hirsauischen Bauten aufgetreten war.

[71] PONTIGNY, *Zisterzienserkirche (um 1150 und 1186—1210), Ansicht von Südosten*
Folgende Seiten:
[72] PONTIGNY, *Zisterzienserkirche (um 1150 und 1186—1210), Inneres des Langhauses nach Osten*
[73, 74] LE THORONET, *Zisterzienserkirche (um 1160), Ansicht von Westen und Mittelschiff nach Osten*
Die Zisterzienser errichteten ihre Kirchen nach strengen Vorschriften, die Verzicht anordneten, Verzicht vor allem
auf Türme, auf zu ausgedehnte und zu hohe Räume und auf Bilder jeglicher Art. So entstanden die beeindruckend
schlichten, turmlosen Bauten mit übersichtlichen, wohlproportionierten Innenräumen, die der neue Reformorden
den türmereichen und unmäßig hohen Kirchen der späten Cluniazenserbaukunst entgegenstellte. Er tat dies mit
den baukünstlerischen Mitteln der älteren burgundischen Schule (Fontenay, Le Thoronet) ebenso wie mit denen
der burgundischen Frühgotik (Pontigny). Der Funktionalismus der frühen gotischen Architektur machte diese
schließlich zur bevorzugten Bauweise der Zisterzienser in ganz Europa.

73

74

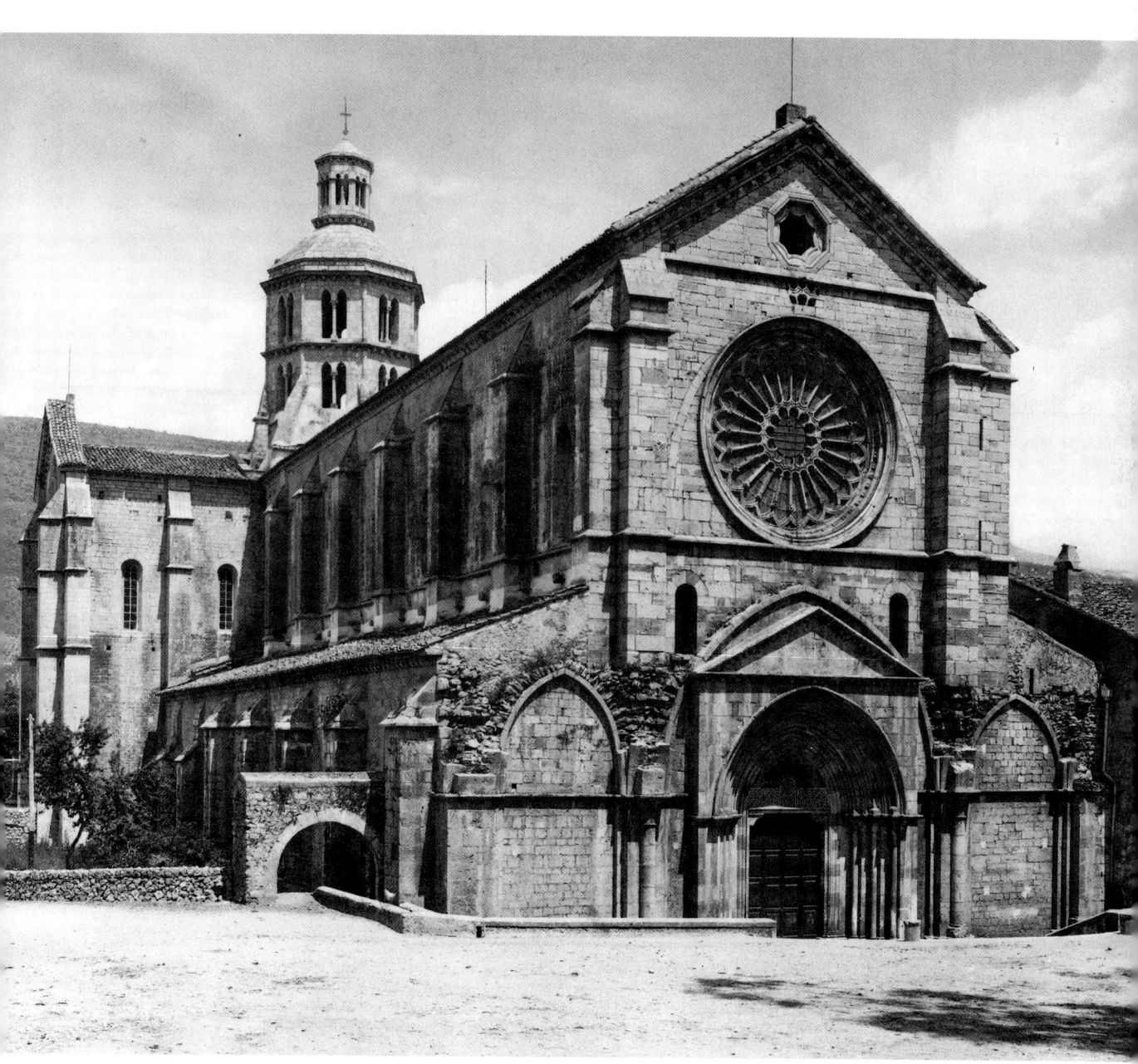

77

[79] SULEJÓW, *Zisterzienserkirche (geweiht 1232), Ansicht von Westen*
[80] WACHOCK, *Zisterzienserkirche (um 1230/40), Blick durch das Mittelschiff nach Westen*

[81] HEILSBRONN, *Zisterzienserkirche (1132—1150), Blick durch das nördliche Seitenschiff nach Osten*
In Deutschland bauten die Zisterzienser romanische Säulen- oder Pfeilerbasiliken, bevor sie gewölbte Kirchen
nach burgundisch-frühgotischem Vorbild errichteten.
[82] EBRACH, *Zisterzienserkirche (um 1200—1285, Dachreiter 1716 erneuert), Ansicht von Nordwesten*

[83] EBRACH, *Zisterzienserkirche, Fensterrose in der Westfassade (um 1285)*

[84] RIDDAGSHAUSEN, *Zisterzienserkirche (um 1216—1275), Blick durch das südliche Seitenschiff nach Osten*

Folgende Seiten:

[85] RIDDAGSHAUSEN, *Zisterzienserkirche, Ansicht des Chores von Südosten (um 1216—1240/50)*

[86] MAGDEBURG, *Dom, Ansicht des Chores von Osten (nach 1209—1250/60)*

Kathedrale und Zisterzienserkirche machen im Vergleich die Einfachheit mönchischen Bauens gegenüber der bischöflichen Architektur besonders deutlich.

[87, 88] SCHULPFORTA,
*Zisterzienserkloster, Blick in
die Apsis der Abtskapelle
(um 1240) und Dienstkon-
solen am nordwestlichen
Vierungspfeiler der Kirche
(um 1260)*

[89, 90] ZINNA, *Zisterzienserkirche (um 1220—1250), Mittelschiff nach Osten und Gewölbekonsole im südlichen Seitenschiff*

[91] ZINNA, *Wange vom Chorgestühl in der Klosterkirche (um 1360), Reliefdarstellung der Verkündigung an Maria*

[92] MAULBRONN, *Chorgestühl in der Klosterkirche (zweite Hälfte des 15. Jahrhunderts)*

Folgende Seiten:

[93, 94] LEHNIN, *Zisterzienserkirche (1190/95—1262), Blick durch das Mittelschiff nach Osten und Ansicht des Chores und des Querschiffes von Nordosten*

[95, 96] LEHNIN, *Zisterzienserkirche (1190/95 bis 1262), Blick durch das südliche Seitenschiff nach Westen und Grabstein des Markgrafen Otto VI. († 1303)* · Lehnin war Hauskloster und Begräbnisstätte der askanischen Markgrafen von Brandenburg. Otto VI. ist vor seinem Tod in den Orden aufgenommen worden. Man hat ihn deshalb auf seinem Grabstein in Mönchskleidung dargestellt.

[97, 98] CHORIN, *Zisterzienserkirche (1273—um 1300), Westfassade und Chor von Osten*

[99, 100] CHORIN, *Zisterzienserkirche (1273—um 1300), Mittelschiff nach Osten und Blick auf Langhaus und Querschiff von Süden*

[101, 102] ELDENA, *Ruine der Zisterzienserkirche, Blick auf die Reste des südlichen Querschiffes und des östlichen Langhauses (vor 1249) sowie auf die Westfassade (um 1400)*

Folgende Seiten:

[103, 104] DOBERAN, *Zisterzienserkirche (nach 1291—1368), Westfassade und Innenraum nach Westen*

[105, 106]
DOBERAN,
*Zisterzienserkirche
(nach 1291—1368),
Ansicht des
Chores von Osten
und
Blick in den Chor,
Zustand seit 1984*

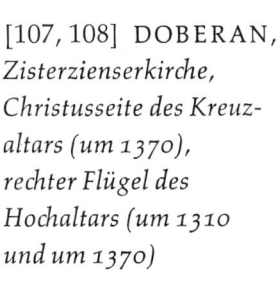

[107, 108] DOBERAN,
*Zisterzienserkirche,
Christusseite des Kreuz-
altars (um 1370),
rechter Flügel des
Hochaltars (um 1310
und um 1370)*

[109—111] DOBERAN, *Zisterzienserkirche (nach 1291—1368), Wange des Mönchsgestühls mit Darstellung der Ordensgründer Benedikt und Bernhard (um 1310), laubgeschmückte Konsolen der Gewölbedienste im Chor und im Langhaus* · Ungewöhnlich reich ist die mittelalterliche Ausstattung in Doberan. Sie überrascht mit ihrer Bilderfülle in einer Zisterzienserkirche. Die Bilder der Altäre sind nach einem lehrhaft-symbolischen Programm angeordnet, in dem nach den Regeln der Typologie Szenen des Alten und des Neuen Testamentes gegenüberstehen. Es dient der Marienverehrung. Einmalig ist die vollständige Erhaltung des Gestühls für Mönche und Laien.

[112] KÖLN, *Dom (1248—1322 und 1842—1880), Ansicht von Südosten*
[113] ALTENBERG, *Zisterzienserkirche (1255—1379), Ansicht von Nordosten*
Folgende Seiten:
[114] KÖLN, *Dom (1248—1322 und 1842—1880), Blick durch das Mittelschiff zum Chor*
[115] ALTENBERG, *Zisterzienserkirche (1255—1379), Blick durch das Mittelschiff nach Osten*
Die großartige Gestalt gotischer Kathedralen wirkte sich auch auf die Kirchenbaukunst der Zisterzienser aus.
Schon seit dem späten 12. Jahrhundert baute der Orden nach ihrem Vorbild Kirchen mit Umgängen und einem
Kranz von Kapellen. Und doch beeindruckt bei einem Vergleich erneut der unbedingte Wille zur Einfachheit und
Überschaubarkeit bei den Zisterziensern. Die Kirche der Mönche sollte ein Haus zum Beten bleiben und nicht
zum Bild der himmlischen Stadt werden.

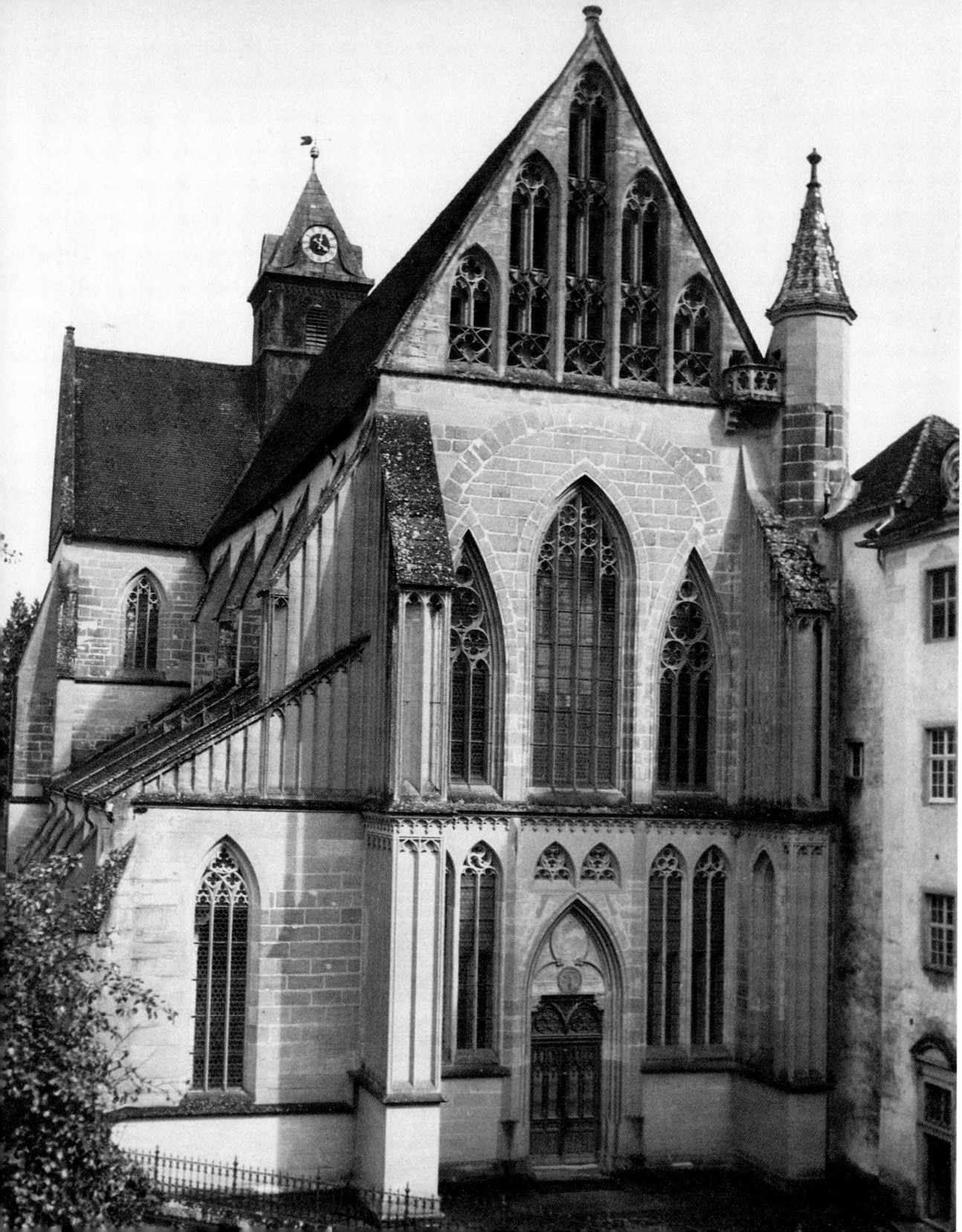

[116, 117] SALEM, *Zisterzienserkirche (1299–1414), Ansicht von Westen und Blick aus dem Chor ins Mittel-schiff*

Folgende Seiten:

[118] LILIENFELD, *Zisterzienserkirche (Ende des 13. Jahrhunderts), Inneres der zweischiffigen Halle des Chorumganges*

[119] SEDLEC, *Zisterzienserkirche (um 1300 und 1699–1707), Ansicht von Osten*

119

Nach dem Bekanntwerden des Grundrisses von Cluny II mußte man die vorher vermutete Übereinstimmung der Baugestalt von Cluny und Hirsau einschränken. Für die Bauten der Zisterzienser ist die Vorbildlichkeit der Kirchen der Mutterklöster aber nicht zu bestreiten. Auch hat der Orden einen von ihm wesentlich mit ausgebildeten Baustil und dessen Formen, nämlich den der burgundischen Frühgotik, kraft seines kontinentalen Filiationsnetzes bis in ziemlich entfernte Winkel Europas gebracht. In Gegenden, die eine wenig ausgeprägte Bautradition besaßen, hat dieser durch die Zisterzienser verbreitete Stil die Baukonjunktur des 13. Jahrhunderts auch außerhalb des Ordens beherrscht. Vor allem in Deutschland haben frühgotische Dome und Stadtpfarrkirchen meist einen Bauteil, dessen Formen der burgundischen Frühgotik entlehnt sind. Daraus ergibt sich aber, daß ein vom Orden benutzter Stil und dessen Formen allein das Spezifische der Ordensbauweise nicht ausmachen können. Dasselbe ergibt sich auch aus dem umgekehrten Fall, wenn der Orden die Formen für seine Bauten aus der Architektur wählte, die er in der jeweiligen Zeit und Landschaft vorfand.

In dieser Lage waren die Zisterzienser während der Gründungszeit ihrer ersten Klöster, und es ist bei ihnen genau zu beobachten, wie bewußt sie ihre Wahl trafen, ehe sie an der Entwicklung der burgundischen Frühgotik teilnahmen und dieser, wie es scheint, ihr wesentliches Gepräge gaben. Ihre Wahl fiel auf die ältere burgundische Bauweise der ersten Hälfte des 11. Jahrhunderts, die der jüngeren burgundischen Schule der dritten Klosterkirche von Cluny vorausging. Diese Wahl überrascht wenig, wenn man die Ausfälle des Abtes von Clairvaux gegen die neuere cluniazensische Baupraxis kennt. Der Rückgriff auf völlig veraltete Bauformen für den eigenen Gebrauch beweist einmal mehr, wie wörtlich man die Apologia nehmen muß.

Von den im Ursprungsland des Ordens erhaltenen Gründungsbauten eines Zisterzienserklosters verdeutlicht diesen Vorgang am besten die 1147 geweihte Kirche von Fontenay, eine dreischiffige Anlage, kreuzförmig, mit zwei rechteckigen Kapellen an den Ostseiten des Querschiffes und einem nach Osten wenig vortretenden, rechteckigen Presbyterium. Das achtjochige Mittelschiff, die Vierung und das niedrige Presbyterium werden von einer gespitzten Längstonne gedeckt; im Mittelschiff setzt sie wenig oberhalb der spitzbogigen Arkaden an, auf einen Lichtgaden ist verzichtet. Die acht Joche der Seitenschiffe sind mit quergestellten gespitzten Tonnen gewölbt, die als Widerlager für das schwere Mittelschiffsgewölbe fungieren. Als Stützen dienen gegliederte Pfeiler, die Vorlagen tragen in den Seitenschiffen spitzbogige Durchgänge, zum Mittelschiff hin die Gurte des Tonnengewölbes. Vergleicht man mit einem Großbau der jüngeren burgundischen Richtung, etwa mit St-Lazare in Autun, dann überwältigt die Kraft des Willens zur Reduktion. Die Mittelschiffswände der Zisterzienserkirche erscheinen wie der Kern der Hochschiffswände der Autuner Kirche; diese sind der Vielfalt ihrer dekorativen Gliederung entkleidet, übriggeblieben ist ihre

[120] NEUZELLE, *Zisterzienserkirche (1268–1395, 1654/58 und 1703–1741), Blick durch das Mittelschiff zum Hochaltar* · Mittelalterliche Zisterzienserkirchen in Süddeutschland, Österreich und Böhmen haben nicht selten in der Zeit des Barocks eine neue Ausstattung erhalten oder eine Überformung im ganzen erfahren. Von eigenartigem Reiz ist der gotisierende Ausbau der Kirche in Sedlec durch Giovanni Santini (Santin Aichel) am Beginn des 18. Jahrhunderts. Die gotische Hallenkirche des Klosters Neuzelle an der Oder ist im 17. und 18. Jahrhundert in eine der schönsten Barockkirchen des böhmisch-schlesischen Kunstkreises verwandelt worden.

architektonische Struktur. So entspricht die Verwendung des Spitzbogens und die rhythmisierende Gliederung von Wand und Gewölbe der Zeit. Der Verzicht auf Obergaden und Triforium ist ein Rückgriff auf bestimmte Vorbilder aus der älteren Generation burgundischer wie auch provencalischer Bauten, ebenso wie die Höhenstufung des Ostteils. Hier liegt keine Primitivierung eines fortgeschrittenen Systems vor. Hier triumphiert monastische Disziplin im Bauen über die Hypertrophie von Macht und Weltgeltung — mit dem Ergebnis von Klarheit und Reinheit des Architektonischen gegenüber verunklärender Detailvielfalt.

Trotz retrospektiver Haltung sind die Zisterzienserbauten progressiver als die am Ende ihrer Entwicklungsfähigkeit angelangten burgundischen Großbauten. Man spürt den Vorgang einer bewußten Architekturschöpfung. Hier hat sich nichts ergeben, hier ist alles gewollt.

Aller Wahrscheinlichkeit nach haben wir in Fontenay die eigentliche bernhardinische Architektur vor uns, die in den Mutterklöstern nicht erhalten ist. Wir finden sie aber ähnlich noch in zahlreichen Zisterzienserkirchen Südostfrankreichs und der

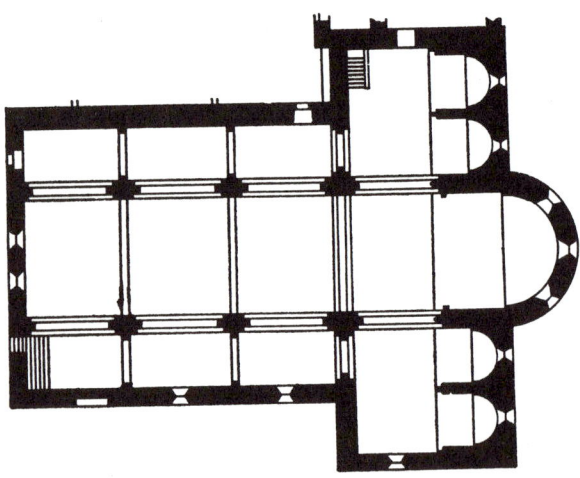

Le Thoronet, Zisterzienserkirche. Grundriß

Schweiz, am reinsten in den Klöstern Bonmont und Hauterive, beide Filiationen von Clairvaux, sowie in Escaledieu. Andernorts kommen Abweichungen vor, bis hin zu apsidialen Schlüssen von Chor und Kapellen (Flaran, Le Thoronet), die aber bisweilen nicht auf zisterziensische, sondern benediktinische Gründungen zurückgehen. Die Grundrisse sind gedrungen, haben nicht die Streckung wie in Fontenay (Silvacane). Die Joche der Seitenschiffe sind zu flachen, nischenartigen Kapellen reduziert (Silvanès), oder die Seitenschiffe sind mit Längstonnen (Flaran), mit Halb- oder Dreivierteltonnen (Fontfroide, Sénanque) und schließlich mit Kreuzgratgewölben gedeckt (Obazine). Bei allen diesen Kirchen handelt es sich um Gründungsbauten aus der Frühzeit des Ordens, sie sind nicht später als im dritten Viertel des 12. Jahrhunderts entstanden. Eine neue Qualität zog erst in die Kirchenbaukunst der Zisterzienser ein, als die Hochschiffe Kreuzgewölbe erhielten, mit dem Effekt, daß die Obergaden belichtet werden konnten, ohne die Raumhöhe zu steigern.

Schon der mit dem Namen Fontenay benannte Typ der frühen Zisterzienserkirchen im engeren und weiteren Burgund ist über dessen Grenzen hinaus verbreitet worden. Man fand ihn oder konnte seine Spuren nachweisen in Italien, in England, in Skandinavien. Wir können hier weder die Gemeinsamkeiten noch die Besonderheiten aufzählen und müssen es bei der Feststellung bewenden lassen, daß bereits in der Frühzeit des Ordens mit dessen Niederlassungen ein von ihm geprägter Kirchentyp in den verschiedensten Landschaften Europas errichtet worden ist, wobei die lokalen Bauweisen mehr oder weniger gestaltprägend einwirkten und vielfach Detaillösungen hervorbrachten, die ihrerseits wieder europäische Verbreitung finden konnten. So gibt es Übereinstimmungen beispielsweise zwischen den Backsteinbauten Italiens und Nordeuropas. Die Nähe zur frühchristlichen Basilika ist in Rom (Tre

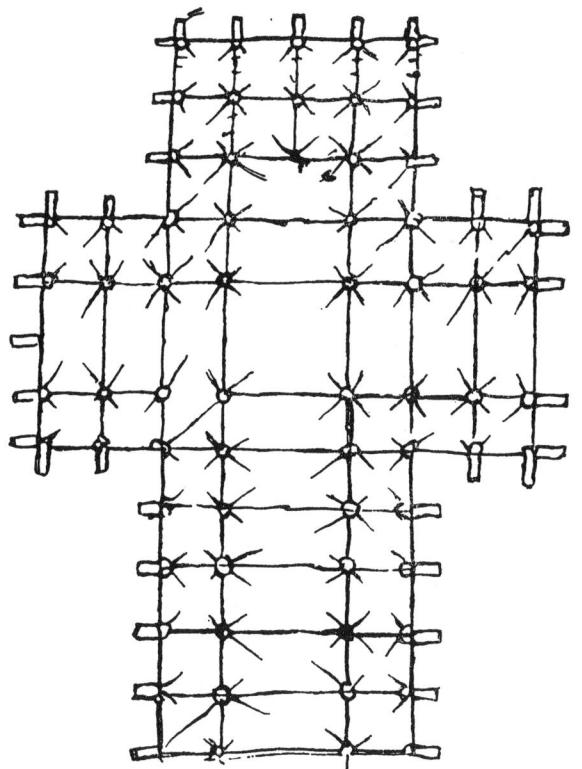

Veſa une glize deſquarie krbu
ſgardee a ſaur en lozdene deuſtal

Grundrißschema einer Zisterzienserkirche
aus dem Skizzenbuch des Villard de Honnecourt

Fontane) größer als in Frankreich, findet sich aber in Deutschland analog zu Hirsauer Bauten auch bei den frühen Zisterzienserkirchen (Heilsbronn).

Die Verbreitung eines bewußt für den Ordensgebrauch geschaffenen Kirchenbautyps hat die Frage nach dem Baubetrieb der Zisterzienser aufkommen lassen. Wer hat ihnen die Kirchen gebaut? Wer waren die entwerfenden und ausführenden Baumeister? «Das Vorhandensein einer übereinstimmenden Bautradition im Zisterzienserorden setzt notwendig voraus, daß der Orden wenigstens an leitender Stelle das Baupersonal selbst stellte» (H. RÜTTIMANN). Nachrichten darüber gibt es wenig. 1154 verbot das Generalkapitel, klösterliche Bauhandwerker an weltliche Personen zu überlassen. 1189 wurde der Aderlaß für Konversen untersagt, wenn sie am Bau beschäftigt waren. Die Architekten scheinen gewandert zu sein, von den Bauarbeitern ist das nicht so sicher. Noch zuzeiten Bernhards leitete der Baumeister Achardus aus Clairvaux den Bau der Abtei Himmerod in der Eifel, und der Baumeister Gaufried aus dem gleichen Mutterkloster baute die Abtei Fountains in England. Ein Conradus magister operis ist als Verantwortlicher für den Bau der Westfassade der Kirche des märkischen Klosters Lehnin überliefert. Er zog 1258 mit dem ersten Konvent in die Tochtergründung Mariensee und begann dort den Ostteil der später unvollendet gelassenen Klosterkirche, deren Grundriß englischen Einfluß verrät. Wie bei den Benediktinern, Cluniazensern und Hirsauern, so wird es auch bei den Zisterziensern schriftliche und zeichnerische Bauempfehlungen gegeben haben, die von Kloster zu Kloster gereicht wurden. Der Grundriß einer Zisterzienserkirche im Skizzenbuch des Villard de Honnecourt mag ein Beispiel dafür sein. Ob das Laienelement aber wirklich so vom zisterziensischen Baubetrieb ausgeschlossen war, wie H. RÜTTIMANN (unter Berufung auf eine Handzeichnung des frühen 16. Jahrhunderts im Germanischen Nationalmuseum Nürnberg) behauptet, muß bezweifelt werden. Die Tatsache, daß zisterziensische Bauformen vor allem im 13. Jahrhundert in der Episkopal- und Pfarrarchitektur auftreten, läßt darauf schließen, daß einheimische Bauleute bei den Zisterziensern gebaut und gelernt haben, um dann das Erlernte in den Städten und auf den Burgen anzuwenden. Umgekehrt dürften die Zisterzienser anfangs ordensfremde Bauleute herangezogen haben, um überhaupt einen eigenen Baubetrieb aufbauen zu können.

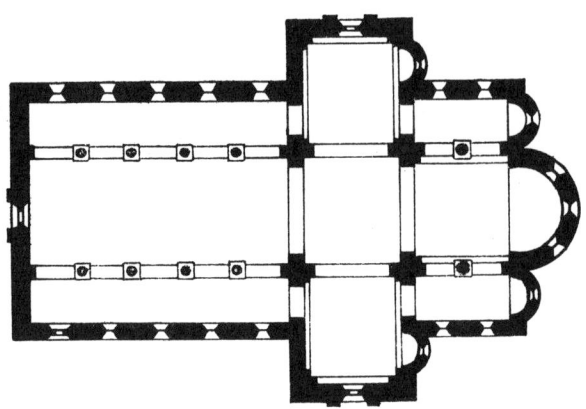

Hardehausen, Zisterzienserkirche. Grundriß

In Deutschland haben die ersten Zisterzienser offenbar Anleihen dieser Art bei den Hirsauern gemacht. Die ältesten Kirchen haben in Grundriß und Aufriß ein ausgesprochen cluniazensisch-hirsauisches Gepräge. Mit den apsidial geschlossenen Presbyterien und Nebenkapellen könnte man sie eigentlich vorbernhardinisch nennen, um so mehr, als sie später hin und wieder Veränderungen im Sinne der bernhardinischen Chorform erfahren haben. So sind die ursprünglich apsidial geschlossenen und in ihrer Längenausdehnung «gestaffelten» Nebenkapellen der in den fünfziger Jahren des 12. Jahrhunderts begonnenen Klosterkirche in Bronnbach zu gleich langen und gerade geschlossenen Rechteckkapellen umgebaut worden. Es geschah dies, nachdem die Abtei Maulbronn im Jahre 1166 das Visitationsrecht über Bronnbach erhielt. Die Maulbronner Klosterkirche hatte um die gleiche Zeit eine echt bernhardinische Ostpartie bekommen, mit quadratischem Sanktuarium und je drei quadratischen Kapellen an den Ostseiten der Querhausarme, im Prinzip also die Lösung von Fontenay, nur um zwei Querhauskapellen erweitert; im Aufbau des Langhauses aber erscheint die Kirche in Maulbronn als ein benediktinisch-hirsauischer Bau. Selbst als man in Frankreich schon den Bautyp des Ordens gefun-

81, 82

den hatte, bewiesen die Zisterzienser in Deutschland noch eine Vorliebe für die flachgedeckten Säulen- oder Pfeilerbasiliken, die sie offensichtlich als eine dem Reformmönchtum angemessene Bauform betrachteten (Hardehausen, Heilsbronn).

Was die Gestalt der Ostteile anbetrifft, hat man auch für die ersten französischen Zisterzienserkirchen — die Erstbauten der großen Mutterklöster sind ja nicht bekannt — ein Anknüpfen an die älteren Cluniazenser vermutet (G. DEHIO, neuerdings auch E. LEHMANN). Man hält es nicht für ausgeschlossen, daß die erste größere Kirche des Klosters Cîteaux — in der Fachsprache Cîteaux Ia anstelle der Cîteaux I genannten Rechteckkapelle mit Apsis — einen ähnlichen Chorgrundriß gehabt haben könnte wie die Cluniazenserkirche in Payerne, also an den Ostseiten der Querhausarme neben dem Sanktuarium je zwei Kapellen von unterschiedlicher Länge, wobei Hauptchor und Nebenkapellen mit Apsiden geschlossen sind. Die Reduktionen des in Fontenay überlieferten «bernhardinischen» Grundrisses hätten sich dann gegenüber dem cluniazensischen Vorbild lediglich auf die Begradigung der halbkreisförmigen Endungen und auf die Egalisierung der Kapellenlängen beschränkt, allerdings auf eben jene Elemente, die von den Zisterziensern für die Baugestalt als zu aufwendig empfunden wurden.

33

Der für Cîteaux vermutete Staffelchor nach der Art von Payerne hat — bevor auch das Hauptkloster des Ordens unter dem übermächtigen Einfluß des bernhardinischen Clairvaux seine eigentlich zisterziensische Kirche (Cîteaux II) erhielt — Verbreitung gefunden, auffallend häufig über die Filiationslinie Morimond, ohne daß in Morimond eine derartige Anlage hätte nachgewiesen werden können. Besonders «echt» waren sie im mittleren Deutschland vertreten: Waldsassen, Bildhausen, Georgenthal, Altzella, auch Bronnbach zählte ursprünglich dazu. Doch die Mehrzahl hatte Veränderungen des clunia-

zensischen Motivs in Richtung auf die «bernhardinische» Lösung erfahren: gleiche Längen der apsidial geschlossenen Kapellen (Michaelstein, Zinna)
und rechteckige Außenummantelungen der innen
halbkreisförmigen Apsiden, so daß zusammenfas-
sende Bedachungen möglich wurden (Steinfeld,
Altenberg I, Walkenried I). Entscheidend wurde die
Trennung der Kapellen untereinander und auch vom
Sanktuarium, das ja bei der älteren Kirche in Cluny
und ihren Abkömmlingen mit den Nebenchören
durch Arkaden verbunden war. Der «bernhardinische» Bauwille setzte sich also auch dort durch, wo
nicht- oder vorzisterziensische Bauformen als dem
Orden gemäß akzeptiert und beibehalten wurden.
Und es versteht sich von selbst, daß der »bernhardi-

nische» Baugedanke Ausgangspunkt jeder weiteren
Entwicklung der zisterziensischen Klosterkirche war.

Schon in Clairvaux hatte der Zweitbau, 1135 bis
1145 errichtet, je drei Kapellen an den Ostseiten des
Querschiffs und je zwei an dessen Westseiten. So
erwies sich der bernhardinische Grundrißplan bereits am Ursprungsbau, sozusagen am Modellfall,
als variationsfähig. Der Typ Fontenay wäre so gesehen die einfachste Variante, gäbe es nicht noch
einen Typ, der nur je eine, meist quadratische Kapelle im Winkel zwischen Querschiff und Sanktuarium aufwiese. Man trifft ihn zuerst in dem deutschen Zisterzienserkloster Marienthal bei Helmstedt
(1146 geweiht), im 13. Jahrhundert dann an einer
Reihe polnischer und ungarischer Zisterzienserkir-

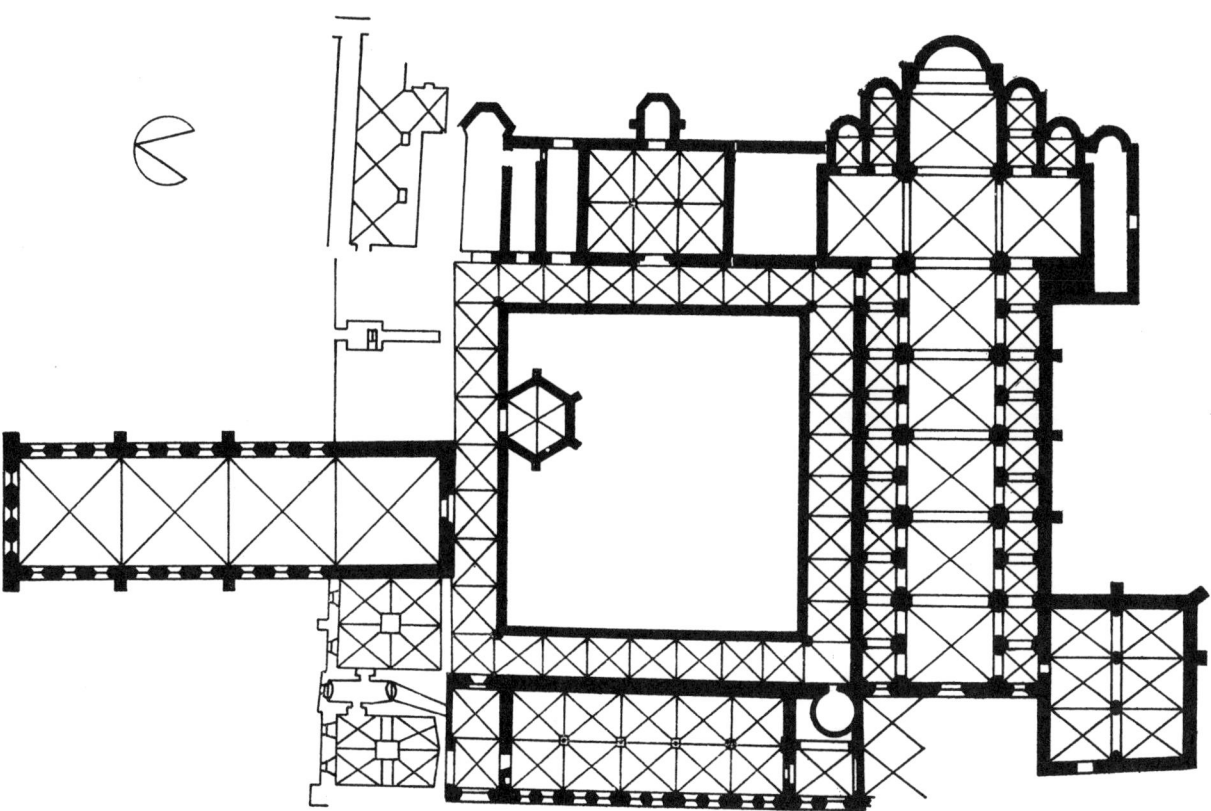

Altzella, Zisterzienserkloster. Rekonstruktion des Grundrisses

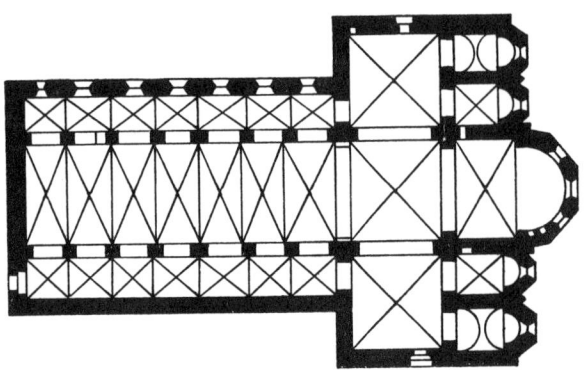

Zinna, Zisterzienserkirche. Grundriß

chen, von denen Wąchock bei Radom und Bélapát- 80
falva bei Eger (Erlau) genannt seien. Daß die Ent- 77,
wicklung des bernhardinischen Grundrißplanes 78
sowohl zu vereinfachten als auch zu erweiterten Lösungen geführt hat, beweist, daß man immer von
praktischen Gesichtspunkten beim Bauen ausging.
Je größer die Zahl der Klosterinsassen, desto größer auch die Zahl der Kapellen für meditative Einzelandachten, und umgekehrt. Eine Erweiterung des
Planes von Clairvaux II konnte nur dahin führen,
daß alle noch freien Seiten der Ostteile mit Kapellen
besetzt wurden, die Nord- und Südseiten der Querschiffe — als klassisches Beispiel hat sich Pontigny
mit solchen Kapellen erhalten — und die Seiten des
rechteckigen Chores. Um diese Kapellen am Chor

zugänglich zu machen, ohne den liturgischen Raum
des Sanktuariums zu beeinträchtigen, bedurfte es
eines seitenschiffartigen Umganges, der Chor wurde
mehrschiffig, im ganzen bekam er eine größere
Längsstreckung. Das führte schließlich zu den auffallend langen Chören englischer Zisterzienserkirchen (Fountains, Jervaulx, Rievaulx), die ihrerseits
wieder in das Backsteingebiet an der Ostsee gewirkt haben dürften. Die Klosterkirche von Pelplin,
1274 begonnen, weist dabei nicht nur im Grundriß
Verwandtschaften mit englischen Kirchen auf, sondern auch in den Sterngewölben. Von englischen
Vorbildern angeregt, erscheinen die — von der Bau-
gesinnung des Ordens her gesehen eigentlich be-
fremdlichen — Ausmaße einiger norddeutscher Zisterzienserbauten, das 1251 begonnene Hude, das
1258 gegründete und um 1270 zugunsten von Chorin wieder aufgegebene Mariensee sowie das 1280
im Bau befindliche Neuenkamp (Franzburg). Auf
ausgebildete Kapellen konnte man hier in der zweiten Hälfte des 13. Jahrhunderts offenbar verzichten.
Es blieb aber der mehrschiffige, immer gerade geschlossene Chor, weiträumig hallenartig und in einigen Fällen sogar zur Hallenkirchenform mit glei- 120
cher Höhe in allen Schiffen übergehend (Neuenkamp, Neuzelle, Marienstern).

Wir kehren noch einmal ins 12. Jahrhundert zurück und betrachten die Erweiterungsvarianten des
bernhardinischen Planes, bei denen alle Seiten des
Chores mit Kapellen besetzt und durch einen Umgang miteinander verbunden sind. Diese Lösung ist
für einen dritten Bau in Cîteaux und für Morimond
nachgewiesen und hat im mittleren Deutschland be-
achtliche Nachfolge gefunden (Ebrach, Riddagshau- 84
sen). Hier hat die Streckung des Chores und der 85
Verzicht auf Kapellen schließlich zur Zusammenziehung von Umgang und Kapellen zu zweischiffigen Seitenchorhallen geführt (Walkenried). Die nur
angedeutete Entwicklung ist nicht so sehr chronolo-

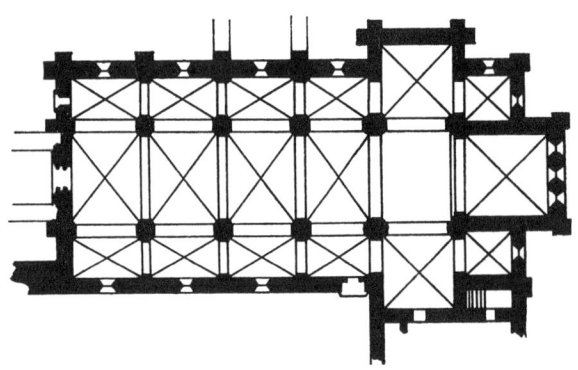

Wachock, Zisterzienserkirche. Grundriß

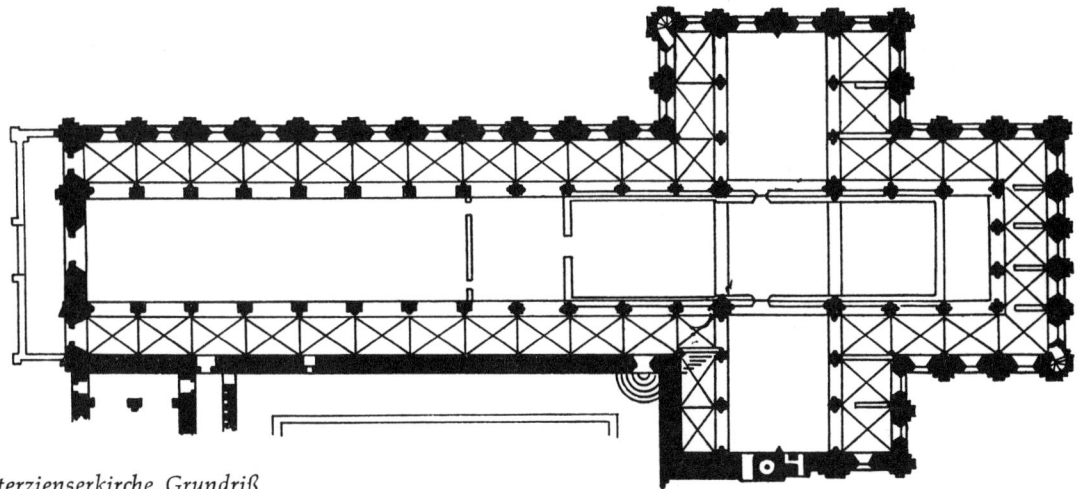

Byland, Zisterzienserkirche. Grundriß

gisch als vielmehr morphologisch zu verstehen. Allerdings scheint der Zug zur Hallenform als Ergebnis der Aufgabe von Einzelkapellen – die Ursache müßte in einem Wandel der Liturgie liegen – ein auch zeitlicher Endpunkt zu sein.

74 Solange die Zisterzienser ihre Kirchen mit Tonnen wölbten und niedrig hielten, blieben die Obergaden der Mittelschiffe unbelichtet. Man suchte ein anderes Wölbsystem, um ohne Raumerhöhung direktes Licht in den Obergaden zu bekommen, das System der Kreuzwölbung, bei dem Kappen seitlich in die Tonne derart einschneiden, daß an den Hoch-

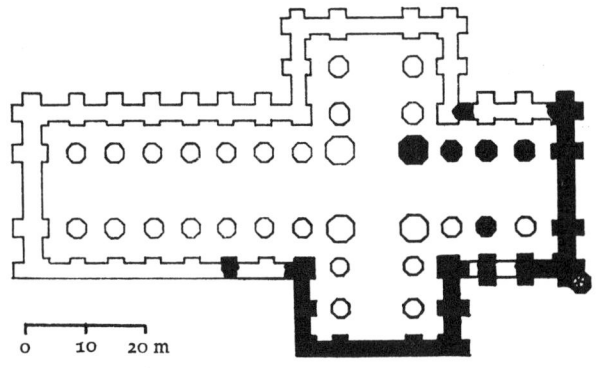

Neuenkamp (Franzburg), Zisterzienserkirche.
Rekonstruktion des Grundrisses

schiffswänden Bogenfelder entstehen, die von Fenstern durchbrochen werden. Im Gewölbe bilden sich Felder mit kreuzenden Linien in Form von Graten oder Rippen, die den Rhythmus der Arkadenreihen in die Deckenzone hereinnehmen und ihn damit für die Gesamtraumgliederung wirksam werden lassen. Oder umgekehrt: Die Gliederung der Decke greift in Form eines Gerüstes aus Bögen und Stützen bis zur Raumsohle hinab. Es ist das Verdienst der Zisterzienser, dieses gotische Gestaltungsprinzip mit der altburgundischen Bauweise verbunden zu haben, ob als selbständige Schöpfung auf der Grundlage landschaftlicher Bautradition – die Abteikirche

70 Ste-Madeleine in Vézelay gilt als ein Wegbereiter – oder als Übernahme aus dem Entstehungsgebiet der nordfranzösischen Gotik, darüber ist eine schlüssige Aussage nicht möglich. Wie so oft stand die ausgereifte Leistung unmittelbar, ohne nachweisbare Reihe vorbereitender Entwicklungsglieder, also «mit

72 einem Schlage», in der Abteikirche von Pontigny um die Mitte des 12. Jahrhunderts da. Was die Zi-

75 sterzienser schufen, war im Grunde die Verabsolutierung der Gotik. Sie machten die Logik gotischer Bauweise offenbar und vermieden jede technisch mögliche Spekulation. Es sei noch einmal auf den

Grundriß der Zisterzienserkirche des Villard de Honnecourt hingewiesen; er entspricht ja im wesentlichen dem ersten Bau von Pontigny, von dem nur noch das Langhaus und das Querschiff erhalten 72 ist. Die Stellung der Stützen markiert als einziges raumgliederndes Element das rechtwinklige Feld, im Aufriß eingeschlossen von den Bögen der Arkaden und Gurte. Die Form der Stützen ist bedingt durch die Funktion ihrer Glieder: Der Kern trägt die Wand, Halbrundvorlagen tragen Arkaden und Gurte, kantige Dienste die diagonal geführten Rippen der Gewölbe; die Kapitelle der Dienste stehen entsprechend der Rippenführung schräg. Dieses Sichtbarmachen der Funktionalität bis ins Detail wirkt demonstrativ. Ob sie zu Recht als charakteristisch frühgotisch gilt oder ob sie nicht doch erst durch das rationalistische Bauen der Zisterzienser sichtbar in die gotische Architektur gekommen ist, sei dahingestellt. Tatsache ist, daß diese burgundische Gotik, bisweilen als «Zisterziensergotik» bezeichnet, einen frühen Siegeszug durch Europa antrat. Um die Zisterzienserklöster entstanden lokale Bauschulen dieses Stils, eine Erscheinung, die sich in 82, Schwaben, Franken und Thüringen ebenso beobach- 83,

ten läßt wie etwa in Mittelitalien oder Siebenbür- 87, gen. Diese Bauart löste als Frühgotik die späte Ro- 75, manik ab und erwies sich nochmals, wie schon in 77 ihrem Ursprungsland, als verbindungsfähig mit älteren Bautraditionen.

Das Entscheidende, was die gotische Zisterzienserkirche von der älteren burgundischen Bauweise übernommen hatte, war der zweigeschossige Wandaufriß im Mittelschiff. In Pontigny liegt der Gewölbeansatz an der gleichen Stelle wie in Fontenay, nämlich in der Höhe des horizontal über den Arkaden verlaufenden Gesimsbandes. Damit bleibt der Raum in zwei horizontale Schichten gegliedert, in die Arkadenzone und in die Gewölbezone, die den Lichtgaden einschließt, und die Kirche kann nach zisterziensischem Gebot niedrig sein, weil die bei der jüngeren burgundischen Schule getrennten Raumzonen von Lichtgaden und Gewölbe miteinander verschränkt sind. Die Zisterzienser hatten damit das Problem gelöst, aus dem Dilemma der Höhensteigerung herauszukommen, was schon in der Kirche Ste-Madeleine in Vézelay versucht worden war. Diese blieb jedoch ohne Nachfolge. Die zisterziensische Lösung dagegen verbreitete sich schnell in ganz

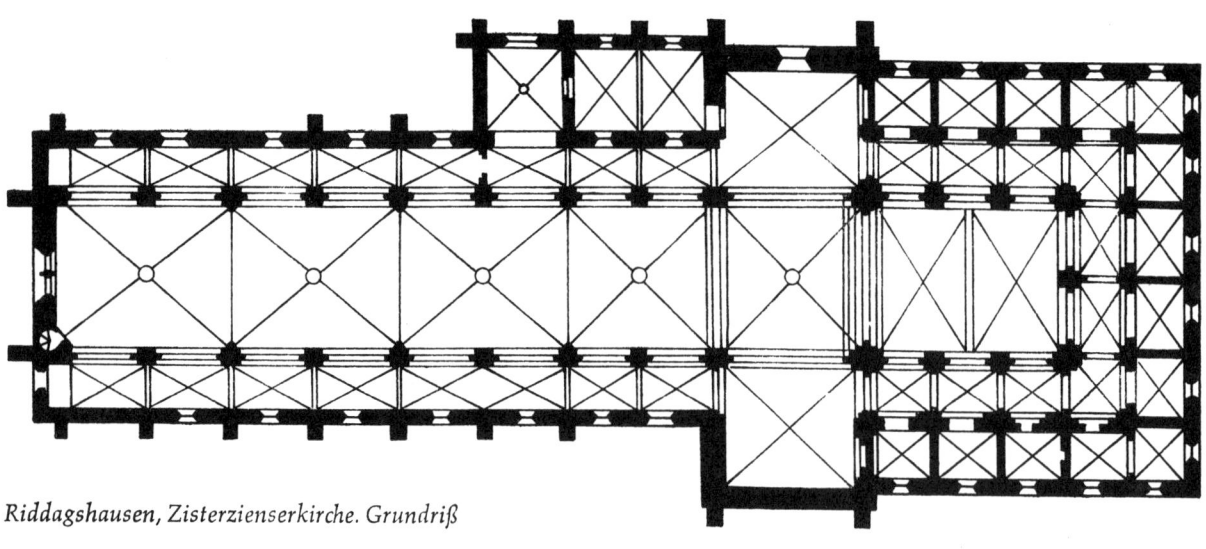

Riddagshausen, Zisterzienserkirche. Grundriß

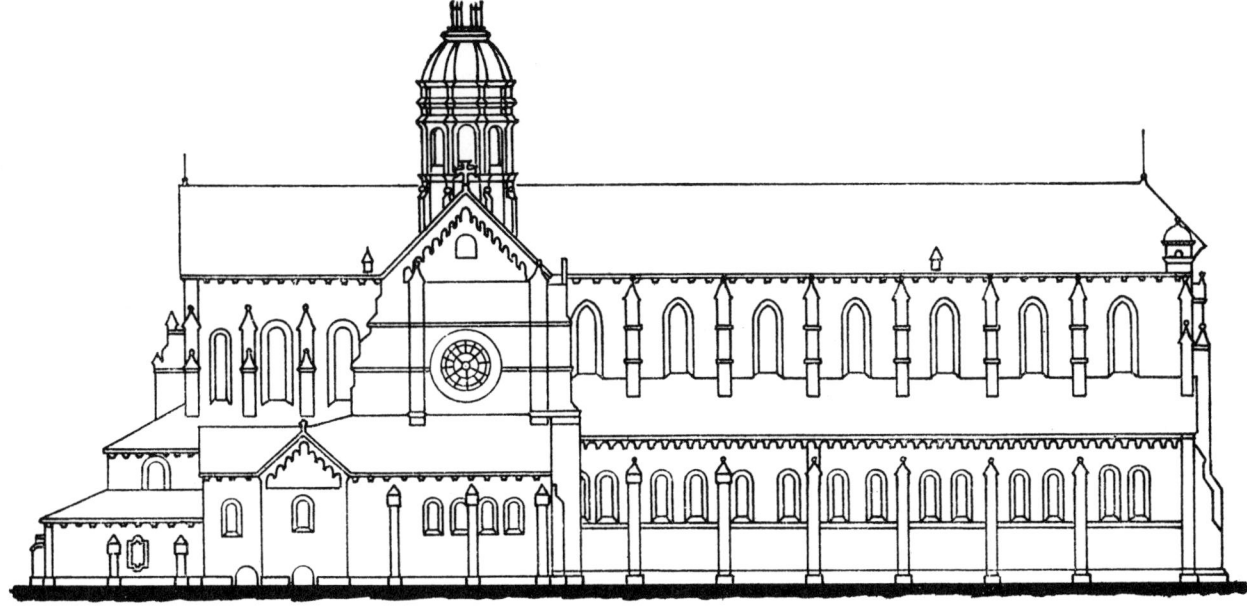

Ebrach, Zisterzienserkirche. Ansicht von Norden

Europa, auch außerhalb des Ordens, während die Kathedralgotik Nordfrankreichs erst relativ spät und zögernd in anderen Ländern aufgenommen wurde.

Doch scheint die Eleganz der Kathedrale einen modischen Zwang ausgeübt zu haben, dem sich selbst die Zisterzienser am Ende nicht verschließen konnten und wollten. Bernhard von Clairvaux gewinnt als schöpferische, formwollende und disziplinwahrende Persönlichkeit noch einmal faszinierende Realität, wenn wir erfahren, daß die Kirche seines Klosters unmittelbar nach seinem Tode (1153) einen radialen Umgangschor mit einem Kapellenkranz erhielt. Offenbar hatte nur die Kraft seiner Autorität erfolgreich Widerstand gegen eine auch im Orden als modern empfundene Bauform leisten können. Gegen Ende des 12. Jahrhunderts und im 13. Jahrhundert folgten weitere Klöster diesem Beispiel. Nach 1185 baute man den Rechteckchor von Pontigny in eben diesem Sinne um. Aber gerade an Pontigny können wir sehen, was unter der Hand zisterziensischer Baumeister aus der Kathedralgotik

wurde. Trotz schlanker Säulen, steiler Spitzbögen, schmaler Wandfelder und enggestellter Gewölbekappen des Polygons bleibt der Aufriß zweigeschossig, die Wandzone zwischen Arkaden und Lichtgaden geschlossen und werden die Dienste auf die zum Aufnehmen der Rippen notwendige Zahl beschränkt. In ähnlicher Gestaltungsweise bietet sich der Außenbau dar: Nicht aufgerissene, sondern geschlossene, wenig gegliederte Wände schaffen einen Baukubus von plastischer Kraft und körperhafter Schwere. Das Strebewerk für das Hochschiff besteht aus schmucklosen, fast horizontalen Bogenkonstruktionen. Alle Vertikaltendenzen gotischer Architekturgliederung sind unterdrückt. Trotz der Anleihen bei der zeitgenössischen Moderne blieben die Zisterzienser also ihrem Prinzip der Reduktion treu.

Die Strahlkraft kathedraler Bauunternehmungen hat in der Folgezeit vielfach Um- und Neubauten von Zisterzienserkirchen beeinflußt, aber immer ist der gleiche Reduktionswille lebendig. Der 1255 begonnene Zweitbau der Klosterkirche von Altenberg

71, 72

119

113, 115

bei Köln folgt angeblich französischen Zisterzienserkirchen, die die Kathedrale von Soissons zum Vorbild hatten (Royaumont), besitzt aber mit dem Kölner Dom in unmittelbarer Nähe ein Bauwerk, wenige Jahre früher begonnen, das viel eher den Anstoß zur Gestalt- und Stilwahl gegeben haben könnte. Der Vergleich beider Bauten zeigt wiederum: kubische Klarheit am Außenbau trotz der Verwendung des polygonalen Kapellenkranzes und Unterdrückung der Vertikalmotive besonders im Bereich des reduzierten Strebewerks, innen Beschränkung auf wenige horizontal und vertikal geführte Gliederungselemente, durch die die gewohnte Übersichtlichkeit zisterziensischer Räume gewahrt wird. Die nach 1294 begonnene Klosterkirche von Doberan nimmt das Kathedralschema der Lübecker Marienkirche auf, erweitert dieses allerdings um das Querschiff, das die bürgerliche Stadtkirche vermied. Hier ist es nun interessant zu sehen, wie die ohnehin schon gegenüber dem französischen Kathedral

112, 114

103– 106

system reduzierte Form der hanseatischen Kirche in Doberan abermals reduziert wurde. So fehlen außen die Strebebögen gänzlich, innen bleibt die Zone des Triforiums eine ungegliederte, allerdings bemalte Wandfläche. Schließlich sei noch ein augenfälliges Beispiel des Einbruchs modischen Bauens in ein zisterziensisches Unternehmen genannt. Es gibt Anzeichen dafür, daß in Schulpforta ein älterer Chor, der die in Deutschland häufige Frühform mit apsidialen Endungen an Presbyterium und parallelen Kapellen gehabt haben mag, zu einem rechteckigen Umgangschor mit Kapellenreihen umgebaut werden und dabei die ganze Kirche in zisterziensisch-frühgotischer Weise eingewölbt werden sollte. Am Querhaus waren die Arbeiten bereits im Gange, als im benachbarten Naumburg der Westchor des Domes emporwuchs, ein moderner Bau, dessen künstlerische Überzeugungskraft alsbald den antiquierten Plan der Zisterzienser in Schulpforta zu Fall brachte. 1251–1268 baute man den einschiffigen, polygonal

87

88

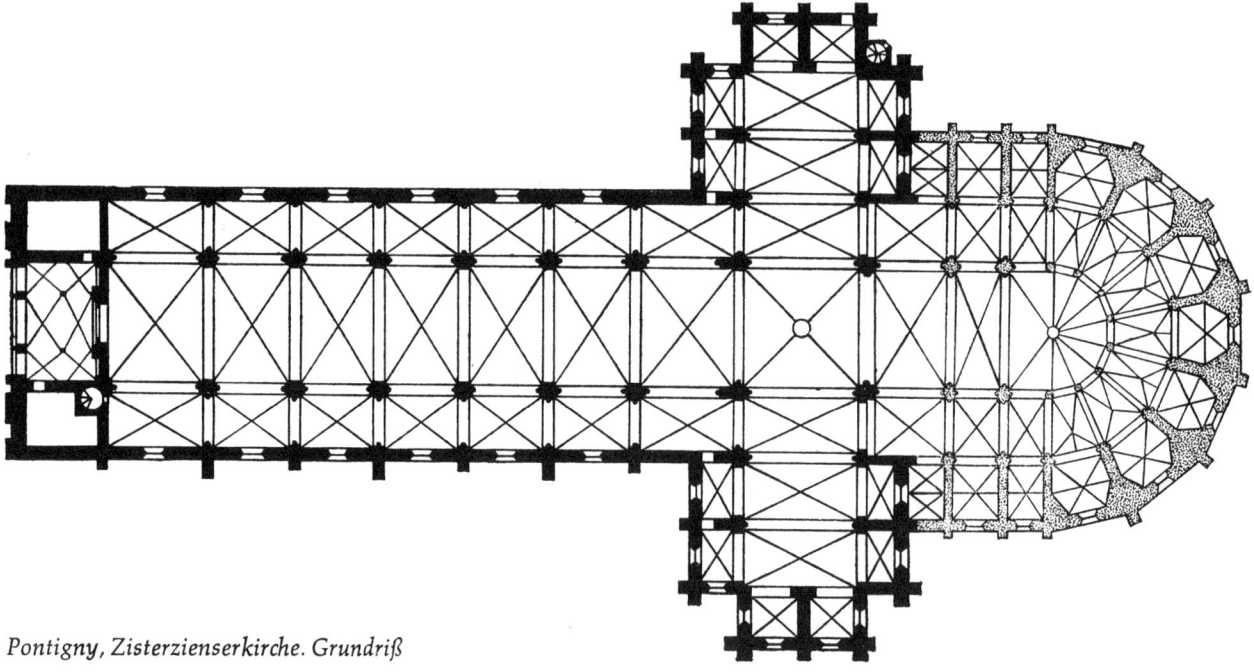

Pontigny, Zisterzienserkirche. Grundriß

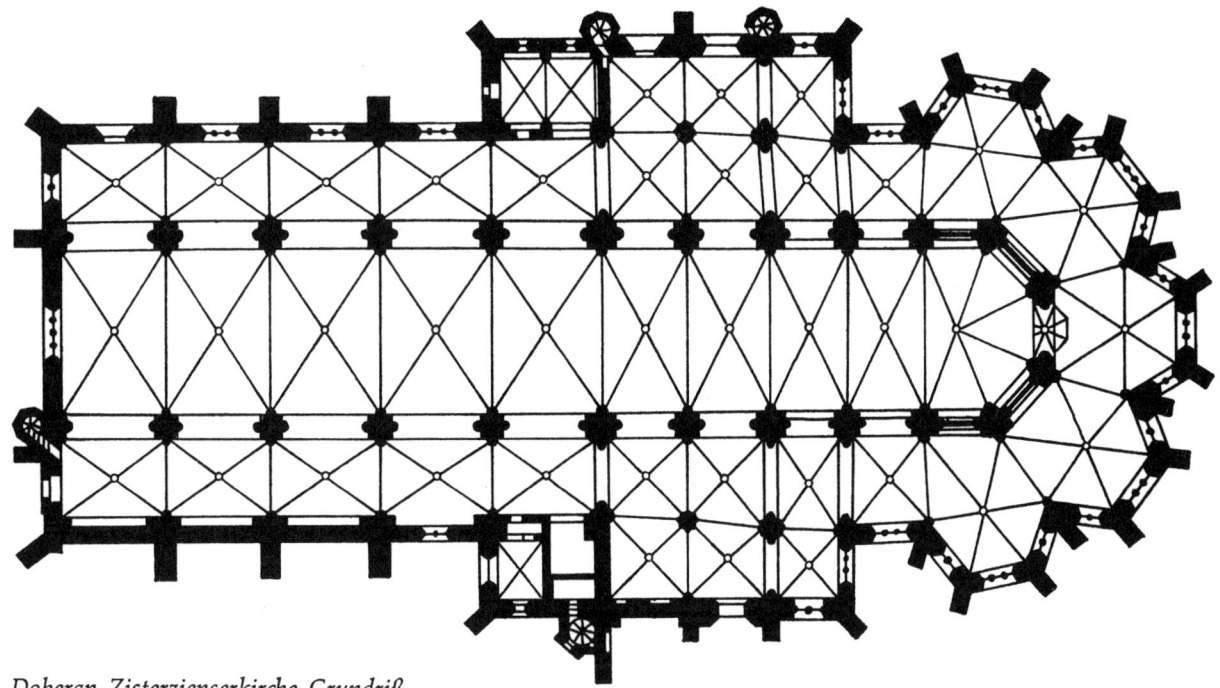

Doberan, Zisterzienserkirche. Grundriß

geschlossenen Chor nach dem Naumburger Vorbild, dieses schließlich in der Modernität überholend, denn man verfügte über die intensiveren Beziehungen ins Ursprungsland der Gotik. Man schreibt dem Neubau in Schulpforta einen «nachhaltigen Eindruck auf die zisterziensischen Hütten und Bauvorhaben Nordostdeutschlands», vor allem auf Chorin zu (SCHMOLL genannt EISENWERTH), doch ging gerade die Klosterbaukunst der Mark Brandenburg eigene Wege, unter starker gestalterischer Einwirkung des Landesherrn, was zwar zu singulären, aber nicht zu ordenstypischen Leistungen führte: Das wie ein rheinischer Dom gewölbte Langhaus von Lehnin (1262 geweiht) und die ein Westwerk «abbildende» Fassade der Klosterkirche in Chorin sind dafür die Beispiele.

93 –95

97 –100

Das 13. und 14. Jahrhundert sind in der Zisterzienserbaukunst also dadurch gekennzeichnet, daß immer stärker Übernahmen aus dem nichtordensgebundenen Bauen erfolgten. Trotzdem bewahrten die Zisterzienser die ihnen eigene Art der Gestaltung, sie waren darin durchaus traditionsbewußt. Die allgemeine Architekturform des Ordens, durch den Bauwillen der Frühzeit geprägt, behielt autoritären Charakter. So waren die Zisterzienser mit ihrer Kirchenbaukunst fremd in einer Zeit, in der Autorität und Traditionen erneut in Frage gestellt wurden, jetzt nicht durch eine kleine Gruppe religiöser Schwärmer, sondern durch das wirtschaftlich erstarkende und nach politischer Macht greifende Bürgertum der Städte.

DIE BETTELORDEN

Die mittelalterliche Stadt

Seit dem Ende des 11. Jahrhunderts trat im sozialen
Gefüge des Mittelalters eine neue gesellschaftliche
Kraft auf, die trotz anfänglicher Anpassung und Einfügung die Existenz des Feudalsystems stark verun-
sicherte: Die Bevölkerung der städtischen Kommu-
nen hatte sich als Bürgertum zu einer geschichtlich
relevanten, progressiven Schicht konsolidiert. Nicht-
dörfliche Siedlungen von Handwerkern und Kauf-
leuten sind schon im 9. und 10. Jahrhundert vorauszusetzen. Sie entstanden vielfach in Anlehnung an die
während der Völkerwanderungszeit bedeutungslos
gewordenen ehemaligen Römerstädte, in der Regel
aber bei den befestigten Sitzen feudaler Territorialherren, bei den Burgen der Grafen und der Bischöfe,
auch bei Klöstern. Die Burgherren waren auch die
Herren über die neue Siedlung, deren Bewohner eine
andere rechtliche Stellung besaßen als die Bewohner
der Dörfer. Das frühe Recht der «Bürger», das Burg-
recht, wurde später zum Stadtrecht. Verliehen wurde
es vom feudalen Territorialherrn, der sich die Oberhoheit auch über die Städte vorbehielt. Das Stadtrecht aber verschaffte den Stadtbewohnern Freihei-
ten, die es ihnen, gestützt auf die wachsende wirtschaftliche Stärke, ermöglichte, die Botmäßigkeit des
Stadtherrn einzuschränken. Die Lösung des Hand-
werks von der Landwirtschaft, die Produktion über
den eigenen Bedarf hinaus und die damit verbundene Intensivierung und Ausweitung des Handels
machte die Städte reich und mächtig. Sie erlangten
die Selbständigkeit ihrer Verwaltung, eigene Recht-
sprechung und Wehrhoheit. Vom 11. bis zum
13. Jahrhundert vollzog sich dieser Konsolidie-
rungsprozeß, der die Städte in die Lage versetzte,
in revolutionären Erhebungen sich des Stadtherrn zu
entledigen oder wenigstens dessen Oberhoheit auf
ein Mindestmaß zurückzudrängen. So wurden die
hochmittelalterlichen Städte außer zu wirtschaftlichen auch zu politischen Machtfaktoren, die ihrerseits wieder von den rivalisierenden Feudalmächten
umworben oder gegeneinander ausgespielt wurden.
Schließlich bedienten sich kleine und große Territorialherren des Mittels der planmäßigen Städtegrün-
dung zum Ausbau ihrer Landesherrschaft, die nicht
mehr allein auf der Basis der Naturalwirtschaft ökonomisch existieren konnte. Voraussetzung für das
Wachstum der Städte war die Steigerung der landwirtschaftlichen Produktion durch ausgedehnte Ro-
dungstätigkeit, durch die Dreifelderwirtschaft anstelle der Zweifelderwirtschaft und durch technische
Neuerungen. So konnte nicht nur für den Eigenbe-
darf und den des Grundherrn, sondern auch für
die ständig wachsende städtische Bevölkerung pro-
duziert werden. In den Städten entwickelte sich dagegen das Handwerk und der Handel auf der Grundlage der Ware-Geld-Beziehung.

Kernstück der städtischen Siedlung war der
Markt, Mittelpunkt der Stadtanlage und Zentrum
für die ökonomischen und politischen Funktionen.
Hier hatten die Kaufmannsgilden ihre Waren- und
Gesellschaftshäuser, hier hatte die Verwaltung ihren
Sitz. Kaufhalle und Rathaus, dazu in unmittelbarer
Nähe die Hauptpfarrkirche, bildeten die Dominan-
ten des hochmittelalterlichen Stadtbildes. Den Markt
umgaben die repräsentativen Wohnhäuser der reichen Kaufleute, die als Patrizier in der Stadt auch
die Macht hatten. Die Sozialstruktur der Stadt war

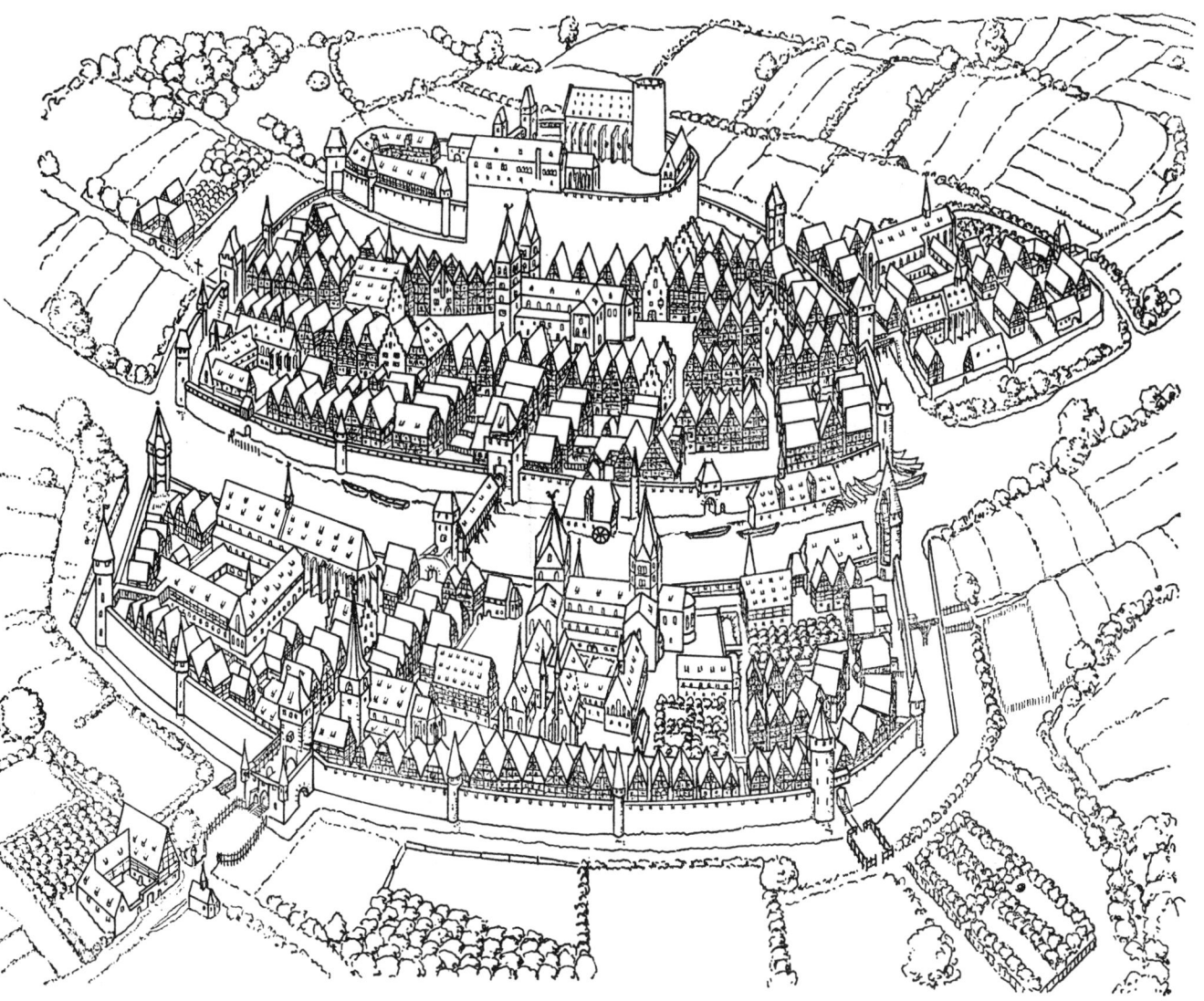

Idealbild einer Stadt im 14. Jahrhundert

von Anfang an differenziert. Die wirtschaftlich Stärksten, die Fernhandelskaufleute, drängten schon früh an die Spitze der städtischen Gesellschaft. Es kam bald zu Spannungen mit den Handwerkern, die von der Selbstverwaltung ausgeschlossen blieben. Aber auch miteinander waren die Gewerbe im gesellschaftlichen Rang unterschieden. Um sich ihre Positionen zu sichern, mußten sie sich in Interessenverbänden, in Zünften organisieren. Die Handwerkerzünfte wurden nun wie die Kaufmannsgilden zu sozialen Machtgruppierungen in der Stadt, die sich ihr Mitspracherecht zu verschaffen wußten. Die einzelnen Gewerbezweige siedelten häufig geschlossen in einem Viertel oder in einer Straße, bisweilen verfügten sie auch über einen eigenen Markt. Und so spiegelte sich in der Stadtanlage die soziale Differenzierung des bürgerlichen Gemeinwesens; noch heute machen das die erhaltenen historischen Stadtkerne deutlich. Es gab wohlhabende Viertel, meist in der Nähe der Märkte und der Hauptstraßen, und es gab ärmere Viertel in unwohnlichen Gegenden, am Stadtwasser oder Stadtrand, an den Mauern und davor. Hier wohnte eine zahlenmäßig gewiß nicht geringe, aber wirtschaftlich und politisch äußerst schwache Bevölkerungsschicht. Wohl rekrutierte sie sich zu großen Teilen aus den Landflüchtigen, die in der Stadt ihre Freiheit suchten und auch fanden. Und vermutlich waren unter ihnen manche, die eine Verbesserung der sozialen Lage erstrebten. Gesellschaftsverändernde Opposition konnte sich nur gegen die Institution der Kirche und ihre Lehre richten. Entsprechende Kritik aus den Reihen der häretischen Prediger, von seiten der Pauperes Christi, fiel deshalb bei den Armen der Städte auf fruchtbaren Boden.

Ketzer in der Stadt

Schon im 12. Jahrhundert traten Ketzer in den aufblühenden Städten Oberitaliens, Südfrankreichs, Flanderns und des Rheinlandes auf. Ihre Resonanz muß nachhaltig gewesen sein, nicht nur, weil sie infolge der Bevölkerungsdichte weit mehr Anhänger fanden als auf dem Lande, sondern auch, weil die Gegenwehr benediktinischer Prägung auf die neue soziale Situation noch nicht eingestellt war. Wie den Wanderpredigern und Eremiten, denen gegenüber die Zisterzienser das mönchische Armuts- und Nachfolgeprivileg verteidigten, ging es auch den Häretikern in der Stadt um die apostolische Nachfolge und die freiwillige Armut. Das Schwergewicht ihrer Tätigkeit aber lag auf dem Gebiete der Predigt, der Auslegung des Evangeliums in der Öffentlichkeit. Dabei stand die Argumentation gegen den unchristlichen Lebenswandel der Herrschenden, vor allem des Klerus, im Mittelpunkt und wurde zum Anfang einer mehr oder weniger radikalen Gesellschaftskritik. Das Mönchtum, auch gerade das Reformmönchtum der Zisterzienser, hatte diesen sozial-religiösen Bewegungen in den Städten nichts entgegenzusetzen. Zwar gelang es Bernhard von Clairvaux, einige namhafte und führende Ketzerpersönlichkeiten aus Frankreich zu vertreiben — Heinrich von Lausanne und Arnold von Brescia gehörten dazu —, im ganzen aber blieb sein Orden, von aristokratisch elitärer Gesinnung erfüllt, mit der bewußt gewählten Entlegenheit seiner Klöster diesen neuen gesellschaftlichen Kräften in den Städten gegenüber wirkungslos.

Bernhard selbst war es, der deshalb die Gründung eines Ordens betrieb, der nicht Mönche, sondern Kleriker erfaßte. So schuf Norbert von Xanten den Orden von Prémontré. Mit ihrer Kirchenbaukunst standen die Prämonstratenser zwischen der hirsauischen und der zisterziensischen Reform. Wesentliche eigene Charakteristika bildeten sie nicht aus. Von Bedeutung aber war, im Gegensatz zu den Zisterziensern, die Schaffung eines Kirchenraumes, in dem die Laien Aufnahme fanden. In diesem Sinne konnten die Prämonstratenser sich auch eines Bauteiles bedienen, der aus den Kirchen des Reformmönchtums seit Cluny verschwunden war: der Krypta. In der Einteilung des Kirchenraumes verband die Prämonstratenser aus gutem Grund vieles mit der Kathedral- und Pfarrarchitektur, hinsichtlich des baukünstlerischen Aufwandes aber hielten sie sich wie die Hirsauer und Zisterzienser zurück, denn auch sie mußten den Vorwurf vermeiden, mit architektonischem Reichtum vom evangelischen Armutsgebot abzuweichen, sollten sie doch mit der häretischen Auffassung konfrontiert werden, daß Kirchenbauten gänzlich unnötig seien; der wahre Christ könne sein Gebet verrichten an welchem Ort auch immer.

Als erster Predigerorden in der Geschichte des mittelalterlichen Mönchtums gründeten die Prämonstratenser nicht nur auf dem Lande, sondern auch in der Nähe von Städten ihre Niederlassungen, vor allem im Westen Europas. Die Stoßrichtung des Ordens gegen die städtischen, kirchlich unkontrollierbaren religiösen Bewegungen ist unverkennbar. Der Ordensgründer hat selbst in Antwerpen gegen einen führenden und offenbar auch gefährlichen Häretiker gekämpft, gegen den gebildeten Laien Tanchelm. Als man Norbert 1124 zu Hilfe rief, war der Urheber der Irrlehre schon fast zehn Jahre tot, seine Anhänger aber leisteten immer noch Widerstand gegen die Sakramente. Norbert und zwölf seiner Ordensbrüder erhielten die Kirche St. Michael zur Gründung eines Konventes. Mit bischöflicher Erlaubnis predigten sie in der Stadt und bekehrten die Abtrünnigen zum wahren Glauben. So wenigstens berichten es die Quellen. Die Norbertiner hatten die «Imitatio Christi et apostolorum», die für den Bestand der kirchlichen Ordnung so gefährlich geworden war, auch wenn sie nicht von ausgesprochen antikirchlichen Kreisen vertreten wurde, wieder in der klerikalen Praxis verankert. Außerhalb kirchlicher Institutionen durfte jetzt niemand mehr das Armutsprivileg für sich in Anspruch nehmen und auch nicht als Laie zur Nachfolge Christi aufrufen, es sei denn, er hätte den lebensgefährlichen Verdacht der Häresie auf sich nehmen wollen.

Gerade das aber geschah in den Städten; erst vereinzelt, dann im Laufe des 12. Jahrhunderts mit großer Breitenwirkung zu einer Massenbewegung anschwellend. Da war zunächst der Bußprediger Heinrich von Lausanne, ein ehemaliger Mönch, der 1116 in Le Mans die Bevölkerung der Vorstädte gegen den sündhaft reichen Klerus aufbrachte. Er verlangte den Armen im Priesteramt. Er achtete die

kirchenväterliche Lehre nicht, sondern hielt nur das Evangelium zur Erlangung des Heils für notwendig. Er bestritt die Löse- und Bindegewalt des Priesters und wies die Sakramente zurück. Wie es scheint, lehnte er auch das Bittgebet an die Heiligen ab. Dieses Programm kehrt bei allen späteren Ketzerbewegungen, mehr oder weniger stark ausgeprägt, wieder. Heinrich fand in Bernhard von Clairvaux seinen Gegner, der ihn 1145 aus Toulouse vertrieb. Von Bernhard erfahren wir, wer Heinrich zuhörte und ihm folgte: das einfältige Volk und die Frauen. Das waren in Toulouse die besitzlosen Handwerker, vor allem Weber, und die Prostituierten. Einzelne Häretiker mit ähnlichen Lehren und mit entsprechender Wirkung auf die gleichen sozialen Gruppen traten in Lüttich (1135) und in Köln (1143) auf.

Noch vor der Mitte des 12. Jahrhunderts aber erschien in Südfrankreich eine organisierte Ketzersekte, die Katharer. Sie hatten Anregungen von den balkanischen Bogumilen aufgenommen — ein Ausdruck der durch die Kreuzzüge und den sich erweiternden Handelsverkehr geförderten Internationalität —, vertraten aber im wesentlichen die abendländischen Ideale der Armut, des apostolischen Lebens und der Predigt. Da sie die irdische Welt als Schöpfung des Satans betrachteten und Genüsse des Leibes verachteten, konkurrierten sie im Hinblick auf radikale Askese mit dem Mönchtum. Die Katharer waren auf dem besten Wege, sich wie dieses zu institutionalisieren. 1167 gab es bei Toulouse ein Konzil katharischer Bischöfe, aber auch den Beginn von Lehrstreitigkeiten. Darüber kam es notwendigerweise zur Abkehr vom evangelischen Ideal, und wenig später trat — eine interessante Parallele zur Geschichte der Reformen des Mönchtums — in Südfrankreich eine neue Armutsbewegung auf den Plan, die Armen von Lyon, die sich nach ihrem Begründer, dem Kaufmann Waldes, Waldenser nannten.

Waldes fußte mit seiner Lehre allein auf dem

Evangelium. Dualistische Spekulationen, wie sie die Katharer unter bogumilischem Einfluß pflegten, waren ihm fremd und wurden von seinen Anhängern scharf bekämpft. Sein Ziel war ein Leben in apostolischer Armut. Als seine Aufgabe betrachtete er die Predigt in der Sprache des Volkes, er wollte sie auch in der offiziellen Kirche verwirklichen. Die Arbeit für den Lebensunterhalt lehnte er ab, dieser sollte aus Almosen bestritten werden. Seine Anhänger schlossen sich zu einer Bruderschaft zusammen, deren Mitglieder das dreifache Gelübde der Armut, der Keuschheit und des Gehorsams ablegten. Sie verfügten über Predigerherbergen, wo sie Versammlungen abhielten und Novizen ausbildeten. Frauen hatten von Anfang an Zugang.

Was uns hier entgegentritt, ist praktisch die neue Form eines monastischen Ordens. Ihm fehlte nur die Anerkennung seitens der Kirche. Waldes und seine Anhänger wurden 1184 von Papst Lucius III. exkommuniziert. Das bedeutete nicht den Untergang der Bruderschaft. Im Gegenteil; sie verbreitete sich schnell über West- und Mitteleuropa, jetzt in der Illegalität nicht mehr bemüht, der rechtmäßigen Lehre zu genügen, sondern der ketzerischen Ablehnung der Marien- und Heiligenverehrung, der Ablässe, des Glaubens an das Fegefeuer nachgebend. Damit standen die Waldenser außerhalb der kirchlichen wie auch der weltlichen Ordnung. Sie waren für den Bestand der Gesellschaft eine Gefahr. In den unteren sozialen Schichten der Städte traten zu der waldensischen Lehre bald gesellschaftskritische Nuancen hinzu. Nicht nur die Hierarchie wurde der Unchristlichkeit geziehen, auch die weltlichen Ämter

wurden verworfen. Insofern blieben die Ketzerbewegungen keineswegs rein religiöse Erscheinungen, «sie hatten vielmehr zugleich eine zutiefst soziale Bedeutung und wurzelten in den sich verschärfenden Klassengegensätzen der hochfeudalen Gesellschaft» (H. Köller / B. Töpfer).

Franziskus und Dominikus

Die kirchliche Gegenwehr konnte, sollte sie wirkungsvoll sein, nicht mit den traditionellen Mitteln der Ketzerbekämpfung auskommen. Das benediktinische Reformmönchtum war nur soweit in der Lage, antihierarchische Bewegungen aufzufangen, soweit diese das offene Land nicht verließen. Auch die Prämonstratenser hatten eine zu aristokratische Grundhaltung, als daß sie Zugang zu den gärenden Schichten der Städte hätten finden können, zumal für sie die Realisierung des Armutsideals von vornherein illusorisch war. Die Chorherrenstifte wurden bald zu wohlhabenden Einrichtungen, und Ordensmitglieder besetzten hohe kirchliche Ämter, zwar ganz im Sinne der Reform des Pfarrklerus, aber keineswegs als Vorbild für die Pauperes. Um die sozialreligiösen Bewegungen in den Städten unter Kontrolle zu bringen, bedurfte es kirchlicherseits eines Enthusiasmus, der dem der Häretiker gleichkam, dazu aber über die jahrhundertealte Erfahrung der Herrschenden verfügte. Der Kirche erwuchs dieser Enthusiasmus im 13. Jahrhundert in den Bettelmönchen. Schon ihre Benennung, die besagt, daß sie sich zum Lebensunterhalt Almosen erbettelten, stellte sie als Verfechter der reinen, der «totalen» Armut

[VII] ERFURT, *Barfüßerkirche, Glasmalerei aus einem Chorfenster (um 1230/35) mit Darstellung der Himmelfahrt Christi* · Die Szene gehört zu einem nicht mehr vollständig erhaltenen Passionszyklus, der für die erste Franziskanerkirche in Erfurt geschaffen worden ist. Von den gleichen Meistern, deren Tätigkeit auch in Assisi nachweisbar ist, rühren in Erfurt die Glasbilder eines Zyklus her, der — vielleicht zum erstenmal in der bildenden Kunst überhaupt — die Legende des heiligen Franz von Assisi darstellt.

neben die häretischen Jünger der Paupertas. Mönche waren sie auch nur im Sinne des gemeinsamen Lebens nach einer Regel. Ihre Gelübde waren die gleichen wie die der waldensischen Bruderschaft, und die stabilitas loci, das benediktinische Gebot zu lebenslangem Verbleib in einem Kloster, war dem missionierenden Wandern auf den großen Handelswegen Europas gewichen: Als Prediger zogen sie von Stadt zu Stadt und von Land zu Land.

Woher kamen die Bettelmönche? Wer hatte ihnen ihre Aufgabe gestellt, wer sie zu ihrem Tun veranlaßt, um nicht zu sagen: begeistert? Aus den Reihen der institutionellen Kirche konnte eine solche Bewegung nicht hervorgehen. Sie hat ihren Ausgang dort genommen, woher auch die Häretiker kamen, aus dem frühstädtischen Bürgertum.

Im Jahre 1206 verzichtete der auf den Namen Giovanni getaufte, aber Francesco gerufene Sohn des Kaufmanns Pietro Bernadone in einer Art Gerichtsverhandlung auf sein väterliches Erbe und sagte sich vom Elternhaus los. Dieser unerhörte Vorgang, der sich in der Vorhalle des bischöflichen Palastes von Assisi abgespielt haben soll, fand die Billigung der kirchlichen Behörde. Sie deckte den Nackten, der nach der Legende auch seine Kleider dem Vater vor die Füße geworfen hatte, buchstäblich mit dem Mantel der Barmherzigkeit. Nach seinem Tode wurde aus Franz von Assisi (1182 bis 1226) einer der volkstümlichsten Heiligen. Seine Armut wurde als die wahrhaft apostolische gepriesen, seine Nachfolge Christi gipfelte in der Stigmatisation, in der Kennzeichnung mit den fünf Wundmalen des Gekreuzigten.

Die legendäre Biographie des heiligen Franz ist voller Hinweise auf ein Leben nach dem Vorbild der Apostel. Durch Krieg aus dem unbeschwerten Leben goldener Jugend gerissen und durch Krankheit zu Boden geworfen, erhob er sich wie Paulus als ein Bekehrter, unmittelbar getroffen von der Botschaft Christi, die auch Waldes vernommen hatte: Willst Du vollkommen sein, so gehe hin, verkaufe, was Du hast, und gib es den Armen, so wirst Du einen Schatz im Himmel haben, und komm und folge mir nach (Matthäus 19, Vers 21).

Die Flucht aus der Welt ließ ihn zunächst ein Einsiedlerleben führen, währenddessen er, so die Viten, mit seiner Hände Arbeit zerfallende Kapellen reparierte, von denen die Portiuncula vor den Mauern Assisis, Santa Maria degli Angeli, die berühmteste geworden ist. Schon früher hatte ihn eine Stimme aufgefordert: «Gehe hin und baue mein Haus auf, das am Einstürzen ist.» Franz nahm es wörtlich und verkaufte väterlichen Besitz, um die finanziellen Mittel für die Wiederherstellungen zu bekommen. Das beschwor die familiäre Katastrophe herauf. In der Portiuncula dann wurde ihm die wahre Bedeutung der Worte offenbart. Das Gebot Christi an die Apostel «Gehet hin und verkündet» sowie die Aufforderung, auf ihre Reise nichts mitzunehmen, keine doppelten Kleidungsstücke, keine festen Schuhe, keinen Stab und vor allem kein Geld im Beutel am Gürtel, wies ihm den Weg, den er fortan gehen sollte, barfüßig, in einer strickgegürteten Kutte, die Lehre des Evangeliums predigend zur Erneuerung der Ekklesia, der Gemeinde der Heiligen.

Bald war Franziskus nicht mehr allein. Es ent-

[VIII] ERFURT, *Predigerkirche, Tafelbild am Lettner mit der Darstellung des Kalvarienberges (um 1350/60)*
Die knienden und betenden Figuren eines Mannes und zweier Frauen in der unteren Bildhälfte machen deutlich, daß es sich bei diesem für die thüringische Malerei der Mitte des 14. Jahrhunderts bemerkenswerten Gemälde — es ist italienischer Einfluß spürbar — um die Stiftung einer Erfurter Patrizierfamilie handelt, die ihr Andenken im Schmuck der Mönchskirche bewahrt wissen wollte.

stand eine Gemeinschaft, deren Mitglieder sich mindere Brüder, Minoriten, nannten und die der päpstlichen Erlaubnis für ihr Wirken bedurften, wollten sie nicht in den Verdacht der Häresie geraten. Innocenz III. gewährte ihnen, was dem Waldes und seinen Anhängern verwehrt wurde, allerdings erst, nachdem ihm geträumt hatte, daß der ärmliche Mensch, der ihm am Vortage mit absurden Wünschen zur Last gefallen war, die Kirche San Giovanni in Laterano vor dem drohenden Einsturz bewahrte. Hier ist das Motiv des Wiederherstellens der verfallenden Kirche verknüpft mit der Gründung eines neuen Ordens, denn es muß sich 1209 bei dem Rombesuch Franz von Assisis um die Bestätigung einer ersten, nicht überlieferten Regel gehandelt haben. Was die Bildersprache der Legende farbig malt, entspricht ganz der historischen Rolle des Franziskanerordens: nicht nur eine neue Basis für das Mönchtum gewonnen, sondern eine Reformatio der gesamten Kirche erstrebt zu haben, eine Reformatio, die das urchristliche Armuts- und Askeseideal nicht elitär, sondern gesamtgesellschaftlich verstand. Sie blieb utopisch, die Idee aber wirkte bis zum Ausgang des Mittelalters als revolutionäre Triebfeder unter den besitz- und rechtlosen Schichten der Gesellschaft.

Trotz päpstlicher Approbation blieb das Mißtrauen der Oberen gegen diesen völlig neuen Typus des Mönches. Erst 1223 kam es unter Papst Honorius III. zur Ausformung der endgültigen Regel, die das Gebot zum unbedingten Gehorsam gegenüber dem Stuhl Petri besonders hervorhebt, wohl, um die Brisanz der franziskanischen Ideologie unter institutioneller Kontrolle zu behalten. Vermutlich hat diese Kontrolle mit zur späteren Spaltung des Ordens in Spirituale und Konventuale beigetragen. Die Spiritualen beharrten auf dem Erbe des heiligen Franz und gerieten außerhalb der von diesem ja gar nicht geplanten Organisation bisweilen auf

den Scheiterhaufen; die anpassungsfähigeren Konventualen verwalteten dagegen den Orden mit jenem Sinn für Realitäten, wie ihn auch das ältere Mönchtum besessen hatte.

Weit weniger bedenklich scheint man päpstlicherseits gegenüber einer verwandten Bewegung in Spanien und Frankreich gewesen zu sein. Sie war mit dem Namen des Spaniers Dominikus verbunden, der angeblich aus der kastilischen Familie de Guzman stammte. Dominikus predigte in der Begleitung des Bischofs Diego von Osma 1207 gegen die Waldenser in der Nähe von Toulouse und hatte Erfolg mit der Rückgewinnung vieler Ketzer für die rechte Lehre. Nach dem Tode des Bischofs setzte Dominikus seine Predigttätigkeit fort, die Innocenz III. ausdrücklich billigte. Bald entstand in Toulouse eine Gemeinschaft von Predigern, die 1216 bereits als Orden bestätigt wurde und die die Augustinerregel befolgte. Es ist nicht ausgeschlossen, daß die Ordensbildung der Dominikaner die der Franziskaner erleichtert hat, insofern, als ein hierarchisch gebilligtes Modell neuen Mönchtums geschaffen war, das auch der Bruderschaft des heiligen Franz Vorbild sein konnte. Im Gegensatz zu den Franziskanern waren die Dominikaner aus kirchlichen Kreisen hervorgegangen. Ihre Ketzerbekämpfung war Programm. Die Mönche erhielten dafür eine gründliche theologische Schulung. Der Orden zeigte bald eine Neigung zur Wissenschaft, und gewiß nicht zufällig beherrschte er seit dem 13. Jahrhundert die Universitäten, die ja leicht zum Hort intellektueller Opposition wurden. Albertus Magnus und Thomas von Aquin waren die großen Lehrer an den Hochschulen in Paris und Köln, selbst als Ordensmitglieder nie ganz sicher vor dem Verdacht der Häresie.

Doktrinäre Ketzerbekämpfung, die bei den Dominikanern zur Inquisition führte, war den Franziskanern fremd. Sie versuchten die Häresie durch die Ansprache des Gefühls zu überwinden. Ein Got-

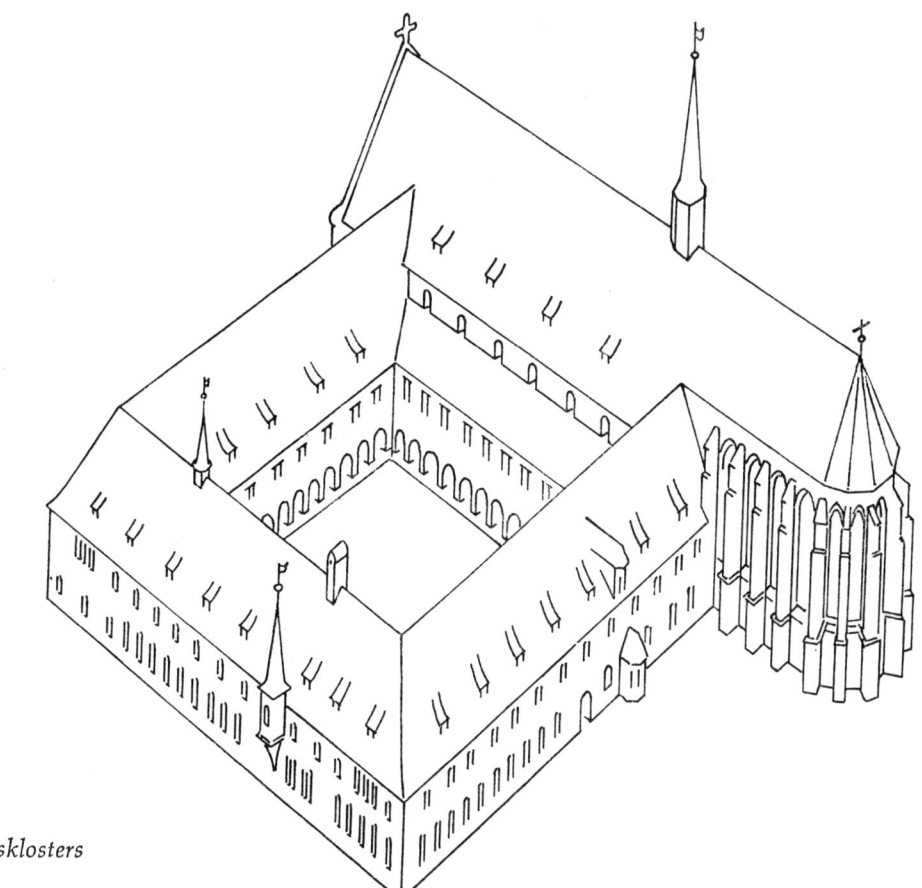

Idealbild eines Bettelordensklosters

tes- und Christusverständnis, mitleidend und mitliebend, wie es bei Bernhard von Clairvaux vorgebildet war, stand im Mittelpunkt franziskanischer Mystik. Himmel und Erde, Tiere, Pflanzen und die Elemente waren einbezogen in die allumfassende Liebe, der jeder einzeln und in kirchlicher Gemeinschaft teilhaftig werden kann. Diese Weltsicht war volkstümlich und trug der Realität irdischer Erscheinungen bereits Rechnung. Das Franziskanertum legte den Grundstein zu einer Entwicklung, die in die Renaissance und in die Reformation einmündete.

Trotz der unterschiedlichen Ausgangspunkte und ihres unterschiedlichen Charakters waren beide Orden auf Wahrung des Armutsideals bedacht. Auch die Dominikaner wurden Bettelmönche, die nicht

nur einzeln, sondern in der Gemeinschaft die Besitzlosigkeit verwirklichen wollten. Die Existenzsicherung verlangte dann aber für beide Orden die Annahme von Stiftungen zur Gründung von Niederlassungen mit festen Häusern. Erst relativ spät wurden Klöster gebaut, die an das benediktinische Vorbild anknüpften. Die Kirchen behielten aber immer etwas von dem Provisorium der ersten Anlage, etwas von einem gewöhnlichen Haus zur Versammlung der Gemeinde, die die Predigt hören sollte. Man wird nicht fehlgehen in der Annahme, daß die Unkonventionalität der Raumformen von Bettelordenskirchen mit aus der Ketzerabwehr hervorgegangen ist, denn wie man im Leben sich der Armut befleißigte, um den Häretikern das Haupt-

227

argument zu nehmen, so auch im Bauen. Wenn Katharer und Waldenser ihre Versammlungen nicht im Freien abgehalten haben, dürften sie sich in größeren Zweckbauten, Lagerhallen, Speichern oder Scheunen getroffen haben, an der Peripherie der Städte, an oder vor der Mauer, am Hafen oder in den dicht bevölkerten Armenvierteln. Ebendort ließen sich nun die Bettelorden nieder, in der Regel immer beide in einer Stadt, die dominikanischen Prediger und die mehr caritativ veranlagten franziskanischen Barfüßer, miteinander rivalisierend und einander ergänzend.

Klöster in der Stadt

Dem heiligen Franz war es ernst mit dem evangelischen Gebot «Gehet hin und verkündet». Er selbst war 1219 nach dem Orient aufgebrochen, um unter den Mohammedanern zu missionieren. Ihm war der gleiche Mißerfolg beschieden wie den im selben Jahr nach der regelmäßigen Pfingstversammlung bei der Portiuncula ausgesandten ministri — so nannte Franz die zur Predigt geeigneten Geistlichen seines Ordens — in Italien selbst, in Deutschland, Ungarn und anderswo. Von den Erlebnissen der ersten Franziskaner in Deutschland berichtet Jordan von Giano in seiner Chronik: Wegen ihrer Unkenntnis der Landessprache sei es zu Mißverständnissen gekommen, man habe sie für lombardische Ketzer gehalten und entsprechend verfolgt. Erst als auf dem Pfingstkapitel von 1221 erneut der Beschluß gefaßt wurde, nach Deutschland zu ziehen und nachdem ein Deutscher, Cäsarius von Speyer, zum Anführer und ersten «Minister» gewählt worden war, habe sie die Geistlichkeit wie auch das Volk freundlich aufgenommen.

Daß die barfuß wandernden, predigenden Mönche in erdfarbener Kutte mit einem Strick als Gürtel mißtrauisch behandelt wurden, will man gern glau-

ben. Nach dem Bericht des Jordan zu urteilen, hat man ihnen auch nicht mehr geboten, als zum Überleben notwendig war. Doch sie waren es zufrieden. Gerade darin wird schließlich ihre Überzeugungskraft gelegen haben, und nach einem Jahrzehnt finden wir die Franziskaner über ganz Europa mit festem Sitz in den größeren Städten verbreitet.

In Erfurt ließen sich die Ordensbrüder — so berichtet Jordan weiter — im Jahre 1225 in einem gerade freistehenden Hospital nieder. Nach sechs Jahren aber wurde ihnen städtischerseits der Bau eines Klosters angeboten. Jordan hatte noch nie Klöster in seinem Orden gesehen, und so gab er zur Antwort: «Ich weiß nicht, was ein Kloster ist. Baut uns nahe am Wasser ein Haus, damit wir zu ihm hinabsteigen und uns darin die Füße waschen können.» Tatsächlich bauten die Franziskaner ihr erstes Kloster an dieser Stelle, am Südufer des Arms der Gera, der die Stadt durchquert.

Am gegenüberliegenden Ufer war den Dominikanern ein Grundstück geschenkt worden, und sie fingen schon 1228/29 mit einem eigenen Kloster- und Kirchenbau an. Wieder gewinnt man den Eindruck, daß die traditionsverbundenere Entstehung des Predigerordens auch den früheren Rückgriff auf das claustrale Klosterschema nach benediktinischem Muster als Wohnung der Mönche bewirkt hat. Die Franziskaner folgten dann notgedrungen. Anfangs werden sie sowenig wie an eine monastische Organisation an ein Kloster gedacht haben. Die Gleich- 24, gültigkeit des Bruders Jordan dürfte echt sein; irgend- 25 ein Haus war ihnen als Unterkunft genug. Die fortschreitende Integration der Bettelmönche in die städtische Gesellschaft führte aber schließlich dazu, daß 128, der Repräsentationssinn der Bürger sich auch auf die 131 «Behausungen» der Orden ausdehnte. Handwerkerzünfte, Kaufmannsgilden, Ratsherren stifteten und spendeten zum Bau von Kloster und Kirche und deren Ausstattung. Ihre Wappen zieren Schlußsteine, Glasfenster, Altäre und Grabsteine. Die bescheidenen Anfänge sind vergessen, wenn man heute die weiträumigen hohen Kirchen und die reichen Kunstschätze bewundert. Doch hatte die Kunst in einer Bettelordenskirche eine ganz andere Funktion als etwa Plastik und Glasmalerei in der Kathedrale. Es waren in den Bau gestellte Einzelstücke, Individualitäten gleichsam, die ihr Eigenleben führten und nicht als Teil des Ganzen fungierten. Für sie war der Bau nur die Hülle, wie er es auch für die sich versammelnde Gemeinde war. Und so behielt der Kirchenbau der Bettelmönche diesen Charakter des bergenden Hauses, indem er trotz wachsender Dimensionen baukünstlerischen Aufwand durchaus vermied. Die Formen blieben schlicht, gliedernde Unterteilungen wurden bis auf ein Mindestmaß reduziert. Große langgestreckte Dächer, meist mit einem Dachreiter bekrönt oder von einem späteren Glockentürmchen wenig überragt — das turmlose Bauen war für die Bettelorden ebenso verbindlich wie für ältere Reformorden —, markieren die oft als gewaltige Baukörper im Stadtbild stehenden Kirchen der Dominikaner und Franziskaner, in Erfurt ebenso wie in Florenz, Krakau oder Stralsund.

Die Klöster der Bettelorden waren zu einem charakteristischen Element im spätmittelalterlichen Stadtbild geworden, allerdings in einem ganz anderen Sinne als die älteren Klöster und Stifte, die oftmals Ausgangspunkt von Siedlungsbildungen waren. Dom- und Chorherrenstifte wie auch ältere Benediktinerklöster hatten in der Regel gegenüber der Handwerker- und Kaufleutesiedlung, die unter ihrem Schutze in nächster Umgebung entstand, ähnlich wie Burgen eine exponierte Lage, auf einem Hügel, auf einer Insel im Fluß. Auf jeden Fall entwickelte sich die bürgerliche Siedlung so, daß ein Zusammenwachsen von Kloster- und Stiftsbezirk nicht erfolgte; die Stellung der feudalen Gesellschaftsschicht blieb auch im Stadtbild herausgehoben.

Als Beispiel sei auf die in dieser Hinsicht charakteristische Gestalt von Halberstadt verwiesen. Die Bischofsburg lag auf der höchsten Stelle des Ortes, mit Dom, Palast und Kurien. Um das Augustiner-Chorherrenstift Unserer Lieben Frauen erweitert, erhielt sie schon früh einen steinernen Mauerring. Eine ältere Bauernsiedlung in der Holtemme-Niederung geriet unter ihre Botmäßigkeit. Der bischöfliche Markt bildete sich an anderer Stelle, am Kreuzungspunkt von Fernwegen südöstlich des Doms. Aus ihm ging die ursprüngliche Altstadt hervor. Man erweiterte die Marktsiedlung nach Osten und umgab sie mit einer eigenen Befestigung, zunächst mit Palisadenwall und Graben, wenig später aber bereits mit einer Steinmauer. Sie erhielt auch ihre eigene Kirche St. Martini und ihre eigene Verwaltung mit dem Rathaus. Nördlich der Bischofsburg wurde aus einer Handwerkersiedlung die Neustadt mit der Pfarrkirche St. Moritz. Die Übervölkerung der Neustadt hatte zur Folge, daß sie sich um die Bischofsburg herum ausdehnte und diese zusammen mit der Altstadt förmlich einkreiste. So kam es schließlich, daß die bischöfliche Residenz mit den Türmen ihrer Kirchen sich auf dem Hügel inmitten der nun im ganzen ummauerten Stadt erhob. Dom- und Chorherrenstift waren im Stadtbild gleichsam isoliert, sie standen auch in der Sozialstruktur der Stadt außerhalb der bürgerlichen Gesellschaft. Ganz anders nun die Klöster der Bettelorden! Als die ersten Ordensmitglieder nach Halberstadt kamen, ging die Bebauung des städtischen Territoriums ihrem Abschluß entgegen. Die Dominikaner, angeblich schon 1224 in der Stadt, siedelten ganz selbstverständlich in der volkreichen Neustadt oder Unterstadt — der bis heute gebräuchliche Name dürfte auch eine soziale Rangabstufung zwischen der Markt- und der Handwerkerstadt zur Ursache haben — und bauten dort das Katharinenkloster mit seiner bescheidenen Kirche. Verhältnismäßig spät,

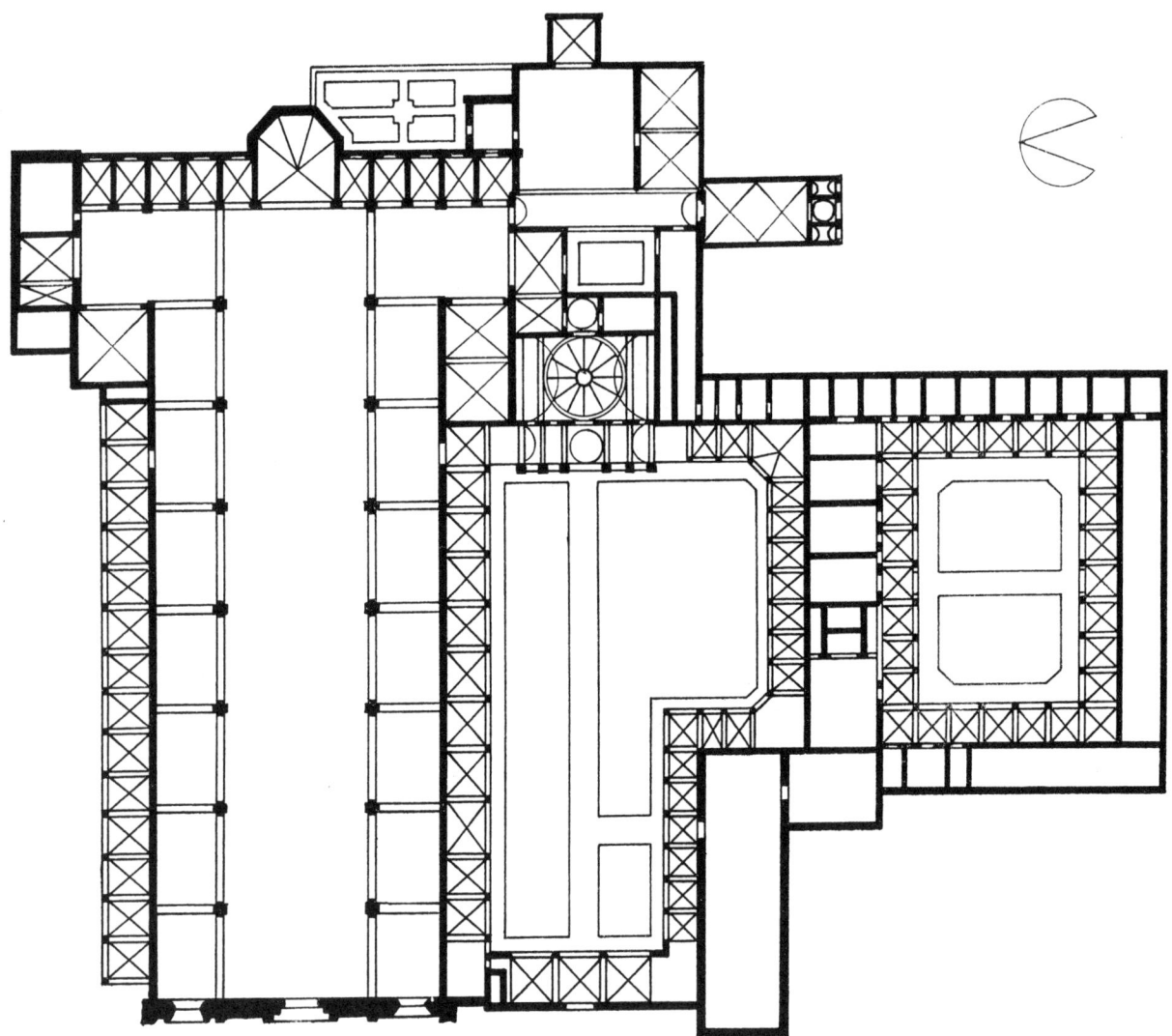

Florenz, Franziskanerkloster Santa Croce. Grundriß

gegen Ende des 13. Jahrhunderts, erschienen die Franziskaner in Halberstadt, zu einer Zeit, als sich die Neustadt bereits ringförmig um die Bischofsburg erweitert hatte, und innerhalb dieser Erweiterung fanden sie Platz für ihr Kloster.

Die Bettelorden ließen sich meist in den jüngeren Stadtteilen, auf Baulücken an den Mauern oder an einem Gewässer, oft auch in den Vorstädten nieder.

Es waren nicht immer die bevorzugten Wohngegenden, die für sie übrigblieben. Andererseits hat man in den Gründungsstädten des 13. Jahrhunderts von vornherein den Ort für die Bettelordensklöster im Grundrißschema festgelegt. Auch in diesen Fällen fiel ihnen meist ein Platz an der Peripherie zu, bisweilen mit der Funktion eines Postens in der Befestigung. Nicht selten wurden sie in ihren

Vierteln Ausgangspunkt der Bildung eines neuen Zentrums, als Gegengewicht zum älteren Stadtzentrum. Dazu trugen das Interesse der Bürgerschaft und ihrer Institutionen mit den Stiftungen für Altäre, Kapellen und Grablegen ebenso bei wie der Öffentlichkeitscharakter der Ordensbauten. Wie es heißt, standen nicht nur die Predigthallen der Kirchen, sondern auch Teile des Klosters, Kapitelsäle und Refektorien, den Bürgern zum gemeinsamen Leben mit den Mönchen offen, waren sie es doch gewesen, die den Bau überhaupt ermöglicht hatten. So ging die Integration der Bettelordensklöster in das spätmittelalterliche Stadtbild Hand in Hand mit der Integration der Bettelmönche in die städtisch-bürgerliche Gesellschaft.

Diese Integration hatte auch Folgen für die Klosterarchitektur. Zunächst konnten Bettelordenskloster auf die ausgedehnten Wirtschaftshöfe, wie sie die Benediktiner und die Zisterzienser besaßen, verzichten. Sie waren hinsichtlich der Versorgung und der Dienstleistungen Bestandteil der Städte, die für sie die ökonomische Verantwortung übernahmen. So blieben die Klostergebäude im wesentlichen auf das claustrale Geviert beschränkt. Aber auch hier mußten Reduktionen hingenommen werden, die nicht zuletzt durch den nicht mehr frei verfügbaren Baugrund bedingt waren. An die Stelle der in mehrere Baukörper gegliederten zisterziensischen Klausur trat der geschlossene Komplex eines Gebäudekarrees, dessen Flügel sich wie Wohnhäuser dem Straßenverlauf anpassen mußten. Oft waren sie in mehreren Geschossen ausgebaut, um den Raumbedarf zu decken, wobei sie bisweilen die Höhe des Kirchengebäudes erreichten. Daß die Regelmäßigkeit des quadratischen Grundrisses nicht immer gewahrt werden konnte, versteht sich von selbst. Der Raumbedarf der Bettelorden in ihren Klöstern resultierte aus ihrer caritativen und wissenschaftlichen Tätigkeit, und diese forderte später vielfach groß-

zügige Erweiterungen der anfänglich bescheidenen Anlagen, wobei wieder bürgerlicher Repräsentationssinn mit im Spiel war. Charakteristisch ist die Vielzahl der Kreuzgänge florentinischer Bettelordensklöster. Zwei Kreuzgänge besitzt, um auch ein deutsches Beispiel zu nennen, das Franziskanerkloster in Zerbst, und selbst ein beinahe ärmlich wirkendes Kloster wie das der Augustiner-Eremiten in Erfurt verfügte über mehrere Höfe, um die sich die Nutzgebäude gruppierten.

Es gehört zum Charakter der Bettelordensklöster, daß auch ihre Kirche als eines dieser Nutzgebäude in Erscheinung tritt, als das größte zwar, aber nur wenig durch die architektonische Gestaltung von den anderen unterschieden. Gerade deshalb faszinieren sie bis heute als ungewohnte, nahezu profane Formen in der kirchlichen Architektur, deren Anerkennung durch die mittelalterliche Gesellschaft einen ungeheuren Wandel im Verständnis von Tradition und Autorität voraussetzt, den gleichen Wandel, der zur Akzeptierung der Orden selbst geführt und der letztlich die Neuzeit eingeleitet hat.

Bettelordenskirchen in Italien und Deutschland

Am 4. Oktober 1226 war Franz von Assisi gestorben und am folgenden Tage auf dem Friedhof bei San Giorgio in seiner Vaterstadt beigesetzt worden. Zwei Jahre darauf schon vollzog Papst Gregor IX., der als Kardinal Ugolino dei Conti für die kuriale Unterstützung bei der Bildung des Ordens gesorgt hatte, die Kanonisation: Am Grabe wären Wunder geschehen, und das gläubige Volk verlangte nach der Heiligsprechung. Im gleichen Jahr begann man mit dem Bau der ersten Kirche, die dem heiligen Franz geweiht war. Den Grundstein legte man vor den Mauern der Stadt, im Westen, auf dem zum Fluß Jescio hin abfallenden angeblichen Richtplatz. Dies muß den Anlaß für das Detail der Franziskuslegende abgegeben haben, welches behauptet, es sei des Heiligen Wunsch gewesen, daß sein ihm nichts geltender Leib auf der Halde am Rande der Stadt verscharrt werden sollte. Es paßt jedenfalls ganz in die rigoros zu nennende Typologie der Nachfolge, wenn das physische Ende des heiligen Mönches an die Hinrichtungsstelle der Stadt gelegt wird, gleich Golgatha, der Schädelstätte in Jerusalem, wo Jesus von Nazareth das Martyrium erlitt. Und im gleichen Sinne sollte wohl auch der Bau von Kirche und Kloster an dieser Stelle verstanden werden, als Grab- und Gedenkkirche wie die Bauten an den heiligen Stätten in Jerusalem. Tatsächlich wurden die Gebeine des Heiligen 1230 in die neue Kirche übergeführt und dort beigesetzt. Der Vorgang vollzog sich im geheimen. Zumindest war die Grabstelle unbekannt, bis man 1818 nach intensivem Suchen die Reliquien im Felsen unter dem Hochaltar der Unterkirche ausfindig machte. Ein Felsengrab also wie das vermeintliche Grab Christi und wie das legendäre Grab Adams unter der Kreuzigungsstätte auf Golgatha hatte der Orden für seinen Gründer bestimmt und den Gedanken an die Auferstehung damit verknüpft (E. HERTLEIN). Über diesem Grab erbauten die Franziskaner ihre Mutterkirche, deren Gestalt voller Bezüge auf eine altchristlich-orientalische Tradition war, ein Sachverhalt, der Dantes

Verse in der Göttlichen Komödie über Franz und Assisi architekturgeschichtlich relevant werden läßt: «Wer also reden will von diesem Ort, der sag Assisi nicht, das wäre dürftig. Er sage Morgenland, will recht er reden» (Paradies 11, 52).

Die Kirche San Francesco in Assisi ist als einschiffige Doppelkirche auf kreuzförmigem Grundriß errichtet worden, ihr Untergeschoß als Gruftkirche dunkel und kryptenhaft niedrig, ihr Obergeschoß als Mönchs- und Gemeindekirche weiträumig und hell, unten im Fels die Stätte des Grabes, oben im Licht die Ekklesia, das neue Paradies und die Gemeinschaft der Heiligen. Es ist der zweigeschossige Typ spätantik-frühchristlicher Mausoleen, der auch auf dem Balkan (Grabkirche des Grigori Pakurian, des aus Georgien stammenden Klostergründers von Batschkowo in Bulgarien) und in Transkaukasien (Grabkirche des Prinzen Burtel Orbelian im Kloster Norawank in Armenien) Nachfolge gefunden hat, einschiffige oder kreuzförmige gewölbte Säle über den gleichgestalteten Grufträumen. Auch der kreuzförmige Grundriß der Kirche in Assisi scheint mit spätantik-frühchristlichen Martyrienkirchen in Zusammenhang zu stehen, wie sie im Inneren Kleinasiens häufig vorkommen, aber ebenso im Westen verbreitet waren, nicht selten in klösterlichem Bereich als Sepulkralbauten.

[121] ASSISI, *Kirche San Francesco (1228–1253), Ansicht von Osten*
Folgende Seiten:
[122–124] ASSISI, *Kloster und Kirche San Francesco (nach 1228), Gesamtanlage von Süden aus der Talebene gesehen, Fensterrose in der Ostwand, Inneres der Kirche nach Westen*
[125, 126] ASSISI, *Kirche San Francesco, Fresken von Giotto in der Oberkirche (um 1295): Franz sagt sich von seinem Vater los; Papst Innocenz III. träumt, wie Franz die Kirche San Giovanni in Laterano vor dem Einsturz bewahrt.*
Unmittelbar nach der Heiligsprechung wurde für Franz von Assisi auf dem Galgenberg am Rande seiner Vaterstadt ein monumentaler Grabbau errichtet, eine zweigeschossige Kirchenanlage und ein Kloster, das wie eine schützende Festung vor der Stadt liegt. Unter der Kirche war der Heilige in einem Felsengrab bestattet. Seine Legende malte Giotto di Bondone an die Kirchenwände.

123

[127] FLORENZ, *Dominikanerkirche Santa Maria Novella (nach 1283), Ansicht der 1470 durch Leon Battista Alberti vollendeten Fassade*

[128] SAN GIMIGNIANO, *Kreuzgang des Klosters San Agostino*

Folgende Seiten:

[129] SIENA, *Kirche San Francesco (zweite Hälfte des 13. Jahrhunderts), Inneres nach Osten*

[130] SIENA, *Kirche San Domenico (nach 1220), Ansicht des Querschiffes mit Kapellen und Altarjoch von Südwesten*

[131] RAVENNA, *Kreuzgang des Klosters San Francesco*

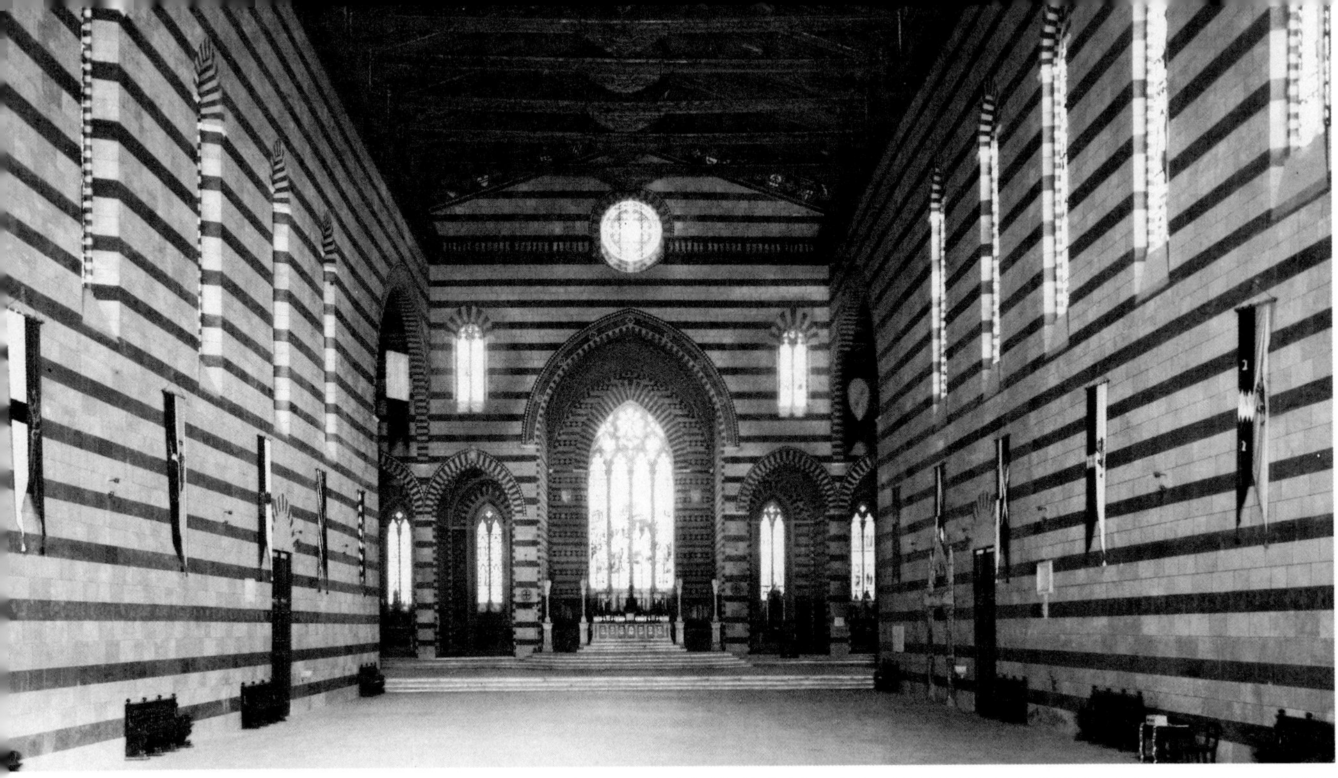

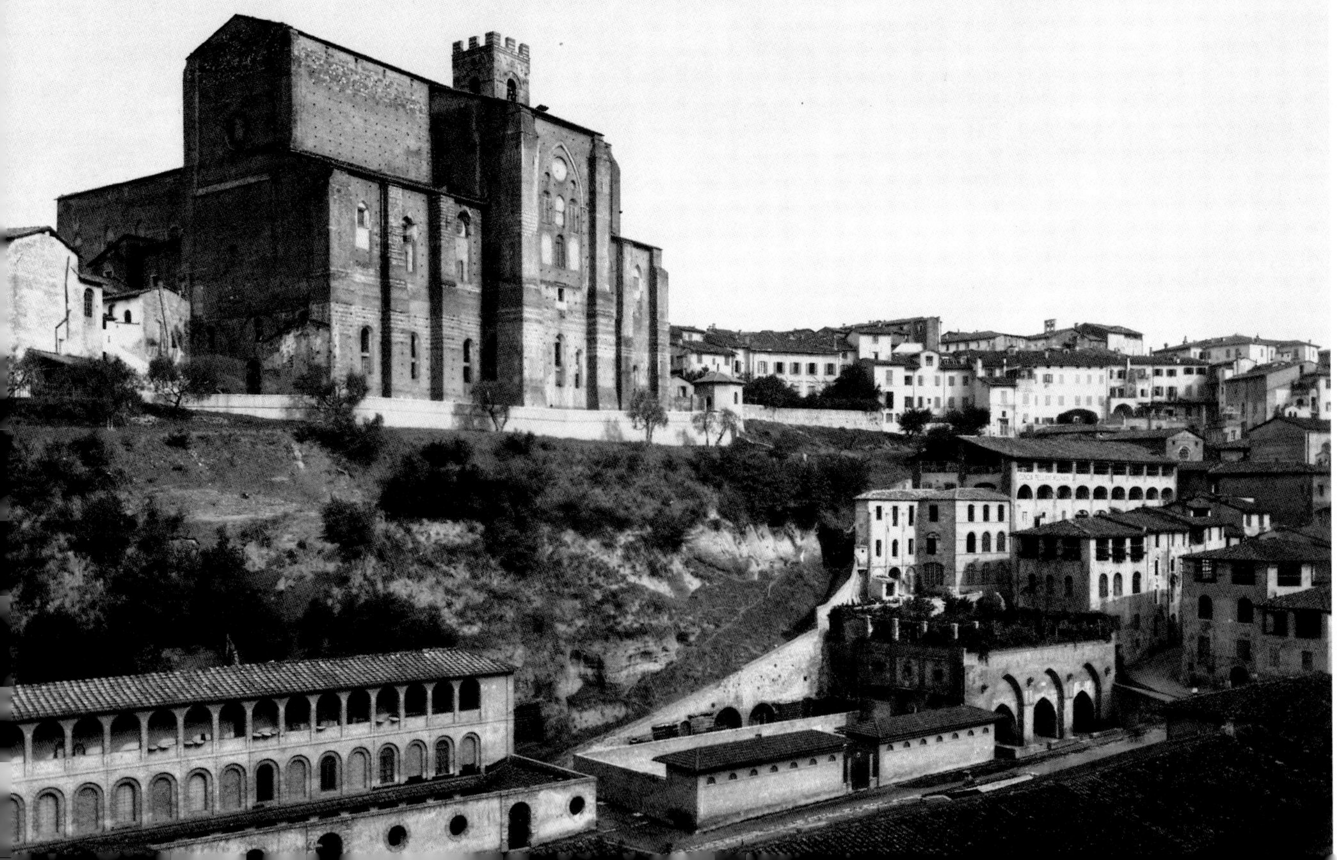

131

[132] FLORENZ, *Franziskanerkirche Santa Croce (nach 1294), Blick aus dem Querschiff in das Langhaus nach Nordwesten*

[133] BOLOGNA, *Kirche San Francesco (1236—1263), Ansicht von Westen*

Folgende Seiten:

[134] REGENSBURG, *Dominikanerkirche (nach 1230), Blick durch das nördliche Seitenschiff nach Osten*

[135] ESSLINGEN, *Dominikanerkirche (geweiht 1268), Mittelschiff nach Osten*

Danach folgende Seiten:

[136, 137] REGENSBURG, *Franziskanerkirche, Blick auf das basilikale Langhaus (um 1250/70) von Nordwesten und auf den einschiffigen Chor (um 1330) von Süden*

Die Kirchen der Bettelmönche von den Orden der Franziskaner, Dominikaner und Augustiner-Eremiten sind meist große und vor allem geräumige Bauten mit saal- oder hallenartigem Charakter, auch dann, wenn sie dem traditionellen Schema der Basilika folgen. In äußerster Schlichtheit stehen sie wie ein Haus unter Häusern in der Stadt.

[138, 139] ERFURT, *Predigerkirche (nach 1278—1370), Ansicht von Westen und Innenraum nach Osten*

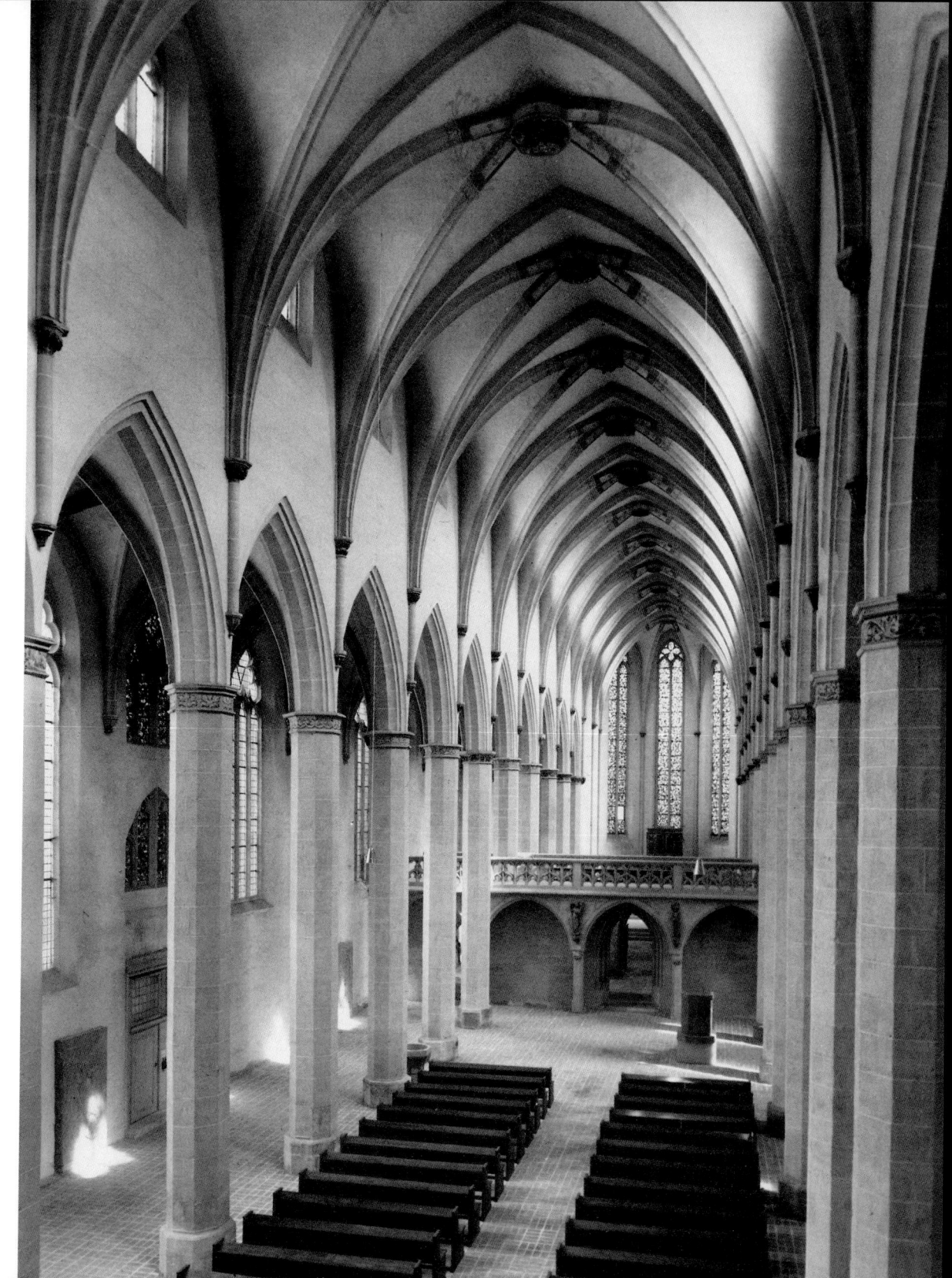

[140, 141] ERFURT, *Predigerkirche,
Madonnenfigur am Lettner (um 1350/60)
und Pfeilerkapitell im Langhaus*
So schlicht und streng die Baugestalt und so
einfach der Bauschmuck der Bettelordenskirchen auch sind, Werken der bildenden Kunst
waren sie nicht verschlossen. Den Stiftungen
reicher Bürger für die Kirchen ihres Viertels
verdanken wir die Zeugnisse eines frühen
Realismus in Plastik und Malerei des aus-
gehenden Mittelalters.

[142, 143] ERFURT, *Barfüßerkirche, Innenraum des Chores (geweiht 1316) und Gesamtansicht von Südosten (vor der Zerstörung des Langhauses)*

[144—146] ERFURT, *Sachsenkapelle am Chor der Barfüßerkirche, Innenansicht, Schlußstein der Färberinnung (aus einem Seitenschiff der Kirche, nach 1423), Grabstein des Weihbischofs Albert von Beichlingen († 1371)*

[147, 148] ERFURT, *Augustinerkirche (nach 1291), Blick durch das Langhaus in den Chor und Ansicht von Norden* · Den Radikalismus im Vermeiden von baukünstlerischem Aufwand hat die Erfurter Augustinerkirche mit Bettelordenskirchen in Städten am Oberrhein und in der Schweiz gemeinsam.

Folgende Seiten:

[149] HALLE, *Dominikanerkirche (um 1280—1330, seit 1520 Dom), Blick durch das Langhaus der dreischiffigen Halle nach Osten*

[150] PIRNA, *Dominikanerkirche (14. Jahrhundert), das Innere der zweischiffigen Halle*

Die Hallenkirche mit gleicher Gewölbehöhe in allen Schiffen ist die baukünstlerische Konsequenz aus dem Raumideal der Bettelorden. Seit dem späten 13. Jahrhundert bauen sie, besonders im nördlichen Deutschland, ihre Kirchen überwiegend in dieser Gestalt.

[151] BERLIN,
*Franziskanerkirche (um
1250—1300), Blick durch
das Westportal in das
Innere der Kirchenruine*
[152] NEURUPPIN,
*Formziegel vom Portal der
Lazaruskapelle mit der
Darstellung Christi am
Marterpfahl und des heili-
gen Franz von Assisi
(um 1490)*

[153] STRALSUND
Dominikanerkirche St. Katharinen (nach 1250—1330), Giebel über der Westwand
[154] FRANKFURT/ODER,
Franziskanerkirche (nach 1270 und 1516—1525), Westwand mit Rippenziergiebel

Die T-Form des Grundrisses von San Francesco und die Stellung der Apsis im Westen bedeuteten einen bewußten Rückgriff auf eine der konstantinischen Basiliken Roms. Der Gedanke ist bestechend, daß man mit dem Johannespatrozinium für die Unterkirche auf jenen Traum des Papstes Innocenz III. hatte Bezug nehmen wollen, in dem Franz die Basilika San Giovanni in Laterano vor dem Einsturz bewahrte, «das Haupt und die Mutter aller Kirchen», die ähnlich wie Alt-St.-Peter — zumindest zu dieser Zeit — ein Querschiff oder querschiffartige Flügelbauten an der Westseite besaß.

Elemente des von ostkirchlicher Tradition geprägten Memorialbaues und solche der frühchristlichen Kirchenbaukunst Roms scheinen es also gewesen zu sein, die die Konzeption bestimmten, nach der man in Assisi zu bauen begonnen hatte und der man auch dann noch gefolgt ist, als im langen, zeitweilig unterbrochenen Bauablauf zwischen 1228 und 1253 Planänderungen und ein Wechsel stilistischer Einflüsse auftraten. So hat die Bauuntersuchung ergeben, daß ursprünglich nur vier der quadratischen Gewölbejoche für das Langhaus beabsichtigt waren. Erst als man den Bau der Oberkirche in Angriff nahm, fügte man auch der Unterkirche noch ein fünftes Joch hinzu, in stilistisch weit jüngeren, gotischeren Formen, als bis dahin zur Anwendung gekommen waren. Anstelle wuchtiger oberitalienisch-spätromanischer Wandpfeiler und Bandrippen wurden jetzt schlanke Dienstbündel mit Blattkapitellen nordfranzösischer Abkunft und elegant geschwungene zartlinige Rippen angewendet. Die dumpfe Schwere der Unterkirche ist in der Oberkirche einer harmonievollen Leichtigkeit des Raumes gewichen, rhythmisierend bewegt und gleichzeitig überschaubar gemacht durch das Verschränken von Wandsockel-, Fenster- und Gewölbezone mit Hilfe unterschiedlicher Höhen von Teilungsgesimsen und Rippenansätzen, durch glatt schließende Wandflächen, auf die Giotto den Zyklus der Franziskuslegende malte, und durch die im Halbkreis über die Raumwürfel geführten Diagonalrippen. Trotz des französisch-gotischen Details «ist mit San Francesco ein Stil entstanden, wie er der Architektur Italiens schlechthin gemäß, wie er zugleich dem Wesen der Bettelordenskirchen im besonderen angepaßt war: riesige Saalkirchen, gestaltet mit einem Minimum an linearem Detail und umschlossen von flächig ausgedehnten dünnen Wänden, die in der wechselseitigen Entsprechung von bergendem Bau und umbautem Raum ein großartiges Gefühl der Ruhe und der Weite ausstrahlen» (M. TRACHTENBERG).

Diese Feststellung trifft zwar nur für die Oberkirche zu und bezieht sich nicht auf die trotz stilistischer Unterschiede doch wohl einheitliche Konzeption des Gesamtwerkes aus Unter- und Oberkirche. Aber sie ist wichtig im Hinblick auf den relativ großen baukünstlerischen Aufwand und auf die Vielfalt ikonologischer Bezüge am Bau von San Francesco in Assisi, die erstaunen im Rahmen des Rationalismus monastischer Reform, vom franziskanischen Armutsideal ganz zu schweigen. Hier war ein Monument, ein weithin sichtbarer Tempel errichtet worden zum Gedächtnis an eine Person, de-

[155] FRANKFURT/ODER *Franziskanerkirche, Blick in die 1525 vollendeten Gewölbe* · Der spätgotische Neubau der Franziskanerkirche in Frankfurt an der Oder — sie dient heute als Konzerthalle — gehört zu den spätesten Leistungen der mittelalterlichen Kirchenbaukunst des Mönchtums. Trotz des deutlich spürbaren Wunsches nach Repräsentation sind die Bauvorschriften eingehalten. Die Kirche stellt sich turmlos, mit Wänden ohne Strebepfeiler und mit den ruhigen Flächen eines mächtigen Daches im Stadtbild dar. So blieb der mönchische Charakter des Bauwerkes gewahrt, ein Haus zu sein für die Versammlung zum Gottesdienst und zum Gebet.

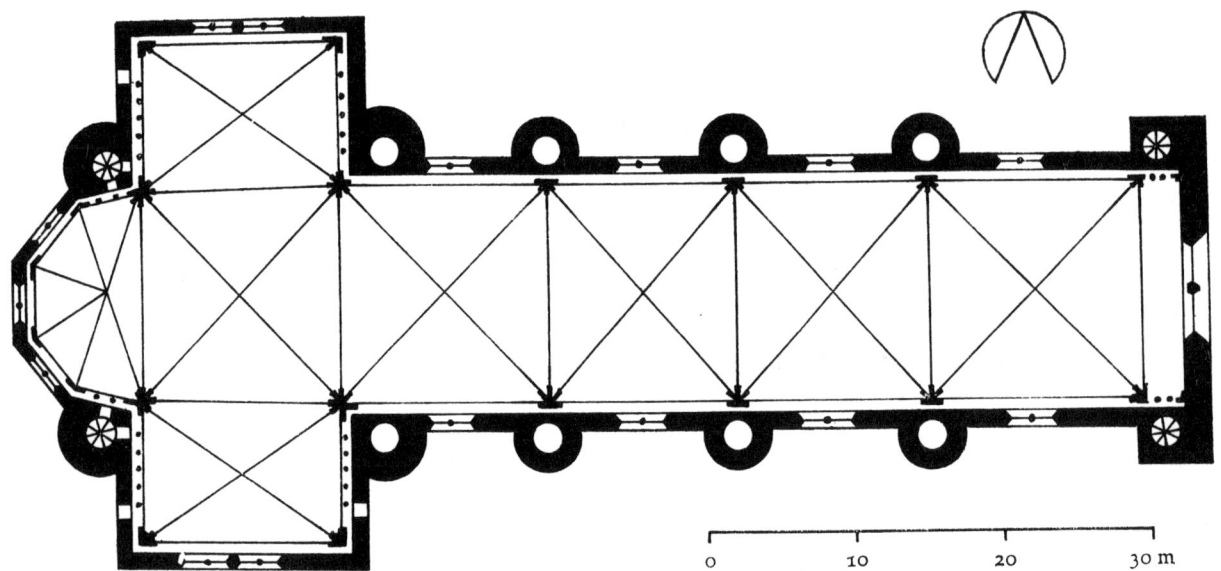

Assisi, San Francesco. Grundriß der Oberkirche

ren universalhistorische Bedeutung für die Christenheit von den Initiatoren des Baues, dem Generalminister der Franziskaner, Elias von Cortona, und Papst Gregor IX., mit den Mitteln der Baukunst propagiert wurde. Ihre Nachfolger haben, selbst wenn sie ihren Blick mehr nach Westen, nach Frankreich, nach Paris richteten als nach dem byzantinischen Osten — angeblich haben Streitigkeiten im Orden 1239 zur Abberufung des Elias geführt, die folgenden Ordensgeneräle sollen in enger Anlehnung an Ludwig IX. und Innocenz IV. eine reichsfeindliche Haltung eingenommen haben —, mit gleicher Absicht weitergebaut und schließlich auch an der künstlerischen Ausstattung nicht gespart.

Wenn in der ersten Niederschrift franziskanischer Gebräuche, den «Generalkonstitutionen des Minderbrüderordens», die am 10. Juni 1260 in Narbonne erlassen und bestätigt worden sind, Bauvorschriften enthalten sind, die nach dem Vorbild zisterziensischer Regeln alles verbieten, was San Francesco in Assisi schmückt und auszeichnet, dann war man

wohl der Ansicht, daß das Beispiel schlechte Schule machte. «Weil aber die Erlesenheit und der Überfluß direkt der Armut entgegenstehen, ordnen wir an, daß die Erlesenheit der Gebäude an Malereien, Tabernakeln, Fenstern und Säulen und dergleichen, ebenso das Übermäßige an Länge, Breite und Höhe möglichst streng vermieden werde... Die Kirchen sollen in keiner Weise gewölbt werden, mit Ausnahme des Presbyteriums. Im übrigen soll der Campanile der Kirche nirgends nach Art eines Turmes errichtet werden; ferner sollen die Glasfenster weder mit Historien noch mit Bildern bemalt werden, mit der Ausnahme, daß im Hauptfenster hinter dem Hochaltar Abbildungen des Kruzifixus, der heiligen Jungfrau, der Heiligen Johannes, Franziskus und Antonius gestattet sind; und wenn weitere gemalt worden sind, so sollen sie durch die Visitatoren entfernt werden.» Die Glasmalereien der Erfurter Barfüßerkirche, ein Christus- und ein Franziskuszyklus, letzterer wohl unter italienischem Einfluß, waren damals bereits vollendet. Kein Visitator aber hat je VII auf ihrer Entfernung bestanden. Im Gegenteil, man hat sie in die größeren Fenster eines Chorneubaues im 14. Jahrhundert übernommen und ergänzt. Überhaupt gewinnt man bei der Bildfreudigkeit der Bettelorden den Eindruck, daß die Verbote nur verbaler Art waren.

Die Architekturvorschriften dagegen sind offensichtlich sehr ernst genommen worden. Zahlreiche Kirchen der Franziskaner haben im Langhaus eine flache hölzerne Decke oder lassen den Blick in den offenen Dachstuhl frei, während die Chöre überwölbt sind. Bisweilen folgen ihnen darin die Dominikaner, die in der Mehrzahl jedoch, nach Aussage der Statistik über die erhaltenen Bauten zumindest, die Gesamtwölbung bevorzugten. Streng hielten sich beide Orden an das Turmverbot, das sie ja mit den älteren Mönchsorden gemein hatten, offenbar, weil dieses Architekturmotiv nach wie vor in einer Weise «bedeutungtragend» verstanden wurde, die den franziskanischen wie dominikanischen Auffassungen vom Zweck eines kirchlichen **136,** Bauwerks widersprach: Bedeutungen wurden nicht **138** zugelassen im Sinne der Darstellung — darin liegt ein wesentlicher Unterschied zwischen der Kirchenbaukunst der Bettelorden und der städtischen Pfarrarchitektur, die entwicklungsgeschichtlich oft ähnliche Wege nahm —, Bedeutungen hatten nur Gültigkeit im Sinne der Erinnerung, des Gedenkens. Auch darin glichen die Bettelorden den Cluniazensern und Zisterziensern. Wie das Beispiel San Francesco in Assisi zeigte, gingen sie aber weit über deren Retrospektive auf das konstantinische Rom hinaus und knüpften mit ihrem Ideal der Erneuerung direkt an das christliche Heilsgeschehen in Jerusalem an. Selbst in den gewölbten Chören der im übrigen profan wirkenden Kirchen der Franziskaner möchte man doch einen erinnernden Hinweis auf die Stätte des Martyriums, auf das Grab und die Auferstehung erblicken, der vielleicht Jerusalem und

Assisi, Christus und Franz gleichzeitig gemeint haben mag. So gesehen hat San Francesco in Assisi, trotz seiner exzeptionellen Erstlingsstellung, tatsächlich den Ton für die franziskanische und zu einem Teil für die gesamte Kirchenbaukunst der Bettelorden angegeben. Zur Ausbildung charakteristischer Kirchentypen der Bettelorden ist es aber erst in der zweiten Hälfte des 13. Jahrhunderts gekommen, und das könnte durchaus mit der Fixierung von Architekturvorstellungen durch die Franziskaner um 1260 in Zusammenhang stehen. Die Kirchenbauten, die vor der Mitte des Jahrhunderts begonnen worden sind, lassen ein vielgestaltiges Suchen nach einer verbindlichen Form erkennen.

In Italien hat dabei die in Assisi angewendete Form des einschiffigen Kreuzbaues eine Rolle gespielt. Im Gegensatz zu dem Bau in Assisi aber **129,** überwiegen flachgedeckte Säle anstelle gewölbter **130** Kirchen. Als Ostabschluß bildete sich dann bald die Form mit gewölbtem mittlerem Chorraum und flankierenden gleichfalls gewölbten Kapellen unterschiedlicher Zahl heraus. Je mehr Kapellen, desto ausladender sind die Querarme; da die gerade Endung vorherrscht, ist die Ähnlichkeit mit zisterziensischen Anlagen offensichtlich (Siena). Die Querarme sind meist nur Annexe und niedriger als das Langhaus. Wieder ergeben sich Ähnlichkeiten mit kleinasiatischen Langschiffkirchen; die schon in Assisi zu beobachtenden orientalischen Anregungen scheinen lebendig geblieben zu sein.

Bei der Mehrzahl der erhaltenen frühen Bettelordenskirchen entspricht die Breite des Chores mit zwei Kapellen der des einschiffigen Langhauses. Bisweilen ist auf weitere Kapellen und damit auch auf vortretende Kreuzarme verzichtet worden. So sind einschiffige Saalbauten mit gleichsam drei Apsiden entstanden, die Erinnerungen an frühromanische Dreiapsidensäle wachrufen. Als «Urtypus» der flachgedeckten einschiffigen Bettelordenskirchen

Cortona, Franziskanerkirche. Grundriß

wird gerne San Francesco in Cortona angesehen. Fra Elia von Cortona, erster Generalminister der Franziskaner und Bauherr in Assisi, wurde 1245 in ihr bestattet. An das Ostende des langgestreckten Saales schließen drei kreuzrippengewölbte «quadratische Apsiden» an, deren Öffnungen gegen das Schiff zu ein Triumphbogenmotiv entstehen lassen. Unter dem Saal befindet sich eine Unterkirche. Trotz des schlichten Habitus vermeint man die vorbildliche Wirkung des Baukonzepts von Assisi zu spüren. In Cortona ist gewissermaßen der «Gebrauchstypus» (R. WAGNER-RIEGER) der franziskanischen Ordenskirche im Gegensatz zum repräsentativen Grabbau des Ordensgründers geschaffen worden, jener Gebrauchstypus, den die Verfasser der «Statuta capituli generalis Narbonensis» für die Formulierung «Kirchen sollen nicht gewölbt werden außer über dem Hochaltar» wohl vor Augen hatten.

Der einschiffige flachgedeckte Saaltypus prägte auch den Raum, wenn eine Erweiterung zur Mehrschiffigkeit vorgenommen wurde: Das Mittelschiff von Santa Croce in Florenz, erst 1294/95 begonnen, endet im Osten mit dem flachen Triumphbogenmotiv wie San Francesco in Cortona. Im übrigen stellt Santa Croce eine geradezu demonstrative Monumentalisierung des franziskanischen «Gebrauchstypus» dar. Rein äußerlich hält der Bau die Vorschrif-

ten ein. Nur die Chorteile sind gewölbt. Über dem Mittelschiff ist der Blick frei in den offenen Dachstuhl, aber doch wohl so wie seinerzeit auch in der ersten Kirche der abendländischen Christenheit, in Alt-St.-Peter in Rom. Nach dem Vorbild der Petersbasilika erhielt der Grundriß die T-Form und, was das Wichtigste war, der gesamte Bau seine Maße. Die zum Profanen neigende Einfachheit und Sachlichkeit der Bauform wurde durch «bedeutungstragende» Zitate zugunsten des Sakralen zurückgenommen. Hinsichtlich der Entwicklungsgeschichte der mittelalterlichen Baukunst aber wurde gerade durch dieses «Zitieren» frühchristlicher Architektur eine entscheidende Wendung herbeigeführt. Anstelle des spannungsvoll rhythmischen mittelalterlichen Raumes begann der einheitlich in sich ruhende Raum der Neuzeit zu entstehen (W. GROSS).

Im Dienste der Raumvereinheitlichung stehen in Santa Croce auch die weiten und hohen Arkaden-132 bögen auf achteckigen Pfeilern, mit denen sich die Seitenschiffe hallenartig zum Mittelschiff hin öffnen. Der Hallencharakter ist hier möglicherweise auch ein «Zitat» der frühchristlichen Basilika, die ihrerseits wiederum aus einem öffentlichen Zweckbau, der antiken Markthalle, hervorgegangen war. Auf jeden Fall aber entsprach sie dem Raumbedürfnis einer vielköpfigen Menge. Es erstaunt nicht, wenn die Dominikaner sich des gleichen Raumtyps für ihre Predigtkirchen bedienten und ihn wahrscheinlich auch in der traditionellen Form der gewölbten Basilika früher ausbildeten als die Franziskaner. Die 1246 (oder 1278?) begonnene Kirche Santa Maria Novella des Dominikanerklosters in Florenz ist mit ihrem lichten und weiten Raum dafür ein Beispiel.

Die Dominikaner begruben ihren Ordensgründer 1221 in Bologna, bei der Kirche San Nicolo della Vigne, die ihnen übereignet worden war. Sie verlängerten diese Kirche, eine dreischiffige, flachgedeckte Basilika, durch einen basilikalen Gewölbebau «mit schweren, gleichförmigen, möglicherweise runden Stützen, spitzbogigen Arkaden und Vorlagen für die jochweise gespannten, dem Quadrat angenäherten Kreuzrippengewölbe des Mittelschiffes. Im Osten schloß ein ausladendes Querhaus an, welches sich in eine große mittlere und seitlich je zwei kleinere, gerade geschlossene Kapellen öffnete» (R. WAGNER-RIEGER); also auch bei den Dominika-

nern eine Anlehnung an zisterziensische Vorbilder. 1233 wurden die Gebeine des Dominikus in den fertiggestellten Bau übergeführt und die Kirche nach ihm benannt. Die aus der Baugeschichte erwachsene Zusammenfügung eines gewölbten und eines flachgedeckten Bauteiles hat in der Kirchenbaukunst der Bettelorden Nachfolge gefunden, so bei San Francesco Grande in Mailand (nach 1233) und bei San Francesco in Pavia (1260–1298). Wesentlicher aber ist, daß sie sich auch an dem gleichzeitig mit San Domenico entstandenen «Gebrauchstypus» der italienischen Dominikanerkirchen findet, an San Giovanni in Canale in Piacenza, einem Bau aus der Zeit nach 1220, mit dem die Hallenkirche in die Ordensbaukunst eingeführt worden ist. An den kreuzrippengewölbten zweijochigen Ostteil mit achteckigen Stützen schließt sich der vierjochige Westteil mit hohen Rundpfeilerpaaren und leicht spitzbogigen Arkaden an; die drei gleichhohen Schiffe überdeckt einheitlich ein offener Dachstuhl. Neben den ein-

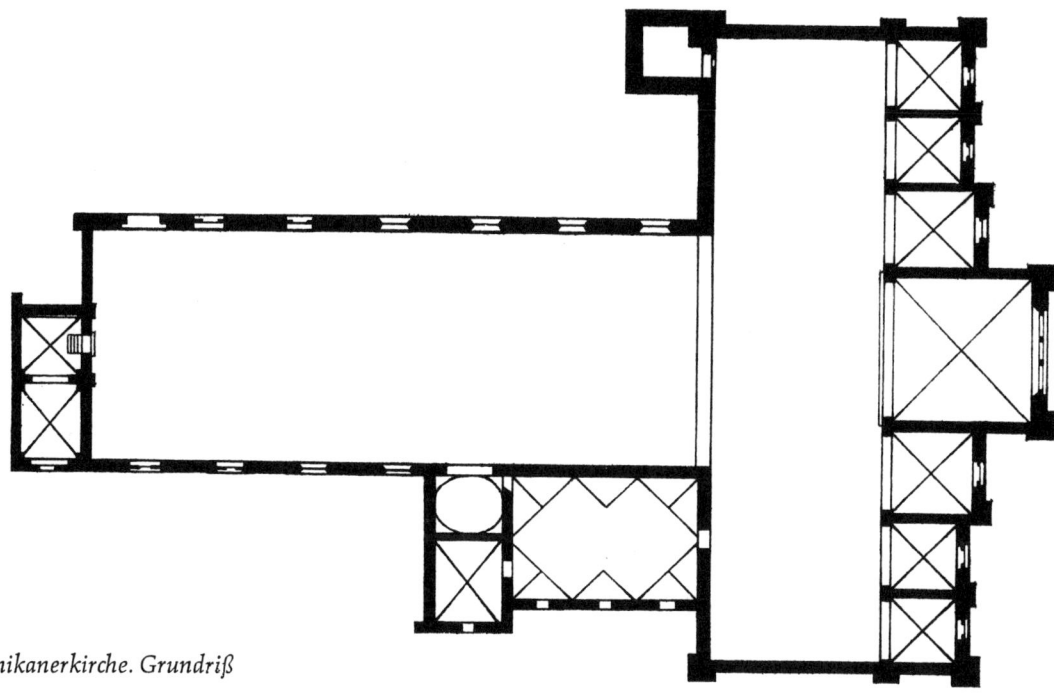

Siena, Dominikanerkirche. Grundriß

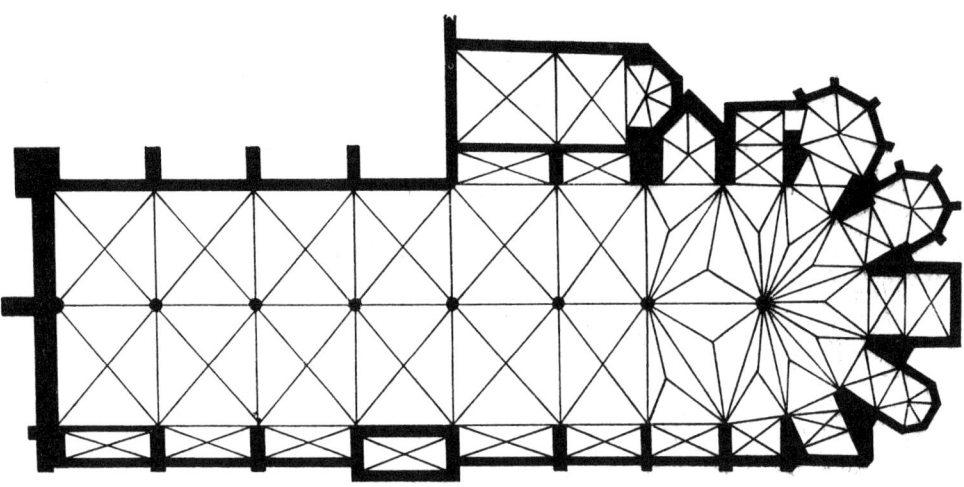

Toulouse, Dominikanerkirche. Grundriß

schiffigen Saal der Franziskaner trat also schon von Anfang an in der Kirchenbaukunst der Bettelorden die dominikanische Halle. Saal und Halle blieben dann die angestrebten Raumideale, auch wenn beide Orden in ihren profiliertesten Bauten wieder zur traditionellen Form der Basilika zurückfanden.

Die Frage, ob italienische Kirchen der Bettelorden für die Ordenskirchen in anderen Ländern, insbesondere in Deutschland vorbildlich geworden sind, wird in der einschlägigen Forschung negativ oder nur sehr selten mit Ja beantwortet. Doch wird man sagen können, daß bestimmte Grundeigenschaften den mittelalterlichen Bettelordenskirchen in ganz Europa gemeinsam waren. Dazu gehörte ohne Zweifel die Tendenz zum einheitlichen Raum, geboren aus dem Zweckbedürfnis und geschaffen mit den Mitteln der ortsüblichen Bauweise. In diesem Sinne wirkte auch der Wille zur Reduktion, der die Bettelordensarchitektur ebenso beherrschte wie die frühere monastische Kirchenbaukunst. Inhaltlich bezweckte die Reduktion eine Absage an die Darstellung, an die Repräsentation. Gestalterisch überwand sie den gotischen Gliederbau zugunsten eines Raumes mit festen Wandbegrenzungen.

134–139, 149, 150

Das alles ist etwa der zweischiffigen Dominikanerhalle in Toulouse (1285–1385), der sogenannten Jakobinerkirche, ebenso eigen wie Santa Croce in Florenz oder der Predigerkirche in Erfurt.

Doch zwischen den Bauten Italiens und denen in Deutschland scheint es noch engere Beziehungen gegeben zu haben, als man bisher sehen wollte. Die Typologie der deutschen Bettelordenskirchen ist auf den ersten Blick eine so charakteristisch eigenständige, so aus der Bautradition und den Baugewohnheiten des Landes entwickelte, daß man sie nur als eine nationale Architekturentwicklung zu begreifen imstande war. Anknüpfend an vorromanische karolingische Raumformen, denen die dynamische Bindung gliedernder Elemente fremd war, stünden sie trotz der Rezeption gotischer Formen dem zeitgleichen Baustil französischer Herkunft ablehnend gegenüber. Mit der retrospektiven Bewahrung der Wand als schließende Raumgrenze im Gegensatz zur Wandauflösung der gotischen Kathedralbauweise bereiteten sie der deutschen Sonderform der Gotik, der Spätgotik, den Weg (R. KRAUTHEIMER). Die Ablehnung der offiziellen Bauweise der Zeit und der Rückgriff auf stilistisch ältere oder veraltete Vorbilder waren aber schon charakteristisch für den Kirchenbau der älteren Reformen, und sie sind für die Kirchen der Bettelorden in Italien ebenso typisch wie in Deutschland. Wie die älteren Reformen meinten auch die Bettelorden mit ihrer Neigung zum zweckmäßigen und sachlichen Bauen letztlich immer

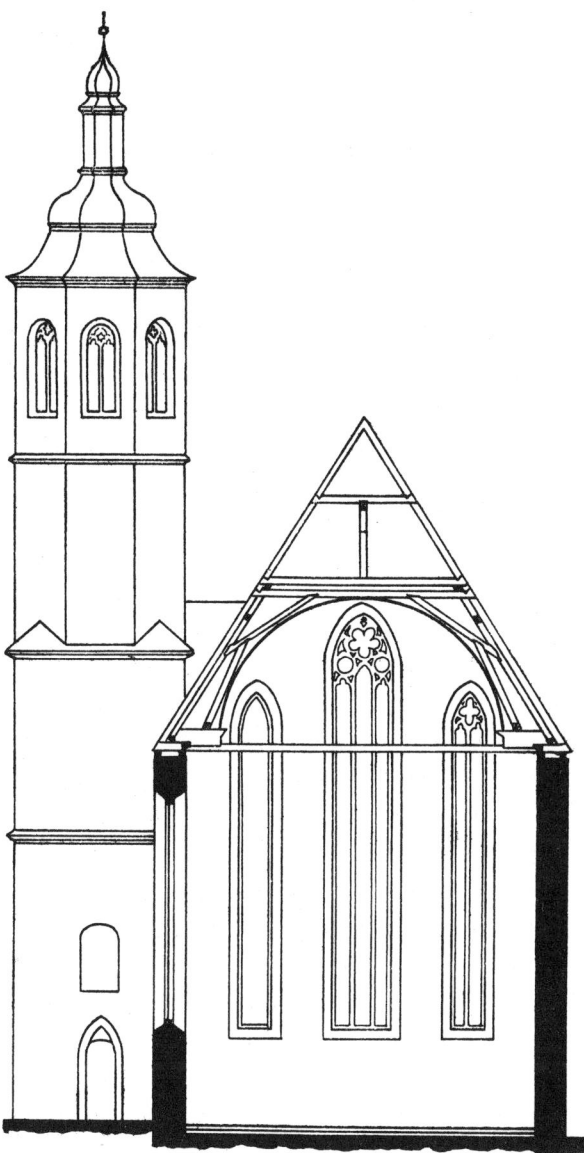

Arnstadt, Franziskanerkirche. Querschnitt

wieder das frühchristliche Ideal, den Nutzbau mit klaren Umrissen, der lediglich Hülle war, ein «durch Aktion ausgefülltes dreidimensionales Gebilde». Wenn die frühe Kirchenbaukunst der Bettelorden stilistische Folgen für die allgemeine Geschichte der Baukunst gehabt hat, dann resultieren diese aus dem Architekturverständnis der monastischen Reform und nicht aus einer nationalen Sonderentwicklung.

Unter einem überregionalen Gesichtspunkt stellen sich aber einige deutsche Bettelordenskirchen in einem noch viel stärkeren Maße als ordensgebunden heraus. Eine der frühesten deutschen Niederlassungen der Franziskaner ist die in Eisenach. Wohl mit Hilfe der Elisabeth von Thüringen wurde in den zwanziger Jahren des 13. Jahrhunderts das Kloster gegründet und gleichzeitig mit dem Bau der Kirche begonnen. Kloster und Kirche sind 1597 abgebrochen worden, Ausgrabungen 1882/84 erbrachten den Grundriß der Kirche: ein langgestrecktes Rechteck, von zwei Stützenreihen unterteilt. Wahrscheinlich hat es sich nicht im ganzen um eine dreischiffige Anlage gehandelt, sondern um einen einschiffigen Saal über einer Unterkirche. Die noch erhaltene Kirche des 1235/40 gegründeten Dominikanerklosters, ebenfalls ein einschiffiger Saal mit einer dreischiffigen Unterkirche im östlichen, älteren Teil, dürfte die nahe gelegene Franziskanerkirche zum Vorbild gehabt haben. Ohne Anregung durch den italienischen «Gebrauchstypus» (San Francesco in Cortona soll gleichfalls über eine Unterkirche verfügt haben) kann man sich die Eisenacher Kirche und ihre reiche Nachfolge in Thüringen (Mühlhausen, Arnstadt) ebensowenig vorstellen wie ähnliche Anlagen in Schwäbisch-Gmünd oder in der Mark Brandenburg.

Vermutlich sind alle frühen märkischen Bettelordenskirchen einschiffige Feldsteinsäle gewesen oder als solche begonnen worden, ehe sie aufwendigeren Backsteinbauten weichen mußten. In der Über-

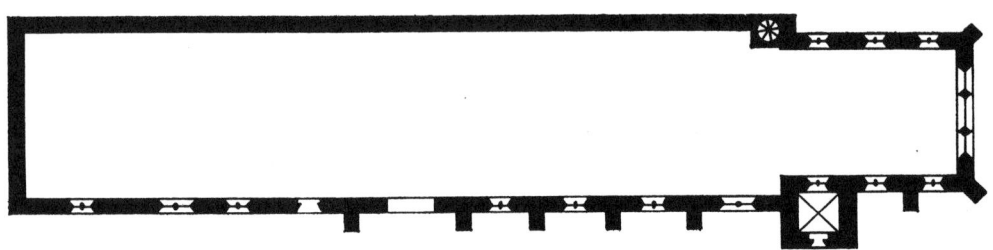

Mühlhausen in Thüringen, Franziskanerkirche. Grundriß

dimensionierung ihrer Länge dürfte die erste Franziskanerkirche in Angermünde eine Entsprechung zu den thüringischen Kirchen gewesen sein, bevor sie in eine asymmetrische zweischiffige Backsteinhalle unter dem Einfluß der Choriner Bauhütte umgewandelt wurde.

Die einschiffigen Säle besaßen eine flache oder eine gewölbte hölzerne Decke, wenn der Dachstuhl nicht gänzlich frei lag. Ursprüngliche Massivwölbung war selten; ein Beispiel dafür ist die Franziskanerkirche in Prenzlau (um 1253). Das langgestreckte Schiff ist in fünf quadratische Joche unterteilt, jedes Wandfeld von einer gestaffelten Dreifenstergruppe durchbrochen und vom anderen durch eine kräftige Halbsäule mit Trapezkapitell als Träger der Gewölberippen getrennt. Die Wölbung scheint erst im 14. Jahrhundert ausgeführt oder erneuert worden zu sein, beabsichtigt war sie von Anfang an. Die Fünfzahl der quadratischen Gewölbejoche, die Höhenverschränkung von Fenstern und Gewölbeansätzen, die Aufstellung des Altars im Westen und die Weihe an Johannes den Täufer machen die Prenzlauer Franziskanerkirche zu einem

der ganz seltenen Nachfolgebauten der Grabeskirche des heiligen Franz. Die Wahl des Vorbildes wird nicht zufällig gewesen sein, zumal auch die ikonologischen Bezüge von Assisi in Prenzlau wiederkehren. Der Kirche muß vom Orden eine besondere Bedeutung beigemessen worden sein.

Einen ähnlich radikalen Bautyp wie die flachgedeckten einschiffigen Säle haben Franziskaner und Dominikaner mit den flachgedeckten Basiliken und Hallen in Süd- und Südwestdeutschland, im Elsaß und in der Schweiz entwickelt. Dem basilikalen Typ ist die retrospektive Bauabsicht, die Anlehnung an Vorromanisches und Frühchristliches besonders deutlich abzuspüren (Franziskanerkirchen in Regensburg und Freiburg, Dominikanerkirche in Gebweiler). Mit der weiten Stellung meist runder Stützen und der Verringerung des Obergadens aber ist in ihnen das Zusammenfließen des Raumes aller drei Schiffe erreicht, wie es in Santa Croce oder auch in Erfurt der Fall ist. In der Dominikanerhalle von 147, 148 Kolmar (1. Hälfte des 14. Jahrhunderts) gipfelt diese Tendenz: Ihrem Langhaus merkt man die Teilung in drei annähernd gleich hohe Schiffe durch die überlangen runden Stützen, über die die dünnen Arkadenwände laufen, kaum noch an. Gerade hier wird man an den flachgedeckten Teil der Halle von San Giovanni in Canale in Piacenza erinnert, an den italienischen «Gebrauchstypus» der Dominikaner.

So ergaben sich immer wieder überregionale Zusammenhänge in der Bettelordensarchitektur. Land-

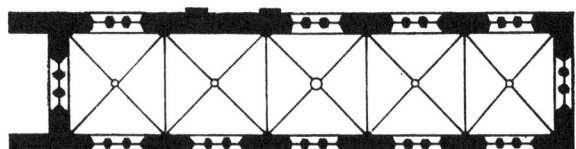

Prenzlau, Franziskanerkirche. Grundriß

schaftlich gebundene Sonderformen sind aber bei den Bettelorden ebensowenig ausgeschlossen wie bei den älteren Reformorden. Die Bewahrung des kreuzförmigen Grundrisses blieb auf Bauten in Mittel- und Oberitalien beschränkt. Daß damit keine eigentlichen Querschiffe, sondern nur querhausartige Anbauten in der Ordensarchitektur beibehalten wurden, kann man in Assisi wie in Florenz sehen.

134 –136 Die Querschifflosigkeit der Bettelordenskirchen außerhalb Italiens ist deshalb nicht überraschend. Sie entsprach der Zweckmäßigkeit und war möglicherweise auch willkommene Aufgabe eines bedeutungstragenden Bauteiles. Sie paßte zu der Radikalität, die Entsakralisierung im Gefolge hatte.

Mit entgegengesetzter Tendenz verlief die Entwicklung der Chorform in der deutschen Bettelordensarchitektur. An die Langhäuser, Basilika oder Halle, gewölbt oder flachgedeckt, schließen einschiffige gestreckte Räume an, in denen der Hauptaltar seinen Platz hat. Es entsprach der Regel, daß diese einschiffigen Altarräume gewölbt wurden. Anfangs waren sie gerade geschlossen (Franziskanerkirche in Würzburg, 1280), später trat der polygonale Abschluß hinzu (Franziskanerkirchen in Esslingen, um 1300, und Freiburg/Schweiz, 1256/81). Die Wölbung bedingte außen Strebepfeiler, die

meist nur einfach gegliedert und mit Pultdächern noch unterhalb des Kranzgesimses abgeschlossen sind, damit die durchgehende Horizontale der Dachlinie nicht unterbrochen wird. Die Ausdehnung der 137 Chorräume kann bis zu sechs Jochen betragen, und da sie sich auf relativ schmalem Grundriß erheben, ist ihre innere wie äußere Erscheinung steil und schlank. Sie hat ihnen die Bezeichnung Lang- oder Hochchöre eingebracht. Ihr Typ war nicht auf Bettelordenskirchen beschränkt und tauchte in der deutschen gotischen Baukunst schon früher auf (Naumburger Dom). Er wird als konzentrierende Reduktionsform der sich radial ausbreitenden Kathedralchöre zu verstehen sein. Was den Lang- oder 142, 143 Hochchor zu einer charakteristischen Form der Bettelordensarchitektur macht, ist seine Verselbständigung gegenüber dem Kirchenschiff. Vielfach trennt ihn ein tief herabgezogener Triumphbogen ab. Seine hoch aufschießende Schlankheit bildet einen starken Kontrast zu dem sich spannungslos weitenden Raum des Langhauses. Ist dieses flachgedeckt, so manifestiert sich in dem gewölbten Chor erst recht ein völlig eigener Bereich. Und das lag in der Bauabsicht: Es ist der Bereich der Mönche, der sich hier architektonisch isoliert zeigt. Tatsächlich haben die Bettelorden nur in diesem Bauteil ihre mönchische Ge-

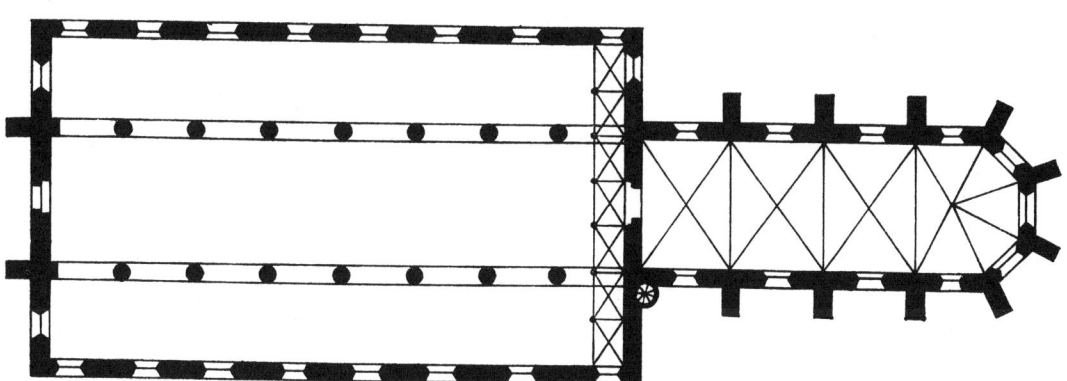

Esslingen, Franziskanerkirche. Grundriß

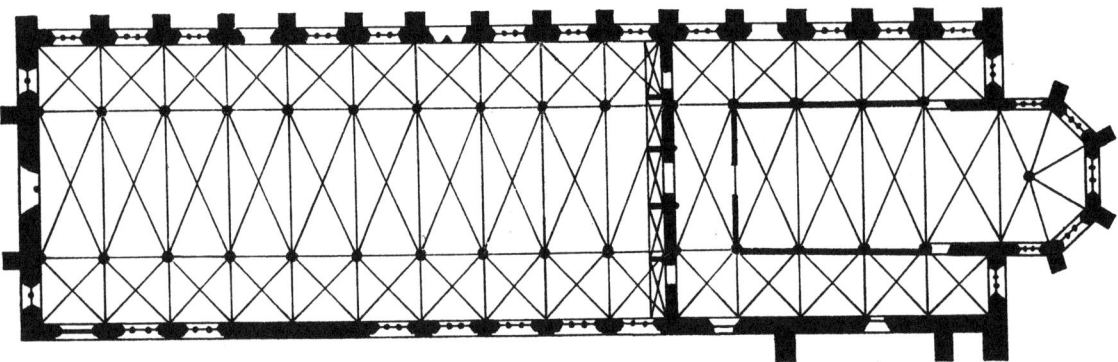

Erfurt, Predigerkirche. Grundriß

meinschaft kultisch bewahrt und offenbar auch verteidigt. Deshalb kam es zur Ausbildung seiner hoheitsvollen sakralen Gestalt in deutlichem Gegensatz zu der profanen des Gemeinderaumes, später auch zur Einfügung von Lettnern. Mit dem Gegeneinander von Mönchschor und Gemeindekirche hatten die Bettelorden zu Beginn des 14. Jahrhunderts eine ihnen gemäße Bauform gefunden, die den Realitäten ihrer gesellschaftlichen Rolle entsprach. Weder den rigorosen Frühformen des einschiffigen Saales gehörte die Zukunft noch den Adaptionen örtlicher Bautypen. Letztere sind im Umkreis des Magdeburger Domes zu beobachten, dessen Neubau im 13. Jahrhundert die Baukunst weiter Landstriche des mittleren und östlichen Mitteleuropas beeinflußt hat. So sind Gestalt und Baugeschichte der Erfurter Barfüßerkirche und der Berliner Franziskanerkirche eng mit der des Magdeburger Domes verknüpft. Beide Kirchen erhielten aber nach 1300 einen Chor im Sinne der entwickelten Bettelordensarchitektur. Ähnlich verhält es sich bei den meisten Hallenkirchen der Dominikaner im westfälischen Einflußbereich Norddeutschlands. Als sich für die Bettelorden die monastische Lebens- und Organisationsform durchgesetzt und gefestigt hatte und damit ihr sozialer Standort fixiert war, ist so auch in ihrer Architektur eine Bauform erschienen, der alle Merkmale monastischer Kirchenbaukunst eigen sind, wie wir sie bei den älteren benediktinischen Reformkongregationen festgestellt haben. Der immer wieder spürbare Rationalismus gipfelte eben in der gestalterischen Scheidung von Laien- und Mönchskirche, die sich allerdings in den italienischen «Gebrauchstypen» schon sehr früh angebahnt hatte.

143, 151

149

Die Reduktionen von Architekturformen des außermonastischen Bereichs haben bei den Bettelorden die gleiche Tendenz wie bei den Hirsauern und den Zisterziensern. Ihr Ziel war, einen klaren überschaubaren, einen verstandesmäßig begreifbaren Raum und Baukörper zu erhalten. Das trifft auch für die von uns als sakral charakterisierten Hochchöre zu. Im Vergleich mit verwandten Bauformen der Kathedral- oder Pfarrarchitektur stellen sie sich immer als versachlichende Reduktionen dar, und noch einmal scheint sich die Baukunst der Bettelorden gegen das symboltragende Gebäude ausgesprochen zu haben, wie sie es schon mit dem von den älteren Reformkongregationen übernommenen Turmverzicht getan hatte. So gesehen ist der Hochchor der eigentlich monastische Teil in der Bettelordenskirche.

Der Charakter der Laienhäuser dagegen resultiert nicht mehr allein aus Reduktionen traditioneller Sakralarchitektur, hier handelt es sich um Reduktionen von Baukunst als Stilarchitektur schlechthin. Wir haben bei dieser Formulierung die Extreme vor Augen, gehen aber davon aus — und so auch bei allen unseren Interpretationen der monastischen Kirchenbaukunst —, daß nur in den Extremen das angestrebte Ideal näherungsweise verwirklicht worden ist. Im Grunde wird die Realität nie dem Ideal entsprochen haben. An den Bettelordenskirchen, oder genauer, an ihren Langhäusern, ihren flachgedeckten einschiffigen Sälen oder mehrschiffigen Basiliken und Hallen, glauben wir zu erkennen, daß ein Versammlungsbau nüchternster Art das Ziel war, das mit den Mitteln der Zweckarchitektur erreicht werden sollte, ohne Stil, sachlich, so, wie heute eine Maschinenhalle von Ingenieuren konstruiert und gebaut wird. Vielleicht ist es kein Zufall, daß sich solche im Krieg zerstörten Bauten in Beton rekonstruieren ließen (Franziskanerkirche in Freiburg/ Br.), auch nicht, daß sie schneller als andere Kirchen profaniert und zu kommunalen Gebrauchszwecken, als Lagerhallen, Garagen, Magazine verwendet wurden. Man erinnert sich, daß die Bettelorden ja Räume benötigten, die denen glichen, in denen sich die Ketzer und ihre Anhänger trafen, und das können nur Räume gewesen sein, die profanen Zwecken dienten. So kehrte die profanierte Bettelordenskirche zum ursprünglichen Zweck ihres idealen Vorbildes zurück. Moderne Nutzungen als Theater oder Konzerthallen (Lindau, Torgau, Frankfurt/O.) beweisen darüber hinaus, daß die Bettelordenskirchen von ihrer ehemaligen Nutzfähigkeit nichts eingebüßt haben. Sie waren hervorragend funktionstüchtig gebaut. Beinahe verbietet sich der Vergleich mit der gleichzeitigen Kathedral- und Pfarrarchitektur. Zu groß ist der Gegensatz. Man könnte ihn heute noch als aggressiv und provokatorisch empfinden. Als Opposition war er wohl auch seinerzeit gemeint.

Es heißt, die Bettelordensarchitektur habe die städtischen Hallenkirchen der Spätgotik vorbereitet. Was die Bau- und Raumform angeht, mögen Anregungen durchaus greifbar sein. Aber entscheidend ist doch das inhaltlich ganz andere Ergebnis: Die spätgotische Pfarrkirche mag karg und schlicht und wie ein riesiges Haus aussehen, sie bleibt doch immer wie die Kathedrale Gottesstadt, himmlisches Jerusalem und neues Paradies. Sie bildet es nur «naturalistischer» ab als diese, mit Giebelseiten über dem Kranzgesims, mit Turmaufbauten, die Modellen mittelalterlicher Stadtbefestigungen gleichen, mit Sternblumen als Rippenmuster der Gewölbe. Die Entwicklung zu derartig repräsentativer Bildhaftigkeit kann durch die Bettelorden nicht angeregt worden sein. Im Gegenteil, die Bettelorden haben radikaler und auch problemloser als die früheren Reformorden, gewissermaßen selbstverständlich, jede Form von Bildhaftigkeit, haben bedeutungstragende Architektur abgelehnt und ihr entgegengewirkt. Die absolute Sachlichkeit ihrer Kirchen, die völlige Loslösung von der Bindung an die durch Tradition und Autorität geheiligten Normen, muß man als letzte Konsequenz der Entwicklung begreifen, die von den älteren Reformen angebahnt wurde und die allenfalls in hussitischen Betsälen (Bethlehemskapelle in Prag) und in reformierten Gemeinderäumen noch eine über die Bettelordensarchitektur hinausgehende Steigerung erfahren hat. Eine andere Weiterentwicklung der kirchlichen Baukunst konnte es durch sie nicht geben.

REFORM UND KUNST

Die Entwicklung der mittelalterlichen Sakralarchitektur ist, von der Stilgeschichte einmal abgesehen, in zwei gegensätzlichen Richtungen verlaufen. Die eine führte von der als Raumhülle errichteten frühchristlichen Basilika zum plastisch geformten Baukörper des romanischen Doms oder der gotischen Kathedrale. Die andere versuchte, in sich immer wiederholender Gegenbewegung, den Raumhüllencharakter zu bewahren und den Kultbau nicht zu einem Architekturorganismus werden zu lassen. Diese Gegenbewegung wurde vom Reformmönchtum getragen, und die baukünstlerischen Mittel, mit denen sie ihr Ziel zu erreichen versuchte, sind in unserer Darstellung der Geschichte des reformmonastischen Kirchenbaues beschrieben worden.

Zusammenfassend könnte man sagen, die Kirchen der Mönche hätten in einer Negativposition zur fortschreitenden Architekturentwicklung des Mittelalters gestanden. Gegen die sich im 11. Jahrhundert vollendende metrische Gliederung, oft nach dem Grundmaß der Vierung, gegen die Raumbewegung durch Stützenrhythmus und Gewölbeteilung stellten sie die weitgehend ungegliederte und flächig begrenzte Raumhülle mit vielfach auch geradem (hölzernem) Deckenschluß. Der symmetrisch ausponderierten, zentralisierenden Gruppierung von Raum- und Bauteilen, der Anlage von Chören, Querschiffen und Türmen im Osten und Westen gegenüber bewahrten sie den Charakter des einseitig ausgerichteten Wegebaues mit eindeutiger Betonung des Ostteils, für dessen Ausformung als mehrschiffiges Presbyterium, mit gereihten oder gestaffelten Kapellen, mit apsidialen oder rechteckigen Endungen, wie es scheint, am meisten aufgewendet wurde. Anstelle der sich im 12. und 13. Jahrhundert verstärkenden plastischen Durchformung der Wände oder ihrer Auflösung in ein Gliedergerüst bevorzugten die Ordenskirchen die glatten geschlossenen Wandflächen und vermieden ihre Zergliederung. Nicht zuletzt äußert sich das Bemühen, das Gebäude nicht zu einem körperhaften Organismus werden zu lassen, in dem Verzicht auf Türme, die ja den plastisch geformten Baukörper am deutlichsten in Erscheinung treten lassen. So stehen den turmreichen Gebilden spätromanischer Dome und gotischer Kathedralen die turmlosen Klosterkirchen der Hirsauer, Zisterzienser und Bettelorden gegenüber.

Nun ist es aber nicht nur ein formal-ästhetisches Gegenverhalten gewesen, das den Kirchen der Mönche eine so andere Gestalt gegeben hat. Sie sollten auch eine andere Bedeutung haben. Eusebius von Caesarea versuchte schon im 4. Jahrhundert dem Kultbau der nun nicht mehr verfolgten, sondern offiziellen Religion symbolische Bedeutung zuzusprechen, das Gebäude selbst zum Symbol zu erhöhen. Es sollte Tempel sein, Körper des Gottes, im christlichen Sinne der Leib Christi, die Ekklesia, ein «Abbild dessen, was jenseits des Himmelsgewölbes ist». Doch um die frühchristliche Basilika zur Ekklesia werden zu lassen, bedurfte es der kultisch handelnden Gemeinschaft. Anders der plastisch geformte Baukörper des romanischen Doms oder der Gliederorganismus der gotischen Kathedrale, die einschließlich der Fülle ihres bildnerischen Schmucks selbst zum Symbol, zum Bild der Ekklesia geworden waren. Demgegenüber bewahrten die Reformmönche die Auffassung des frühen Christentums, daß das Haus nur heilig ist wegen der in ihm wohnenden

Leiber, deren Seelen durch den Heiligen Geist geheiligt sind, um die Worte des Abtes von Clairvaux zu wiederholen. Auch diese Gegenposition bedingte die so andere Gestalt der Klosterkirchen des Reformmönchtums.

Wie verhielten sich nun aber Angehörige der Reformorden gegenüber den Werken der Architektur und der bildenden Kunst außerhalb ihrer Klöster? Daß Bernhard von Clairvaux kunstfeindlich und für Schönheit nicht empfänglich gewesen sei, dürfte eine nicht ganz richtige Interpretation seiner Ablehnung von künstlerischem Aufwand im kultischen Raum sein. Die Apologia beweist vielmehr ein genaues Beobachten und Hinsehen — Erwin PANOFSKY meint, besser als bei einem modernen Kunsthistoriker — und eigentlich auch geschmackliches Urteil. Es scheint in den Kreisen des Reformmönchtums durchaus möglich gewesen zu sein, die künstlerische Leistung zu bewundern, ohne irdische und von Menschenhand geschaffene Schönheit nach dem neuplatonischen Analogieprinzip als Transparent überirdisch kosmischer Vollendung anzuschauen. Der Zisterziensermönch Cäsarius von Heisterbach berichtet um 1220 die Geschichte vom Besuch Peters des Einäugigen, seinerzeit Abt von Clairvaux, im Dom zu Speyer. Cäsarius schreibt, daß sich Abt Peter dort ins Gebet versenkte und seinen Sinn nicht auf das Gefällige der Architektur, sondern auf den «Bau des himmlischen Jerusalem» richtete. Die anderen Mönche, die mit ihm waren, aber beteten nur kurz, um sich den Bau der Kirche anzusehen, dessen «ungeheure Größe» Cäsarius besonders erwähnt. Vielleicht wollte Cäsarius die Heiligmäßigkeit des Abtes aufzeigen, als er das unterschiedliche Verhalten der Besucher im Dom beschrieb (E. BEITZ). Doch muß es ihm besonders darauf angekommen sein, darzulegen, daß für Zisterzienser ein Kunstwerk, auch ein Bauwerk, an sich kein Gegenstand religiöser Praxis sein konnte. Er betont, daß der Abt

sich durch den «wunderbaren» Bau des Doms, den die anderen anscheinend wie Touristen als Attraktion bestaunten, nicht bestechen ließ, daß er unabhängig von der baukünstlerischen Großartigkeit allein durch das Gebet, durch Meditation ganz im bernhardinischen Sinne, des himmlischen Jerusalems und schließlich auch der Madonna ansichtig wurde.

Mit dieser Episode aus den Homilien des Cäsarius von Heisterbach ist noch einmal das Motiv berührt, daß uns auch für die Gestaltung einer Kirche der monastischen Reform ausschlaggebend erschien, die Ablehnung der Ansprache des frommen Mönches durch das sinnlich anschaubare Bild. Diese Haltung erlaubte nicht nur keinen Bildschmuck, sie verlangte vor allem, daß das Kirchengebäude selbst kein Bild ist. Sie dürfte einen nicht unbeträchtlichen Anteil an den Vereinfachungen gehabt haben, die gemeinhin mit der mönchischen Askese und dem Gebot zur Armut allein erklärt werden. Wir hatten versucht darzulegen, daß es sich um mehr als Reduktionen formaler Art gegenüber den Kirchen der Bischofssitze und der Städte gehandelt hat. Die Reformmönche haben ihre Klosterkirchen bewußt als eine andere Qualität neben die Dome, Kathedralen und städtischen Pfarrkirchen gestellt.

Doch so wie das Reformmönchtum in ein Spannungsverhältnis zur sozialen Umwelt geriet und sich zum Überleben mit dieser arrangieren mußte, so «arrangierte» sich oft auch die Reformarchitektur. Sie nahm Elemente der Repräsentation, der «Darstellung» und solche des modischen Stils auf. Daraus ergaben sich Kompromisse in der Architektur und gegenüber der bildenden Kunst.

Über das Verhältnis des Reformmönchtums zur bildenden und angewandten Kunst erfahren wir ausdrücklich nur etwas von den Zisterziensern. Sie verkündeten eifernd ihre Abneigung gegen Werke der Plastik und der Malerei, gegen kostbares Gerät und gegen prunkvolle Gewänder. Aber obwohl

Eberbach, Zisterzienserkirche. Flechtbandmuster einer Fensterverglasung

hausen oder Paulinzella bieten von ihrer architektonischen Gestalt her beispielsweise zur Anbringung von Plastik kaum Möglichkeiten. Plastischer Schmuck beschränkt sich deshalb auf gliedernde und strukturbetonende Elemente. Am Eulenturm, dem ³⁷ einzigen aufrecht stehenden Rest der Peter-und-Pauls-Kirche in Hirsau, lagert auf dem Abschlußgesims des zweiten Geschosses friesartig eine Reihe von Tieren. Den Ruhm der Hamerslebener Klosterkirche machen die Tierreliefs an den Würfelkapitellen ihrer Langhaussäulen aus, und das Säulenportal des Langhauses in Paulinzella bereitet mit seiner Form die Stelle am kirchlichen Bauwerk vor, auf die ⁴⁷ sich in der Folgezeit plastischer Schmuck konzentrieren sollte.

Daß bei den Zisterziensern solche Ansätze wieder zurücktraten, ist sicher aus der prinzipiellen Haltung des Ordens heraus und nicht nur als Folge des Stilwandels im 12. Jahrhundert zu erklären. Die Kapitelle ihrer früheren Kirchen sind schmucklos, gleichsam abstrakt geblieben. Erst spätere Bauten haben den allgemein üblichen pflanzlichen Dekor übernommen. Anderen plastischen Schmuck in der zisterziensischen Architektur zu finden, dürfte nur in Ausnahmefällen gelingen. Die Glasmalerei, die sich zu einem ästhetisch wie inhaltlich bestimmenden Faktor in der gotischen Kathedralarchitektur entwickelte, belegten die Zisterzienser mit einem Verdikt. Farbige Bilder ließen sie in den Fenstern ihrer Kirchen nicht zu. Stattdessen verwendeten sie geometrische und später mehr oder weniger naturalistische Blattmuster in einer Grau-in-Grau-Malerei, jener für Glasfenster in Zisterzienserkirchen charakteristischen Grisaillemanier, die sich zu einer vollendeten Dekorationskunst entfaltete.

Ein Verbot galt bei den Zisterziensern auch für gemalte oder plastische Bilder auf dem Altar oder sonst im Raum der Kirche. Erlaubt war lediglich ein hölzernes Kreuz. Dieses ist dann aber der Ort ge-

Bernhard von Clairvaux seine Invektive gerade gegen den seinerzeit in Cluny geübten Luxus richtete, müssen wir auch bei den älteren Cluniazensern und bei den Hirsauern eine ähnliche Zurückhaltung voraussetzen. Kirchen wie in Romainmôtier, Schaff-

wesen, an dem sich schließlich wieder ein Bild durchsetzte, ein gemaltes Bild des Gekreuzigten oder ein geschnitztes Kruzifix. Ein spätes Beispiel dieser für die Zisterzienser schon im 12. Jahrhundert üblich gewordenen Monumentalkreuze befindet sich in der Klosterkirche von Doberan. Es ist um 1370 im Umkreis des in Hamburg tätigen Meisters Bertram entstanden. Dieses Kreuz steht in einem bezeichnenden liturgischen wie auch ikonographischen Zusammenhang. Es gehört zum Kreuzaltar, dessen Platz zwischen dem Mönchschor und dem Laienraum der Kirche war und der von beiden Raumteilen her gesehen werden konnte. Der Doberaner Kreuzaltar hat deshalb zwei Bildseiten. Die Christusseite war den Konversen zugewandt. Sie zeigt am Kreuz die über-

107,
108

Altenberg, Zisterzienserkirche. Blattmuster einer Fensterverglasung

lebensgroße Figur des Gekreuzigten. Die den Mönchen zugekehrte Seite des Kreuzes trägt eine Madonnenfigur. Das Bild der Muttergottes fand bei den Zisterziensern wohl neben dem des Gekreuzigten schon verhältnismäßig früh Eingang. Beide wurden allerdings nicht mehr als Bilder vom triumphierenden, sondern als Bilder vom leidenden, liebenden und geliebten Gott aufgefaßt. In Doberan ist aber noch etwas hinzugekommen, was die reichere Bildkunst gleichsam zu rechtfertigen scheint, die Symbolik der Typologie, die Lehre von der Vorbereitung und der Erfüllung des Heils in den Geschichten des Alten und des Neuen Testaments. Die Christusseite des Kreuzes ist mit Reliefs alttestamentlicher Szenen geschmückt, die auf den Opfertod Christi hinweisen, und die Altarflügel sind in gleicher Weise den Ereignissen aus dem Leben Jesu gewidmet. Ebenso verhält es sich auf der Marienseite. Typologische Bildzyklen treten in der Doberaner Kirche um 1370 nicht zum erstenmal auf. Schon ältere Ausstattungsstücke wie der sogenannte Kelchschrank aus dem späten 13. und der Hochaltar aus dem frühen 14. Jahrhundert stellen ihre Figurenreihen in typologischem Zusammenhang vor. Es drängt sich der Gedanke auf, daß die Zisterzienser ihren Kompromiß mit der bildenden Kunst durch die Symbolik der Typologie aufwerten wollten. In seiner ikonographischen Untersuchung der Freiberger Goldenen Pforte konnte Heinrich MAGIRIUS nachweisen, daß die Zisterzienser in Altzella Einfluß auf die außerklösterliche Bildkunst im Sinne typologischer Programme genommen haben. Aus der Zeit um 1200 ist schließlich das Werk eines Zisterziensers mit dem Titel «Pictor in carmine» bekannt, das eine umfängliche Sammlung typologischer Zusammenstellungen enthält. Die Handschrift selbst war nicht illustriert, aber die Verse sollten bildende Künstler thematisch anregen. Der Autor sagt in der Vorrede, er verspreche sich von seiner

279

Arbeit, daß die sinnlosen Monstrositäten im Schmuck der Kirchen verschwänden. Man spürt beim Verfasser die Kenntnis der Apologia und den Versuch, sich gegen Vorwürfe seitens radikaler Bildgegner zu schützen. Die Wiederholungen der Bildverbote in den Jahren 1213, 1231 und 1251 könnten sich gegen die aufkommende Bildfreundlichkeit gerichtet haben.

Die Anerkennung von Werken der bildenden Kunst im kultischen Raum scheint für die Zisterzienser noch geraume Zeit problematisch gewesen zu sein. Wenn man von den Bettelorden hört, daß auch sie Plastik und Malerei in ihren Kirchen ablehnten, dann möchte man für eine derartige Haltung nur eine bestimmte Gruppe innerhalb der Kongregationen verantwortlich machen. Möglicherweise war es ein Kreis um den etwas radikaleren Bonaventura, unter dessen Vorsitz das franziskanische Generalkapitel von Narbonne im Jahre 1260 die entsprechenden Verordnungen verabschiedete. Was deren Formulierungen angeht, so lehnen sie sich deutlich an die Erlasse der Zisterzienser an. Die Fülle von Kunstwerken in vielen Kirchen und Klöstern der Franziskaner und Dominikaner läßt es jedoch zweifelhaft erscheinen, ob die Verbote je die gleiche Gültigkeit wie bei den Zisterziensern erlangt haben, so sehr die recht genaue Befolgung der gleichzeitig herausgegebenen Bauvorschriften dazu auch im Widerspruch steht. Die Bettelorden haben mit ihrer neuen, dem Mittelalter bis dahin fremden Weltauffassung einem ganz wesentlichen Wandel im Kunstprozeß den Boden bereitet, und ihre Kirchen wurden gewissermaßen Schauplatz dieser Veränderung. So wie der fromme Mensch Gottes Schöpfung in der Natur und Christus in seinem Nächsten zu begegnen trachtete, so sah er auch im Bild des Heiligen sein persönliches Gegenüber, eine Individualität gleich ihm. Das plastische oder gemalte Bild war aus dem übergeordneten Zusammenhang einer heilsge-

schichtlichen Universalität gelöst. Seinen Wert erhielt es durch den Betrachter, durch den und für den es gemacht war. Dieser Vorgang vollzog sich allmählich seit dem 13. Jahrhundert und mündete im 15. Jahrhundert in die Kunstauffassung der Renaissance.

Es ist deshalb vielleicht charakteristisch, daß in den Statuten des Generalkapitels von Narbonne Ausnahmen von den Verboten bildlicher Darstellung enthalten sind. Bilder des Gekreuzigten und der Maria, und, weil es sich um franziskanische Erlasse handelt, Bilder des Franz von Assisi und des Antonius von Padua waren erlaubt. Ausdrücklich wurde das Hauptfenster hinter dem großen Altar als Bildträger empfohlen. Man denkt sogleich an die Szenen der Franziskuslegende in mehreren Glasmalereizyklen, von denen die in der Erfurter Barfüßerkirche aus der Zeit um 1230/35 zu den frühesten Legendendarstellungen des Heiligen überhaupt gehören. Sie stehen dort (in typologischer Beziehung) zusammen mit Bildern aus dem Leben und der Passion Christi, die Christusnähe des Heiligen wie den menschennahen Gottessohn gleichermaßen verdeutlichend. [VII]

Als Giotto di Bondone im letzten Jahrzehnt des 13. Jahrhunderts die Lebensgeschichte des heiligen Franz an die Wände der Oberkirche von San Francesco in Assisi malte, gerieten ihm seine Schilderungen so wirklichkeitsnah, daß sie fast wie die Wiedergabe zeitgenössischer Ereignisse anmuten, die sich dazu in einer abgebildeten Umwelt abgespielt haben, wie sie noch heute vorhanden ist. Auch in den Seitenkapellen des Chores von Santa Croce in Florenz sind die Wände mit Fresken bedeckt, «die nicht repräsentative Heiligengesellschaften vorführen, sondern Erzählungen aus dem Leben der Heiligen in einer zwanglosen, den Vorgang und das innere Leben der Personen schildernden Form, mit Bühnenrequisiten im Hintergrunde, die andeutend [125, 126] schon den realen Schauplatz zu charakterisieren versuchen» (Richard HAMANN).

Neben die Heiligenzyklen traten bald auch plastische und gemalte Einzelbilder — die Tafelmalerei entstand —, und die Stifter ließen sich ebenfalls mit darstellen. Die Bildnisse weltlicher Personen, vornehmlich von Bürgern, hielten Einzug in den Raum der Bettelordenskirche. Auf einem Tafelbild mit einer figurenreich gemalten Kreuzigung, dem sogenannten Kalvarienberg, in der Erfurter Predigerkirche sind gleich drei Mitglieder der stiftenden Patrizierfamilie Lange abgebildet. Um die Mitte des 14. Jahrhunderts war die Wiedergabe im zeitgenössischen Kostüm schon selbstverständlich, aber die für die Entstehungszeit doch unkonventionellen Realismen in der Darstellung der am Vorgang beteiligten Volksmenge (wohl ein italienischer Einfluß) lassen den Wunsch nach einem Kunstwerk, dessen Qualität auf der Höhe der Zeit steht, beim Auftraggeber und Stifter spüren. So war die Kirche zum Ort schöpferischer Entfaltung der bildenden Kunst geworden, die mehr und mehr zu einem Spiegelbild der realen Umwelt des Menschen wurde und alles abstreifte, was ihre Werke zum Abbild transzendenter Urbilder gemacht hatte. Darstellungen der Madonna wie die in der Erfurter Predigerkirche aus der Zeit um 1350 oder des leidenden Christus sind Andachtsbilder und Dokumente des Menschenbildes zugleich. Zu dieser Herausbildung der Wirklichkeitsnähe neuzeitlicher Kunst haben die Bettelorden entscheidend beigetragen.

VIII

143, 144

146

140

ANHANG

Literatur

Vorbemerkung: «Kirchen der Mönche» wurde Ende der siebziger Jahre geschrieben und ist 1980 zum ersten Mal erschienen. Das Buch trägt die Züge seiner Entstehungszeit und auch die seines Entstehungsortes im Osten Deutschlands zu dieser Zeit. Es fand aber seinerzeit im Osten wie im Westen Deutschlands, auch in Österreich und in der Schweiz, freundliche Aufnahme, und so sind der Autor und der Verlag zu der Auffassung gelangt, daß es in der Ursprungsform belassen werden kann, wenn es neu aufgelegt werden soll, im vollen Bewußtsein, daß die Entwicklung der Forschung zur monastischen Architektur über den Stand von 1980 weit hinausgegangen ist und vor allem manche hier vorgetragene Extremposition differenziert hat. Der Neudruck ist folglich eine unveränderte Wiederholung der durchgesehenen Auflage von 1984. Lediglich das Literaturverzeichnis ist um neuere und ausländische Titel vermehrt worden, dazu auch um einige ältere vergessene, die heute, beim unaufhaltsamen Abgang bedeutender Denkmale, bereits Dokumente sind. Dennoch muß wiederholt werden, was schon die Vorbemerkung zur ersten Auflage enthielt: Es versteht sich bei diesem Thema von selbst, daß nur eine hinweisende Auswahl an Literatur geboten werden kann. Dabei erscheinen alle Arbeiten, deren Autoren im Text namentlich genannt sind, mit vollständigem Titel und des ferneren Werke, in denen weitere Literaturhinweise zu finden sind.

ADRIANI, Götz, *Der mittelalterliche Predigtort und seine Ausgestaltung*. Diss. Tübingen 1966

ALCE, Venturino, *La cella dove morì San Domenico*. Bologna 1978

Architettura e urbanistica degli ordini mendicanti. Milano 1978 (= Rivista trimestrale Numero 9)

ASSUNTO, Rosario, *Die Theorie des Schönen im Mittelalter*. Köln 1963

AUBERT, Marcel, *L'architecture cistercienne en France*. Paris 1947

AUBERT, Marcel, *Existe-t-il une architecture cistercienne?* In: Cahiers de civilisation médiévale 1(1958), S. 153-158

BACKMUND, Norbert, *Monasticon Praemonstratense*. Straubing 1949 bis 1960

BACKMUND, Norbert, *Die Chorherrenorden und ihre Stifte in Bayern*. Passau 1966

BACKMUND, Norbert, *Die kleineren Orden in Bayern und ihre Klöster*. Windberg 1974

BADSTÜBNER, Ernst, *Bemerkungen zur Kirchenbaukunst der monastischen Reformen im Mittelalter*. In: Akten des 29. Internationalen Kongresses für Kunstgeschichte. Budapest 1969 S. 475-480

BADSTÜBNER, Ernst, *Kirchen und Klöster der Bettelorden im sozialen und gestalterischen Gefüge der mittelalterlichen Stadt*. In: Kunst und Stadt, Jena 1981, S. 323-336

BADSTÜBNER, Ernst, *Klosterbaukunst und Landesherrschaft*. Zur Interpretation der Baugestalt märkischer Klosterkirchen. In: Architektur des Mittelalters. Funktion und Gestalt. Herausgegeben von Friedrich Möbius und Ernst Schubert. Weimar 1983, S. 184-239

BAER, C. H., *Die Hirsauer Bauschule*. Freiburg und Leipzig 1897

BALTHASAR, Hans-Urs von, *Die großen Ordensregeln*. Einsiedeln - Zürich - Köln 1948

BANASCH, Richard, *Die Niederlassungen der Minoriten zwischen Weser und Elbe im 13. Jahrhundert*. Diss. Erlangen 1891

BANDMANN, Günther, *Mittelalterliche Architektur als Bedeutungsträger*. Berlin 1951

BANDMANN, Günther, *Früh- und hochmittelalterliche Altaranordnung als Darstellung*. In: Das 1. Jahrtausend I. Düsseldorf 1962, S. 371-411

BANDMANN, Günther, *Ikonologie der Architektur*. Darmstadt 1969²

BECK, Kurt, *Das Dominikanerkloster Frankfurt am Main*. Frankfurt 1977

BECKER, Karl, *Das ehemalige Peterskloster*. In: Die Kunstdenkmale der Provinz Sachsen. Die Stadt Erfurt. Burg 1929, S. 532-642

BEDINI, B. G., *Le abbazie cistercensi d'Italia*. Casamari 1966

BEITZ, Egid, *Caesarius von Heisterbach und die bildende Kunst*. Augsburg 1926

BELTING, Hans, *Die Oberkirche San Francesco in Assisi*. Ihre Dekoration und die Genese einer neuen Wandmalerei. Berlin 1977

BENETT, R. F., *The Early Dominicans - Studies in 13th century Dominican history*. Cambridge 1937

BERG, Dieter, *Armut und Wissenschaft*. Beiträge zur Geschichte des Studienwesens der Bettelorden im 13. Jahrhundert. Düsseldorf 1977

BICKEL, Wolfgang, *Die Kunst der Cistercienser*. In: Die Cistercienser. Geschichte - Geist - Kunst. Herausgeber A. Schneider, A. Wienand u. a. Köln 1974, S. 193-340

BIEBRACH, Kurt, *Die holzgedeckten Franziskaner- und Dominikanerkirchen in Umbrien und der Toskana*. Berlin 1908

BILSON, J., *The Architecture of the Cisterciencians*. In: Archaeological Journal 66 (1909)

BINDING, Günther, *Die Franziskaner-Baukunst im deutschen Sprachgebiet*. In: 800 Jahre Franz von Assisi. Franziskanische Kunst und Kultur im Mittelalter. Ausstellungskatalog Krems-Stein 1982

BLUME, Dieter, *Wandmalerei als Ordenspropaganda*. Bildprogramme im Chorbereich franziskanischer Konvente Italiens bis zur Mitte des 14. Jahrhunderts. Worms 1983

BOECKELMANN, Walter, *Grundformen im frühkarolingischen Kirchenbau des östlichen Frankenreiches*, In: Wallraf-Richartz-Jahrbuch 18(1956), S. 27-69

BORST, Arno, *Die Katharer*. Stuttgart 1953 (= Schriften der Monumenta Germaniae historica 12)

BOSL, Karl, *Armut Christi - Ideal der Mönche und Ketzer*. Ideologie der aufsteigenden Gesellschaftsschichten vom 11. bis 13. Jahrhundert. München 1981

BOVING, Remigius, *Bonaventura und die französische Hochgotik*. Werl 1930

BRANDI, C., *Lettura dell'Architettura Cistercense*. In: I Cistercensi e il Lazio. Roma 1978

BRAUNFELS, Wolfgang, *Abendländische Klosterbaukunst*. Köln 1969

BRAUNFELS, Wolfgang, *Karolingische Kunst*. Herausgegeben von W. Braunfels und H. Schnitzler. Düsseldorf 1965 (= Karl der Große. Lebenswerk und Nachleben. Herausgeber Wolfgang Braunfels, Band III)

BRENK, Beat, *Spätantike und frühes Christentum*, Frankfurt-Berlin-Wien 1977 (= Propyläen Kunstgeschichte, Supplementband 1)

BRENK, Beat, *Zu den Gewölbefresken der Oberkirche in Assisi*. In: Roma anno 1300. Rom 1983, S. 221-228

BRENK, Beat, *Das Datum der Franzlegende der Unterkirche zu Assisi*. In: Roma anno 1300. Rom 1983, S. 229-238

BROOKE, Christopher, *Die große Zeit der Klöster*. Die Geschichte der Klöster und Orden und ihre religions-, kunst- und kulturgeschichtliche Bedeutung für das werdende Europa. Freiburg-Basel-Wien 1976

BROOKE, Rosalind B., *Early Franciscan Government*. Elias to Bonaventura. Cambridge 1959

BRUZELIUS, C. A., *Cistercian High Gothic*. The Abbay Church of Longpont. In: Analecta Cisterciensia 35 (1979), S. 1-204

BÜHLER, Johannes, *Klosterleben im deutschen Mittelalter*. Leipzig 1923

BUTLER, Guthbert, *Benediktinisches Mönchtum*. Studien über benedikt. Leben und die Regel St. Benedikts. St. Ottilien 1929

BUTLER, Howard Crosby, *Early Churches in Syria*. Princeton 1929

BUTLER, L. A. S., *The Cistercians in England and Wales*. In: Studies in Cistercian Art and Architecture 1 (1982), S. 88-101

CADEI, A., *La chiesa di San Francesco a Cortona*. In: Storia della Citta 9 (1978), S. 16-23

CADEI, A., *Assisi S. Francesco, l'architettura e la prima fase della decorazione*. In: Roma anno 1300. Roma 1983

CASTELFRANCHI, L., *Un'interpretazione lombarda dell'architettura cistercense l'abbazia di Morimondo*. In: Arte Lombarda 1 (1955)

CELANO, THOMAS VON, *Leben und Wunder des heiligen Franziskus von Assisi*. Einleitung. Übersetzung und Anmerkungen von Engelbert Grau. Werl 1980[3]

CLEMEN, Paul, *Die Klosterbauten der Cistercienser in Belgien*. Berlin 1916

Cluny. Beiträge zur Gestalt und Wirkung der cluniazensischen Reform. Herausgegeben von H. Richter. Darmstadt 1975 (= Wege der Forschung 241)

CONANT, Kenneth John, *Benedictine Contributions to Church Architecture*. Latrobe, Penns. 1949

CONANT, Kenneth John, *Carolingian and Romanesque Architecture 800 to 1200*. Harmondsworth 1959 (= The Pelican History of Art 13)

CONANT, Kenneth John, *Cluny. Les églises et la maison du chef d'ordre*. Mâcon 1968

COULTON, G. G., *Art and the Reformation*. Cambridge 1953

CROSBY, Sumner McKnight, *Abbey of Saint-Denis*. Yale University Press 1942

CROZET, René, *L'art roman en Poitou*. Paris 1948

CURMAN, Sigurd, *Cistercienserordens Byggnadskonst*. Band 1, Kyrkoplanen. Stockholm 1912

DEHIO, Georg, und Gustav von BEZOLD, *Die kirchliche Baukunst des Abendlandes*. Stuttgart 1884-1901

DEHLINGER, Armand, *Die Ordensgesetzgebung der Benediktiner und ihre Auswirkung auf die Grundrißgestaltung des benediktinischen Klosterbaus in Deutschland*. Diss. TH Dresden. Borna-Leipzig 1936

DEICHMANN, Friedrich Wilhelm, *Frühchristliche Kirchen in Rom.* Basel 1948

DELLWING, Herbert, *Studien zur Baukunst der Bettelorden im Veneto. Die Gotik der monument. Gewölbebasiliken.* München 1970

DEMPF, Alois, *Die geistige Stellung Bernhards von Clairvaux gegen die cluniazensische Kunst.* In: Die Chimäre seines Jahrhunderts. Vier Vorträge über Bernhard von Clairvaux. Herausgeber H. Spörl. Würzburg 1953, S. 29-53

DIEMER, Dorothea und Peter, *Le Gouvernement d'Hugues de Semur à Cluny et Cluny III. La maior Ecclesia.* In: Kunstchronik 42 (1989), S. 524-529

DIENER, H., *Studien zur Geschichte Clunys in der Zeit seines Abtes Hugo (1049-1109).* Diss. Freiburg 1955

DIETRICH, Max, *Die Zisterzienser und ihre Stellung zum mittelalterlichen Reichsgedanken bis zur Mitte des 14. Jahrhunderts.* Würzburg 1934

DIMIER, M.-Anselme, *Recueil de plan d'églises cisterciennes.* Paris 1949. Supplément Paris 1967

DIMIER, M.-Anselme, *L'art cistercien.* Paris 1962

DOHME, Richard, *Die Kirchen des Cistercienserordens in Deutschland während des Mittelalters.* Leipzig 1869

DOLBERG, Ludwig, *Die Kirchen und Klöster der Cistercienser nach den Angaben des „Liber usuum" des Ordens.* In: Studien und Mitteilungen aus dem Benediktiner- und Cistercienserorden 12 (1891), S. 29-54

DONIN, Richard Kurt, *Die Bettelordenskirchen in Österreich. Zur Entwicklungsgeschichte der Österreichischen Gotik.* Baden bei Wien 1935

DORN, J., *Stationsgottesdienste in frühmittelalterlichen Bischofsstädten.* In: Festgabe Alois Knöpfler. Freiburg 1917, S. 43-55

DUBY, Georges, *Économie domaniale et économie monétaire. Le budget de l'abbeye de Cluny entre 1080 et 1115.* In: Annales (1952), S. 155-171

DUBY, Georges, *Die Zisterzienser.* Genf 1968

DUBY, Georges, *Saint Bernard. L'Art cistercien.* Paris 1976

DUBY, Georges, *Der Heilige Bernhard und die Kunst der Zisterzienser.* Stuttgart 1981

DUBY, Georges, *Die Kunst des Mittelalters. Das Europa der Mönche und Ritter.* Genf 1984

EFFMANN, Wilhelm, *Die Kirche der Abtei Corvey.* Herausgegeben von Alois Fuchs. Paderborn 1929

EGGER, Hanna, *Franziskanischer Geist in mittelalterlichen Bildvorstellungen. Versuch einer franziskanischen Ikonographie.* In: 800 Jahre Franz von Assisi. Ausstellungskatalog Krems-Stein 1982, S. 471-505

ENGELMANN, Johannes, *Die Hirsauer Reformbewegungen in der Kirchenprovinz Magdeburg.* In: Studien und Mitteilungen aus dem Benediktinerorden 53 (1935)

ERDMANN, Carl, *Die Entstehung des Kreuzzugsgedankens.* Stuttgart 1935

ERDMANN, W., und A. ZETTLER, *Zur karolingischen und ottonischen Baugeschichte des Marienmünsters zu Reichenau-Mittelzell.* In: Die Abtei Reichenau. Neue Beiträge zur Geschichte und Kultur des Inselklosters. Herausgegeben von H. Maurer. Sigmaringen 1974

ESSER, Karl Heinz, *Über die Bedeutung der Zisterzienserkirchen.* In: Die Klosterbaukunst. Arbeitsbericht der deutsch-französischen Kunsthistoriker-Tagung. Mainz 1951

ESSER, Karl Heinz, *Über den Kirchenbau des heiligen Bernhard von Clairvaux. Eine kunstwissenschaftliche Untersuchung aufgrund der Ausgrabung der romanischen Abteikirche Himmerod (mit Ausgrabungsbericht).* In: Archiv für mittelrheinische Kirchengeschichte 5 (1953), S. 195-222

EVANS, Joan, *The Romanesque Architecture oft the Order of Cluny.* Cambridge 1938

EYDOUX, Henri-Paul, *L'architecture des églises cisterciennes d'Allemagne.* Paris 1952

FAIT, Joachim, *Die Bettelordenskirchen zwischen Elbe und Oder.* Diss. Greifswald 1953

FARINA, F., und B. FORNERI, *L'architettura cistercense e l'abbazia di Casamari.* Firenze 1978

FERGUSSON, Peter J., *Early Cistercian Churches in Yorkshire and the Problem of the Cistercian Crossing Tower.* In: Journal of the Society of Architectural Historians XXIX/3 Oct. 1970, S. 214-217

FERGUSSON, Peter J., *Notes on Two Cistercian Engraved Design.* In: Speculum 54 (1979), S. 1-18

FERGUSSON, Peter J., *Architecture of Solitude. Cistercian Abbeys in the 12th Century England.* Princeton N. J. 1984

FEUDEL, Joseph, *Ursprung und Entwicklung der christlichen Klosteranlage.* Diss. Bonn 1927

FILLITZ, Hans, *Das Mittelalter I.* Berlin 1969 (= Propyläen Kunstgeschichte 5)

FLEURY, G. Rohault de, *Gallia Dominicana. Les convents de Saint-Dominique au moyen âge.* 2 Bände. Paris 1903

FRANK, Karl Suso, *Grundzüge der Geschichte des christlichen Mönchtums.* Darmstadt 1975

Franziskanische Quellenschriften Band 1. Schriften des heiligen Franziskus von Assisi. Herausgegeben von L. Hardick und E. Grau. Werl 1982

GALBRAITH, G. R., *The Constitution of the Dominican Order 1216 to 1360*. Manchester 1925

GARDNER, Julian, *The Early Decoration of Santa Croce in Florenz*. In: Burlington Magazine 113 (1971)

GARINI, Luigi, *Il bel San Francesco di Bologna*. La sua storia. Bologna 1948

GILLET, Louis, *Histoire artistique des Ordres mediants*. Étude sur l'art religieux en Europe du XIIIᵉ au XVIIᵉ siècles. Paris 1912

GILSON, *Die Mystik des Heiligen Bernhard von Clairvaux*. Wittlich 1936

GILSON, Étienne, *Die Philosophie des heiligen Bonaventura*. Köln-Olten 1960²

GREGOIRE, Réginald, Leo MOULIN und Raymund OURSEL. *The monastic realm*. New York 1985

GROSS, Werner, *Abendländische Architektur um 1300*. Stuttgart 1948

GROSSMANN, Dieter, *Die Abteikirche zu Hersfeld*. Kassel 1955

GROSSMANN, Dieter, *Kloster Fulda und seine Bedeutung für den frühen deutschen Kirchenbau*. In: Das 1. Jahrhundert I. Düsseldorf 1962, S. 344-370

GRUBER, Karl, *Die Gestalt der deutschen Stadt*. München 1952

GRUNDMANN, Herbert, *Religiöse Bewegungen des Mittelalters*. Darmstadt 1961

GRZYBKOWSKI, Andrzej, *Das Problem der Langchöre in Bettelordenskirchen im östlichen Mitteleuropa des 13. Jahrhunderts*. In: architectura 13 (1983), S. 152-168

GUIGNARD, Philippe ed., *Les monuments primitifs d'Église Cistercienne*. Dijon 1878

GUYER, Samuel, *Grundlagen mittelalterlicher abendländischer Baukunst*. Einsiedeln - Zürich - Köln 1950

HAENDLER, Gert, *Epochen karolingischer Theologie*. Berlin 1958

HAENDLER, Gert, *Reichskirche und Klosterreform vom 9. bis 11. Jahrhundert*. Berlin 1963

HAGER, Georg, *Die bayrischen Zisterzienserkirchen des Mittelalters*. In: Monatsschrift des Historischen Vereins Oberbayern 2 (1893)

HAGER, Georg, *Zur Geschichte der abendländischen Klosteranlage*. In: Zeitschrift für christliche Kunst 14 (1901), S. 97-106, 139-146, 167-186, 193-204

HAHN, Hanno, *Die frühe Kirchenbaukunst der Zisterzienser*. Untersuchungen zur Baugeschichte von Kloster Eberbach im Rheingau und ihren europäischen Analogien im 12. Jahrhundert. Berlin 1957

HALLINGER, Kassius, *Gorze - Cluny*. Studien zu den monastischen Lebenformen und Gegensätzen im Hochmittelalter. Rom 1950

HALLINGER, Kassius, *Zur geistigen Welt der Anfänge Clunys*. In: Deutsches Archiv zur Erforschung des Mittelalters 10 (1954), S. 417-445

HALLINGER, Kassius, *Corpus Consuetudinum Monasticorum*. Siegburg 1963

HAMANN, Richard, *Geschichte der Kunst von der altchristlichen Zeit bis zur Gegenwart*. Berlin 1955

HAMANN, Richard, *Kunst und Askese*. Bild und Bedeutung in der romanischen Plastik in Frankreich. Worms 1987

HAMBURGER, Jeffrey F., *The Use of Images in the Pastophoral Care of Nuns*. The Case of Heinrich Suso and the Dominicans. In: The Art Bulletin LXXI (1989), S. 20-46

HANSEN, Edmund, *Otterberg und die kirchliche Baukunst der Hohenstaufenzeit in der Pfalz*. Kaiserslautern 1936

HARDICK, Else, *Prämonstratenserbauten des 12. und 13. Jahrhunderts im Rheinland*. Diss. Bonn 1935

HECKER, Norbert, *Bettelorden und Bürgertum*. Konflikt und Kooperation in deutschen Städten des Spätmittelalters. Frankfurt/Main - Bern - Cirencester 1981

HEIMBUCHER, Max, *Die Orden und Kongregationen der katholischen Kirche*. Paderborn 1933. Neudruck 1965

HEITZ, Carol, *Recherches sur les rapports entre architecture et liturgie à l'époque carolingienne*. Introduction de P. Francastel. Paris 1963 (= Bibliothèque générale de l'École Pratique des Hautes Études, VIᵉ section)

HÉLIOT, Pierre, *La filiation de l'église haute à Saint-François-d'Assisi*. In: Bulletin Monumental 126 (1968), S. 127-140

HÉLIOT, Pierre, *Sur l'église gothique des ordres mendiants en Italie Centrale*. In: Bulletin Monumental 130 (1972), S. 231-235

HELL, Vera und Hellmut, *Die große Wallfahrt des Mittelalters*. Tübingen 1964

HEMMERLE, Josef, *Die Klöster der Augustiner-Eremiten in Bayern*. München-Pasing 1958

HEMMERLE, Josef, *Benediktiner und Cistercienser und die christliche Grundlegung Ostmitteleuropas*. In: Gräben und Brücken. München 1980

HERTLEIN, Edgar, *Die Basilika San Francesco in Assisi*. Gestalt - Bedeutung - Herkunft. Florenz 1964

HEUSSI, Karl, *Ursprung des Mönchtums*. Tübingen 1936

HILL, B., *English Cistercian Monasteries and their Patrons in the twelfth Century*. Urbana 1968

HINNEBUSCH, William A., *The History of the Dominican Order*. 2 Bände. New York 1966 und 1973

HOFFMANN, Paul, *Nordische Zisterzienserkirchen unter besonderer Berücksichtigung der Backstein-Baukunst.* Essen 1912

HOFFMANN, Wolfbernhard, *Hirsau und die „Hirsauer Bauschule".* München 1950

HOLDSWORTH, C., *The Chronology and Character of early Cistercian Legislation on Art and Architecture.* In: Cistercian Art and Architecture in the British Isles. Cambridge 1986

HOLTMEYER, Alois, *Cistercienserkirchen Thüringens.* Jena 1906

HOLTZ, Leonhard, *Geschichte des christlichen Ordenslebens.* Zürich 1986

HOLZAPFEL, Heribert, *Handbuch der Geschichte des Dominikanerordens.* Freiburg 1909

HORN, Walter, *On the Author of the Plan of St. Gall and the Relation of the Plan to the Monastic Reform Movement.* In: Studien zum St.-Galler Klosterplan. St. Gallen 1962, S. 103-127

HORN, Walter, *Das Modell eines karolingischen Idealklosters nach dem Plan von St. Gallen.* In: Ausstellungskatalog Karl der Große. Aachen 1965, S. 402-410

HORN, Walter, *On the Origins of the Medieval Cloister.* In: Gesta. International Center of Medieval Art 12 (1973), S. 13-52

HORN, Walter, und Ernest BORN, *The Plan of St. Gall. A Study of the Architecture and Economy of and Life in a paradigmatic Carolingian Monastery.* 3 Bände. London 1979

HUGOT, Leo, *Die ehemalige Abteikirche in Kornelimünster.* In: Kirche und Burg in der Archäologie des Rheinlandes. Düsseldorf 1962, S. 85-91 (= Kunst und Altertum am Rhein. Führer des Rheinischen Landesmuseums in Bonn 8)

HUNOLD, Werner, *Die mittelalterlichen Kirchen und Klöster der Franziskaner und Dominikaner in Westfalen.* Diss. Dresden 1918

HUNT, N., *Cluniac Monasticism in the Central Middle Ages.* Hamden, Conn. 1971

In Tal und Einsamkeit. 725 Jahre Kloster Fürstenfeld. Die Zisterzienser im alten Bayern. Ausstellungskatalog (2 Bände) Fürstenfeld 1988

JAACKS, Günther H., *St. Katharinen zu Lübeck, Baugeschichte einer Franziskanerkirche.* Lübeck 1968

JACOBSEN, Werner, *Besprechung von Walter Horn und Ernest Born: The Plan of St. Gall.* In: Kunstchronik 35 (1982), S. 89-96

JAKOBS, Hermann, *Die Hirsauer, ihre Ausbreitung und Rechtsstellung im Zeitalter des Investiturstreites.* Köln-Graz 1961

JANAUSCHEK, Leopoldus, *Bibliographia Bernhardina.* Wien 1891. Neudruck Hildesheim 1959

JANTZEN, Hans, *Ottonische Kunst.* Hamburg 1959

KÄHLER, Heinz, *Die frühe Kirche - Kult und Kultraum.* Berlin 1972

KITSCHELT, Lothar, *Die frühchristliche Basilika als Darstellung des himmlischen Jerusalem.* Diss. München 1938

Die Klosterbaukunst. Arbeitsbericht der deutsch-französischen Kunsthistorikertagung Mainz 1951

KLOTZ, Heinrich, *Deutsche und italienische Baukunst im Trecento.* In: Mitteilungen des Kunsthistorischen Instituts in Florenz 10 (1966)

KNOWLES, David, *Cistercians and Cluniacs. The Controversy between St. Bernard and Peter the Venerable.* Oxford 1955.

KNOWLES, David, *Geschichte des christlichen Mönchtums.* München 1969.

KOCH, Adolph, *Die frühesten Niederlassungen der Minoriten im Rheingebiete und ihre Wirkungen auf das politische und kirchliche Leben.* Leipzig 1891

KOCH, Josef (Hrsg.) *Humanismus, Mystik und Kunst in der Welt des Mittelalters.* Leiden - Köln 1953

KÖLLER, Heinz und Bernhard TÖPFER, *Frankreich, ein historischer Abriß, Teil I.* Berlin 1972

KONOW, Helma, *Die Baukunst der Bettelorden am Oberrhein.* Berlin 1954

KOSCHEK, Joseph, *Die Klosterreform Ludwigs des Frommen im Verhältnis zur Regel Benedikts von Nursia.* Diss. Greifswald 1908

KRAUSEN, Edgar, *Die Klöster des Zisterzienserordens in Bayern.* München 1953

KRAUTHEIMER, Richard, *Die Kirchen der Bettelorden in Deutschland.* Köln 1925

KRAUTHEIMER, Richard, *The Carolingian Revival of Early Christian Architecture.* In: The Art Bulletin 24 (1942)

KRAUTHEIMER, Richard, *Early Christian and Byzantine Architecture.* Harmondsworth 1965 (= The Pelican History of Art 24)

KRÖNIG, Wolfgang, *Hallenkirchen in Mittelitalien.* In: Kunstgeschichtliches Jahrbuch der Bibliotheca Hertziana (1938)

KRÖNIG, Wolfgang, *Caratteri dell'architettura degli Ordini mendicanti in Umbria.* In: Storia e Arte in Umbria nell'età communale I. Perugia 1971, S. 165-198

KRÖNIG, Wolfgang, *Altenberg und die Baukunst der Zisterzienser.* Bergisch-Gladbach 1973

KRÖNIG, Wolfgang, *Zur historischen Wertung der Zisterzienser-Architektur.* In: I Cistercensi e il Lazio. Rom 1978

KÜHL, Arnold, *Die Dominikaner im deutschen Rheingebiet und im Elsaß während des 13. Jahrhunderts.* Diss. Freiburg 1922

KUNZE, Hans, *Die kirchliche Reformbewegung des 12. Jahrhunderts im Gebiet der mittleren Elbe und ihr Einfluß auf die Baukunst*. In: Sachsen und Anhalt 1 (1925), S. 388-476

KUTHAN, Jiří, *Die mittelalterliche Baukunst der Zisterzienser in Böhmen und in Mähren*. München - Berlin 1982

LACHNER, B., *The Eleventh-Century Background of Citeaux*. Washington D. C. 1972

LECLERQ, Jean, *Pour une histoire de la vie à Cluny*. In: Revue d'histoire ecclésiastique 57 (1962), S. 388-476

LECLERQ, Jean, *Bernard of Clairvaux and the Cistercian Spirit*. Kalamazoo 1977

LE GOFF, *Ordres mendiants et urbanisation dans la France médiévale*. In: Annales 25 (1970), S. 924–946

LEHMANN, Edgar, *Über die Bedeutung des Investiturstreites für die deutsche hochromanische Architektur*. In: Zeitschrift des Vereins für Kunstwissenschaft 7 (1940) S. 75-88

LEHMANN, Edgar, *Die Bedeutung des antikischen Bauschmuckes am Dom zu Speyer*. In: Zeitschrift für Kunstwissenschaft 5 (1951), S. 1-16

LEHMANN, Edgar, *Die entwicklungsgeschichtliche Stellung der karolingischen Klosterkirche zwischen Kirchenfamilie und Kathedrale*. In: Wissenschaftliche Zeitschrift der Friedrich-Schiller-Universität Jena, gesellschafts- und sprachwissenschaftliche Reihe 5 (1952/53), S. 131-144

LEHMANN, Edgar, *Bemerkungen zum Staffelchor der Benediktinerkirche Thalbürgel*. In: Festschrift Johannes Jahn zum 22. November 1957. Leipzig 1958, S. 111-130

LEHMANN, Edgar, *Zum Buche von Wilhelm Rave über Corvey*. In: Westfalen 38 (1960) , S. 12-35

LEHMANN, Edgar, *Von der Kirchenfamilie zur Kathedrale. Bemerkungen zu einer Entwicklungslinie der mittelalterlichen Baukunst*. In: Kunsthistorische Studien, Festschrift Friedrich Gerke. Baden-Baden 1962, S. 21-37

LEHMANN, Edgar, *Besprechung von C. Heitz: Recherches ... 1963*. In: Kunstchronik 17 (1964), S. 160-169

LEHMANN, Edgar, *Kaisertum und Reform als Bauherren in hochkarolingischer Zeit*. In: Festschrift Peter Metz. Berlin 1965, S. 74-98

LEHMANN, Edgar, *Die Anordnung der Altäre in der karolingischen Klosterkirche zu Centula*. In: Karolingische Kunst. Düsseldorf 1965, S. 374-383

LEHMANN, Edgar, *Die Architektur zur Zeit Karls des Großen*. In: Karolingische Kunst. Düsseldorf 1965, S. 301-319

LEKAI, Ludwig, *Geschichte und Wirken der Weißen Mönche. Der Orden der Cistercienser*. Deutsche Ausgabe herausgegeben von Ambrosius Schneider. Köln 1958

LEMMENS, Leonhard, *Niedersächsische Franziskanerkirchen im Mittelalter*. Hildesheim 1896

LENOIR, Albert, *Architecture monastique*. 2 Bände. Paris 1856

LEWALD, Ursula, *Burg, Kloster, Stift*. In: Die Burgen im deutschen Sprachraum. Sigmaringen 1976

LINCK, Otto, *Mönchtum und Klosterbauten Württembergs im Mittelalter*. Stuttgart 1953

LONGHI, Lelia Fraccaro de, *L'Architettura delle Chiese Cistercensi italiane*. Milano 1958

LORENZEN, V., *De danske cistercienserklosters bygning historie*. Copenhagen 1941

LOTZE, Hermann, *Geschichte der Ästhetik in Deutschland*. München 1868

LÜTZELER, Heinrich, *Vom Sinn der Bauformen*. Freiburg 1953

MAGIRIUS, Heinrich, *Die Baugeschichte des Klosters Altzella*. Berlin 1962 (= Abhandlungen der Sächsischen Akademie der Wissenschaften zu Leipzig, Philologisch-historische Klasse, Band 53, Heft 2)

MAGIRIUS, Heinrich, *Der Freiberger Dom*. Forschungen und Denkmalpflege. Weimar 1972

MARTIN, A. R., *Franciscan Architecture in England*. Manchester 1937 (Reprint 1966)

MAURER, Helmut, *Die Abtei Reichenau. Neue Beiträge zur Geschichte und Kultur des Inselklosters*. Herausgegeben von H. Maurer. Sigmaringen 1974

MAYER, Theodor, *Fürsten und Staat*. Weimar 1950

MEER, Frédéric van der, *Atlas de l'Ordre Cistercien*. Haarlem 1965

MÉLANGES St. Bernhard, *XXIVᵉ Congrès de l'Association Bourguignonne de Sociétés Savantes 1953*. Dijon 1954

METTLER, Adolf, *Die zweite Kirche in Cluny und die Kirchen in Hirsau nach den „Gewohnheiten" des 11. Jahrhunderts*. In: Zeitschrift für die Geschichte der Architektur 3 (1909/10) S. 273-286 und 4 (1910/11), S. 1-16

METTLER, Adolf, *Mittelalterliche Klosterkirchen und Klöster der Hirsauer und Zisterzienser in Württemberg*. Stuttgart 1927

METTLER, Adolf, *Kloster Hirsau*. Augsburg 1928

MICHLER, Jürgen, *Die ursprüngliche Chorform der Zisterzienserkirche in Salem*. In: Zeitschrift für Kunstgeschichte 47 (1984), S. 3-46

MICHLER, Jürgen, *Die Dominikanerkirche zu Konstanz und die Farbe in der Bettelordensarchitektur um 1300*. In: Zeitschrift für Kunstgeschichte 55 (1990), S. 253-276

MINGES, Parthenius, *Geschichte der Franziskaner in Bayern*. München 1896

MÖBIUS, Friedrich, *Studien zu Paulinzella. I. Sigebotos Vita Paulinae, II. Ostpartie und Westportal in der Literatur*. In: Wissenschaftliche Zeitschrift der Universität Leipzig 1953/54, gesellschafts- und sprachwissenschaftliche Reihe Nr. 2/3, S. 163-195, NR. 4, S. 457-511. Nachtrag 1954/55 Nr. 1/2, S. 239-241

MÖBIUS, Friedrich, *Westwerkstudien*. Jena 1968

MÖBIUS, Friedrich, *Romanische Kunst*. Berlin 1969

MÖBIUS, Friedrich, *Die Chorpartie der westeuropäischen Klosterkirche zwischen 8. und 11. Jahrhundert*. In: Architektur des Mittelalters. Funktion und Gestalt. Herausgegeben von F. Möbius und E. Schubert. Weimar 1983, S. 9-41

MODERHOLZ, Richard, *Riddagshausen*. Untersuchungen zur Baugeschichte der Abteikirche. In: Braunschweiger Werkstücke Reihe A, herausgegeben von Richard Moderholz, Band 3. Braunschweig 1968

Monastisches Westfalen. Ausstellungskatalog Münster 1982

MONTAGNES, Bernhard, *Architecture dominicaine en Provence*. Paris 1979

MOORMAN, John H., *A history of the Franciscan Order*. Oxford 1968

MÜLLER, Gottfried, *Die Dominikanerklöster der ehemaligen Ordensnation „Mark Brandenburg"*. Diss. TH Charlottenburg 1914

NEALE, J. M., und B. WEBB, *The Symbolism of Churches and Church Ornaments*. Leeds 1843

NEGRI, Daniele, *Chiese romaniche in Toscana*. Pistoia 1978

NEGRI, Daniele, *Abbazie cistercensi in Italia*. Pistoia 1981

NICOLAI, Bernd, *„Libido Aedificandi"*. Walkenried und die monumentale Kirchenbaukunst der Zisterzienser um 1200. Braunschweig 1990

NYBERG, Tore, *Birgittinische Klostergründungen des Mittelalters*. Leiden 1965

OBERST, Johannes, *Die mittelalterliche Architektur der Dominikaner und Franziskaner in der Schweiz*. Zürich - Leipzig 1927

OURSEL, C., *L'Abbatiale de Fontenay*. In: Citeaux in de Nederlanden 5 (1954), S. 125-127

PANAGOPOULOS, B. K., *Cistercian and Mendicant Monasteries in Medieval Greece*. Chicago 1979

PANOFSKY, Erwin, *Abt Suger von St. Denis*. In: E. Panofsky, Sinn und Deutung der bildenden Kunst (Meaning in the Visual Arts). Köln 1975, S. 125-166

PEVSNER, Nikolaus, *Europäische Architektur*. München 1963

PINDER, Wilhelm, *Die Kunst der deutschen Kaiserzeit*. Leipzig 1940

PRESSOUYRE, Léon, *St. Bernard to St. Francis*. Monastic Ideals and Iconographic Programms in the Cloister. In: Gesta 12 (1973), S. 71-92

PRINZ, Friedrich, *Frühes Mönchtum in Frankreich*. München - Wien 1965

PRINZ, Friedrich, *Mönchtum und Gesellschaft im Frühmittelalter*. Herausgegeben von F. Prinz. Darmstadt 1976 (= Wege der Forschung)

PRINZ, U., *Kreuzgangsdekoration und Benediktsvita bis um 1500*. Diss. FU Berlin 1970

Quellen und Forschungen zur Geschichte des Dominikanerordens in Deutschland, herausgegeben von Paulus van Loe und B. M. Reichert. Leipzig 1907 ff.

RAVE, Wilhelm, *Corvey*. Münster 1958

REINHARDT, Hans, *Der Klosterplan von St. Gallen*. St. Gallen 1952

REINLE, Adolf, *Neue Gedanken zum St.-Galler Klosterplan*. In: Zeitschrift für Schweizerische Archäologie und Kunstgeschichte (ZAK) 23 (1963/64), S. 91–109

REISSER, Emil, *Die frühe Baugeschichte des Münsters in Reichenau*. Berlin 1960

REUTER, Barbara, *Baugeschichte des Zisterzienserklosters Bronnbach an der Tauber*. Würzburg 1958

ROCCHI, Giuseppe, *La Basilica di San Francesco ad Assisi*. Interpretazione e Relievo. Florenz 1982

ROMANINI, Angiola Maria, *L'architettura gotica in Lombardia*. 2 Bände, Milano 1964

ROSE, Hans, *Die Baukunst der Zisterzienser*. München 1916

RUF, Gerhard, *Franziskus und Bonaventura*. Die heilsgeschichtliche Deutung der Fresken in der Oberkirche von San Francesco in Assisi. Freiburg - Basel - Wien 1974

RUF, Gerhard, *Das Grab des heiligen Franziskus*. Die Fresken der Unterkirche von Assisi. Freiburg - Basel - Wien 1981

RUG, Wolfgang, *Der „bernhardinische Plan" im Rahmen der Kirchenbaukunst der Zisterzienser im 12. Jahrhundert*. Diss. Tübingen 1983

RUNCIMAN, Steven, *Geschichte der Kreuzzüge*. Tübingen-München 1957

RÜTTIMANN, Herrmann, *Der Bau- und Kunstbetrieb der Cistercienser unter dem Einfluß der Ordensgesetzgebung im 12. und 13. Jahrhundert*. Diss. Freiburg/Schweiz 1911

SACKUR, Ernst, *Die Cluniazenser in ihrer kirchlichen und allgemeingeschichtlichen Wirksamkeit*. Berlin 1892 und 1894

SAS-ZALOSIECKY, Wladimir, *Die altchristliche Kunst*. Berlin 1963

SAUER, Josef, *Der Cistercienserorden und die deutsche Kunst des Mittelalters besonders im Hinblick auf die Generalkapitelverordnungen vom 12. bis 14. Jahrhundert*. In: Studien und Mitteilungen zur Geschichte des Benediktinerordens und seiner Zweige, Neue Folge 3 (1913), S. 475-522 und 660-699

SAUER, Josef, *Symbolik des Kirchengebäudes und seiner Ausstattung in der Auffassung des Mittelalters*. Freiburg 1924

SCHEERER, Felix, *Kirchen und Klöster der Franziskaner und Dominikaner in Thüringen*. Ein Beitrag zur Kenntnis der Ordensbauweise. Jena 1910

SCHENKLUHN, Wolfgang, *Ordines studentes*. Aspekte zur Kirchenarchitektur der Dominikaner und Franziskaner im 13. Jahrhundert. Berlin 1985

SCHENKLUHN, Wolfgang, *San Francesco in Assisi. Ecclesia specialis*. Die Vision Papst Gregors IX. von einer Erneuerung der Kirche. Darmstadt 1991

SCHLINK, Wilhelm, *Zwischen Cluny und Clairvaux*. Die Kathedrale von Langres und die burgundische Architektur des 12. Jahrhunderts. Berlin 1970

SCHLOSSER, Julius von, *Abendländische Klosteranlagen des frühen Mittelalters*. Wien 1889

SCHLOSSER, Julius von, *Quellenbuch zur Kunstgeschichte des abendländischen Mittelalters*. Wien 1896

SCHMELLER, Alfred, *Die Klosterkirche Heiligenkreuz und die süddeutsche Baukunst des 12. Jahrhunderts*. Diss. Wien 1946

SCHMIDT, Erich, *Baugeschichte der St. Aureliuskirche in Hirsau*. Stuttgart 1950

SCHMIDT, Erich, *Studien zur Bau- und Formengeschichte der Hirsauer Peterskirche*. In: Zeitschrift für Kunstgeschichte 15 (1952), S. 117-127

SCHMITZ, Philibert, *Geschichte des Benediktinerordens*. 2 Bände. Einsiedeln 1947 und 1955

SCHMOLL genannt EISENWERTH, J. A., *Das Kloster Chorin und die askanische Architektur in der Mark Brandenburg 1260 bis 1320*. Berlin 1961

SCHNEIDER, Ambrosius, *Die Cistercienser*. Geschichte - Geist - Kunst. Herausgegeben von A. Schneider, A. Wienand u. a. Köln 1974

SCHNEIDER, Ambrosius, *Ursprung und Entwicklung der benediktinisch-cisterciensischen Klosteranlage*. In: Und sie folgen der Regel St. Benedikts. Köln 1981, S. 481-499

SCHREIBER, Georg, *Kurie und Kloster im 12. Jahrhundert*. Stuttgart 1910

SCHULZE, Heiko K. L., *Die ehemalige Prämonstratenser-Abtei Rommersdorf*. Mainz 1983

SCHÜRENBERG, Lisa, *Der Anteil der südwestdeutschen Architektur an der Ausbildung des salischen Stils*. In: Zeitschrift für Kunstgeschichte 8 (1939), S. 249-280

SCHÜTZ, Bernhard, *Bauten der Zisterzienser in Bayern*. In: In Tal und Einsamkeit, Fürstenfeld 1988, S. 43-68

SCHWARZ, Mario, *Studien zur Klosterbaukunst in Österreich unter den letzten Babenbergern*. Wien 1981

SEDLMAYR, Hans, *Architektur als abbildende Kunst*. In: H. Sedlmayr, Epochen und Stil. Werke II. Wien - München 1960, S. 211-234

SEDLMAYR, Hans, *Die Ahnen der dritten Kirche von Cluny*. In: Das Werk des Künstlers. Stuttgart 1960, S. 49-71

SEMMLER, Joseph, *Die Klosterreform von Siegburg, ihre Ausbreitung und ihr Reformprogramm im 11. und 12. Jahrhundert*. Diss. Mainz 1956

SHARPE, E., *The Architecture of the Cistercians*. London 1874

SIMSON, Otto von, *Zur Musik-Ästhetik des 12. Jahrhunderts*. In: Kunstchronik 4 (1951), S. 74-84

SIMSON, Otto von, *Die gotische Kathedrale*. Darmstadt 1968

SIMSON, Otto von, *Das Mittelalter II. Das hohe Mittelalter*. Berlin 1972 (= Propyläen Kunstgeschichte 6)

SMART, A., *The Assisi Problem and the Art of Giotto*. Oxford 1971

SÖRRENSEN, Wolfgang, *Gärten und Pflanzen im Klosterplan*. In: Studien zum St.-Galler Klosterplan. St. Gallen 1962. S. 193-277

SPÖRL, Johannes, *Die Chimäre seines Jahrhunderts*. Vier Vorträge über Bernhard von Clairvaux, herausgegeben von J. Spörl. Würzburg 1954

STACHURA, Norbert, *Der Plan von St. Gallen - ein Original?* In: architectura 8 (1978), S. 184 ff.

STALLEY, Roger, *The Cistercians Monasteries of Ireland*. London und New Haven 1987

STEIDLE, Basilius, *Die Regel St. Benedikts*. Beuron 1952

STÖRMER, Wilhelm, *Die Hausklöster der Wittelsbacher*. In: Die Zeit der frühen Herzöge. München 1980

STÜDELI, Bernhard E. J., *Minoritenniederlassung und mittelalterliche Stadt*. Werl 1969 (= Franziskanische Studien 21)

Studi su S. Bernardo di Chiaravalle - Nell'ottavo centenario delle canonisazione. Roma 1975

SUNDT, Richard Alfred, *The Churches of the Dominican Order in Languedoc 1216-1550*. Diss. Madison, Wisconsin 1981

SWARTLING, I., *Cistercian Abbey Churches in Sweden and the Bernardine Plan*. In: Nordisk medeltid: Konsthistoriksa studier tillangnade Armin Tuulse. Stockholm Studies in the History of Art no 13 (1967), S. 193-198

SWARTWOUT, R. E., *The Monastic Craftsman. An Inquiry into the Services of Monks to Art in Britain and in Europa North the Alps during the Middle Age*. Cambridge 1932

SWIECHOWSKI, Ziegmunt, und J. ZACHWATOWICZ, *L'Architecture cistercienne en Pologne et ses lieus avec la France*. In: Nadbitka z Biuletynu historii stuki 20 (1958), S. 139-173

TALBOT, C. H., *The Cistercian Abbeys of Scotland*. London 1939

TELLENBACH, Gerd, *Zum Wesen der Cluniazenser*. In: Saeculum 9 (1958), S. 370-378

THIERFELDER, Jörg, und Uwe UFFELMANN, *Die Zisterzienser. Reformorden im Mittelalter*. Stuttgart 1987

THODE, Henry, *Franz von Assisi und die Anfänge der Kunst der Renaissance in Italien*. Wien 1934⁴

TOEPFER, Michael, *Die Konversen der Zisterzienser*. Berlin 1983 (= Berliner Historische Studien 10: Ordensstudien IV)

TSCHESCHNER, W., *Die Anwendung der Quadratur und der Triangulatur bei der Grundrißgestaltung der Zisterzienserkirchen östlich der Elbe*. In: Analecta S. Ordinis Cistercensis 22 (1966)

ULLMANN, Ernst, *Die Baukunst der Zisterzienser zwischen oberer Weser und mittlerer Elbe*. Diss. Halle 1960

ULLMANN, Ernst, *Bemerkungen zu den romanischen Zisterzienserkirchen in Walkenried, Volkenroda und Pforta*. In: Wissenschaftliche Zeitschrift der Martin-Luther-Universität Halle-Wittenberg, gesellschafts- und sprachwissenschaftliche Reihe 12 (1963), Nr. 9/10, S. 725-734

VERDON, Timothy Gregory, ed., *Monasticism and the Arts*. Syracuse Univ. Press 1984

VICAISE, Marie-Humbert, *Geschichte des heiligen Dominikus*. 2 Bände. Freiburg-Basel-Wien 1962/63

VIELLARD-TROIEKOUROFF, May, *L'architecture en France du temps de Charlemagne*. In: Karolingische Kunst. Düsseldorf 1965, S. 336-368

WAGNER-RIEGER, Renate, *Zur Typologie italienischer Bettelordenskirchen*. In: Römische historische Mitteilungen 1957/58, S. 268-298

WAGNER-RIEGER, Renate, *Einschiffige Benediktinerkirchen des Mittelalters in Italien*. In: Arte in Europa. Milano 1966, S. 237-348

WAGNER-RIEGER, Renate, *Bemerkungen zur Forschungslage in der Klosterbaukunst*. In: Österreichische Zeitschrift für Kunst und Denkmalpflege 28 (1974), S. 214-217

WAGNER-RIEGER, Renate, *Die Bedeutung des Bauherrn für die Gestaltung von Zisterzienserkirchen*. In: I Cistercensi e il Lazio. Atti delle giornate di studio dell'Istitute di Storia dell'Arte dell'Università di Roma. Roma 1978, S. 53-63

WAYNE, Dynes, *The Medieval Cloister as Portico of Salomon*. In: Monasticism and the Arts, ed. by T. G. Verdon. Syracuse Univ. Press. 1984, S. 61-70

WECKWERTH, Alfred, *Die frühchristliche Basilika und der St.-Galler Klosterplan*. In: Zeitschrift für Schweizerische Archäologie und Kunstgeschichte (ZAK) 21 (1961), S. 143-151

WEITZMANN, Kurt, *The Age of Spirituality*. Late Antique and Early Christian Art. New York 1979

WEISSBACH, Werner, *Religiöse Reform und mittelalterliche Kunst*. Einsiedeln - Zürich 1945

WERLING, Michael, *Die Baugeschichte der ehemaligen Abteikirche Otterberg unter besonderer Berücksichtigung ihrer Steinmetzzeichen*. Kaiserslautern 1986

WERNER, Ernst, *Die gesellschaftlichen Grundlagen der Klosterreform im 11. Jahrhundert*. Berlin 1953

WERNER, Ernst, *Pauperes Christi*. Leipzig 1956

WERNER, Ernst, *Zwischen Canossa und Worms*. Berlin 1973

WIEMER, Wolfgang, *Die Geometrie des Ebracher Kirchenplans*. Ergebnisse einer Computeranalyse. In: Kunstchronik 35 (1982), S. 422-443

WIESEHOFF, Josef, *Die Stellung der Bettelorden in den deutschen freien Reichsstädten des Mittelalters*. Bonn - Leipzig 1905

WILKINS, David, *Early Florentine Frescoes in Santa Maria Novella*. In: The Art Quarterly N. S. 1 (1978), S. 141-174

WILLIAMS, D. H., *The Welsh Cistercians*. Tenby 1984

WINTER, Friedrich, *Die Zisterzienser des nordöstlichen Deutschland*. Gotha 1868 und 1871

WISWE, Hans, *Grangien niedersächsischer Zisterzienserklöster*. In: Braunschweigisches Jahrbuch 34 (1953)

WOLLASCH, Joachim, *Königtum, Adel und Klöster im Berry*. In: Neue Forschungen über Cluny und die Cluniazenser. Herausgeber G. Tellenbach. Freiburg 1959, S. 17-165

WOLLASCH, Joachim, *Neue Methoden der Erforschung des Mönchtums im Mittelalter*. In: Historische Zeitschrift 225 (1977), S. 529-571

ZAHN, Wolfgang, *Schottenklöster. Die Bauten der irischen Benediktiner in Deutschland*. Diss. Freiburg 1967

ZAKIN, H., *French Cistercian Grisaille Glass*. New York 1979

ZASKE, Nikolaus, *Gotische Backsteinkirchen Norddeutschlands zwischen Elbe und Oder*. Leipzig 1968

Die Zisterzienser, Ordensleben zwischen Ideal und Wirklichkeit. Ausstellungskatalog Aachen 1980 und Ergänzungsband. Köln 1980 und 1982

Zisterzienserbauten in der Schweiz. Neue Forschungsergebnisse zur Archäologie und Kunstgeschichte. Band 1: Frauenklöster. Band 2: Männerklöster. Zürich 1990

Ortsregister

Abbildungsnachweis

Abbildungen auf Textseiten

Die Vorlagen wurden folgenden Werken entnommen:

E. BADSTÜBNER, *Die romanischen Bauten in Breitungen an der Werra*, Berlin 1972: 129

K. BECKER, *Das ehemalige Peterskloster*, in: Die Kunstdenkmale der Prov. Sachsen. Die Stadt Erfurt. Burg 1929: 128

W. BRAUNFELS, *Abendländische Klosterbaukunst*, Köln 1969: 15, 17, 135, 230

H. BUSCH/G. EDELMANN, *Europäische Baukunst–Romanik*, Frankfurt/Main 1970: 68, 125, 137

K. J. CONANT, *Carolingian and Romanesque Architecture 800 to 1200*, Harmondsworth 1959: 33

K. J. CONANT, *Cluny*, Mâcon 1968: 67

G. DEHIO, *Geschichte der deutschen Kunst*, Berlin und Leipzig 1919, Band I: 156, Band II: 273

G. DEHIO, *Handbuch der deutschen Kunstdenkmäler. Die Bez. Neubrandenburg, Rostock, Schwerin*, Berlin 1968: 272

M.-A. DIMIER, *L'art cistercien*, Paris 1962: 153, 208, 216

J. EVANS, *The Romanesque Architecture of the Order of Cluny*, Cambridge 1938: 69, 131

H.-P. EYDOUX, *L'architecture des églises cisterciennes d'Allemagne*, Paris 1952: 212

K. GRUBER, *Die Gestalt der deutschen Stadt*, München 1952: 219, 227

E. HERTLEIN, *Die Basilika San Francesco in Assisi*, Florenz 1964: 266

Kleine Enzyklopädie. Deutsche Geschichte von den Anfängen bis 1945, Herausgeber E. Müller-Mertens u. a., Leipzig 1965: 21

R. KRAUTHEIMER, *Die Kirchen der Bettelorden in Deutschland*, Köln 1925: 274

R. KRAUTHEIMER, *Early Christian and Byzantine Architecture*, Harmondsworth 1965: 28

W. KRÖNIG, *Altenberg und die Baukunst der Zisterzienser*, Bergisch Gladbach 1973: 149, 210, 212, 213, 214

H. KUNZE, *Die kirchliche Reformbewegung des 12. Jahrhunderts im Gebiet der mittleren Elbe*, in: Sachsen und Anhalt 1 (1925): 134

E. LEHMANN, *Zum Buche von Wilhelm Rave über Corvey*, in: Westfalen 38 (1960): 37

H. MAGIRIUS, *Kloster Altzella*, Berlin 1962: 157, 211

F. v. D. MEER, *Atlas de l'Ordre Cistercien*, Haarlem 1965: 23, 154

A. METTLER, *Kloster Hirsau*, Augsburg 1928: 124

F. MÖBIUS, *Die Klosterkirche zu Paulinzella*, Berlin 1970: 130

F. MÖBIUS, *Westwerkstudien*, Jena 1968: 35

N. PEVSNER, *Europäische Architektur*, München 1963: 18, 32, 151

F. SCHEERER, *Kirchen und Klöster der Franziskaner und Dominikaner in Thüringen*, Jena 1910: 270, 271, 272

E. SCHMIDT, *Studien zur Bau- und Formengeschichte der Hirsauer Peterskirche*, in: Zeitschrift für Kunstgeschichte 15 (1952): 75

A. SCHNEIDER, *Die Cistercienser*, Köln 1974: 278, 279

O. v. SIMSON, *Das hohe Mittelalter*, Berlin 1972: 152, 209, 215

R. WAGNER-RIEGER, *Zur Typologie italienischer Bettelordenskirchen*, in: Röm. hist. Mitteilungen 1957/58: 268, 269

N. ZASKE, *Gotische Backsteinkirchen Norddeutschlands zwischen Elbe und Oder*, Leipzig 1968: 213, 217

Abbildungen auf Tafeln

Fratelli Alinari, Florenz: 75, 76, 129, 130, 133; Lala Aufsberg, Sonthofen: 1, 5, 7, 8, 18, 19, 43, 44, 116, 117, 121–128, 131, 132; Klaus G. Beyer, Weimar: III-VIII, 2, 4, 9, 10, 17, 20–24, 26, 29, 34–36, 45–65, 81–83, 86, 88–91, 93–104, 108–111, 120, 138–142, 144–155; Thomas Helms, Hamburg: 51, 105–107; Werner Neumeister, München: 11, 12, 66-71; Mihalik Tamás, Budapest: 77, 78; Assen Tschilingirov, Berlin: I, II; Rolf Wessendorf, Schaffhausen: 40; Bildarchiv Foto Marburg: 72–74, 115; Brandenburgisches Landesamt für Denkmalpflege, Meßbildarchiv: 25, 28, 84, 85, 113, 134, 136, 137, 143; Bundesdenkmalamt, Wien: 118; Eidgenössisches Archiv für Denkmalpflege, Bern: 30–33; Landesamt für Denkmalpflege Sachsen: 16; Landesbildstelle Württemberg, Stuttgart: 13–15, 27, 37–39, 42, 135; Polnische Akademie der Wissenschaften, Warschau: 79, 80; Rheinisches Bildarchiv, Köln: 112, 114; Sächsische Landesbibliothek, Abt. Deutsche Fotothek, Dresden: 6, 87, 92; Tschechoslowakische Akademie der Wissenschaften, Prag (Foto: Alexandr Paul): 119

In der Kulturhistorischen Reihe des Verlages Koehler & Amelang sind bisher erschienen:

1. *Wilhelm Schubart:* Das Buch bei den Griechen und Römern. Herausgegeben von Eberhard Paul
   1. Auflage 1961
2. *Werner Krenkel:* Pompejanische Inschriften
   1. Auflage 1961; 2. Auflage 1963
3. *Heinrich Alexander Stoll:* Griechische Tempel
   1. Auflage 1961; 2. Auflage 1963
4. *Eberhard Paul:* Die falsche Göttin. Geschichte der Antikenfälschung
   1. Auflage 1962
5. *Otto-Wilhelm von Vacano:* Die Etrusker in der Welt der Antike
   1. Auflage 1962
6. *Otto Walcha:* Porzellan
   1. Auflage 1963; 2. Auflage 1964
7. *Burchard Brentjes:* Land zwischen den Strömen. Eine Kulturgeschichte des alten Zweistromlandes Irak
   1. Auflage 1963
8. *Margarete Riemschneider:* Von Olympia bis Ninive im Zeitalter Homers
   1. Auflage 1963
9. *Hannelore Sachs:* Mittelalterliches Chorgestühl
   1. Auflage 1964
10. *Heinrich L. Nickel:* Byzantinische Kunst
    1. Auflage 1964
11. *Eberhard Hempel:* Der Dresdner Zwinger. Ein Denkmal festlicher Kultur in der sächsischen Residenz
    1. Auflage 1964; 2. Auflage 1965
12. *Siegfried Morenz:* Gott und Mensch im alten Ägypten
    1. Auflage 1964, 2., erweiterte Auflage 1984
13. *Burchard Brentjes:* Fels- und Höhlenbilder Afrikas
    1. Auflage 1965

14. Das alte Halle. Aus den Schriften von *Siegmar von Schultze-Galléra.* Zusammengestellt und herausgegeben von *Erich Neuß*
    1. Auflage 1965; 2. Auflage 1968
15. *Margarete Riemschneider:* Das Reich am Ararat
    1. Auflage 1965
16. *Günter Schade:* Deutsche Möbel aus sieben Jahrhunderten
    1. Auflage 1966; 2. Auflage 1971
17. *Renate Krüger:* Die Kunst der Synagoge. Eine Einführung in die Probleme von Kunst und Kult des Judentums
    1. Auflage 1966; 2. Auflage 1968
18. *Waldemar Fietz:* Vom Aquädukt zum Staudamm. Eine Geschichte der Wasserversorgung
    1. Auflage 1966
19. *Werner Noth:* Die Wartburg
    1. Auflage 1967; 2. Auflage 1970; 3. Auflage 1971; 4. Auflage 1974; 5. Auflage 1975
20. *Burchard Brentjes:* Die iranische Welt vor Mohammed
    1. Auflage 1967; 2., verbesserte Auflage 1978
21. *Horst Klengel:* Geschichte und Kultur Altsyriens
    1. Auflage 1967; 2., überarbeitete und erweiterte Auflage 1979
22. *Werner Forman und Yöngsiyebu Rintschen:* Lamaistische Tanzmasken. Der Erlik-Tsam in der Mongolei
    1. Auflage 1967
23. *Hans Bauer:* Tisch und Tafel in alten Zeiten. Aus der Kulturgeschichte der Gastronomie
    1. Auflage 1967
24. *Heinz Mode* und *Siegfried Wölffling:* Zigeuner. Der Weg eines Volkes in Deutschland
    1. Auflage 1968

25. *Nikolaus Zaske:* Gotische Backsteinkirchen Norddeutschlands zwischen Elbe und Oder
    1. Auflage 1968; 2. Auflage 1970
26. *Günter Schade:* Deutsches Glas. Von den Anfängen bis zum Biedermeier
    1. Auflage 1968
27. *Konrad Onasch:* Groß-Nowgorod und das Reich der heiligen Sophia. Kirchen- und Kulturgeschichte einer alten russischen Stadt und ihres Hinterlandes
    1. Auflage 1969
28. *Werner Becker:* Vom alten Bild der Welt. Alte Landkarten und Stadtansichten
    1. Auflage 1969; 2. Auflage 1971
29. *Arthur Suhle:* Die Münze. Von den Anfängen bis zur europäischen Neuzeit
    1. Auflage 1969; 2. Auflage 1970; 3. Auflage 1971
30. *Frederick Rose:* Die Ureinwohner Australiens. Gesellschaft und Kunst
    1. Auflage 1969
31. *Eberhard Paul:* Antikes Rom
    1. Auflage 1970; 2. Auflage 1972
32. *Evelyn und Horst Klengel:* Die Hethiter und ihre Nachbarn. Eine Kulturgeschichte Kleinasiens von Catal Hüyük bis zu Alexander dem Großen
    1. Auflage 1970; 2. Auflage 1975
33. *Hannelore Sachs:* Sammler und Mäzene. Zur Entwicklung des Kunstsammelns von der Antike bis zur Gegenwart
    1. Auflage 1971
34. *Burchard Brentjes:* Die Söhne Ismaels. Geschichte und Kultur der Araber
    1. Auflage 1971; 2. Auflage 1973; 3. Auflage 1977

35. *Hans Bauer*: Wenn einer eine Reise tat. Eine Kulturgeschichte des Reisens von Homer bis Baedeker
1. Auflage 1971; 2. Auflage 1973

36. *Renate Krüger*: Das Zeitalter der Empfindsamkeit. Kunst und Kultur des späten 18. Jahrhunderts in Deutschland
1. Auflage 1972; 2. Auflage 1975

37. *Hans Giesecke*: Das alte Erfurt. Mit Bildern von Klaus G. Beyer
1. Auflage 1972

38. *Herbert Plaeschke*: Buddhistische Kunst. Das Erbe Indiens
1. Auflage 1972; 2. Auflage 1974

39. *Wilhelm Neef*: Das Chanson. Eine Monographie
1. Auflage 1972

40. *G. A. Fedorow-Dawydow:* Die Goldene Horde und ihre Vorgänger, Übersetzung aus dem Russischen von *Alexander Häusler*
1. Auflage 1972

41. *Margarete Riemschneider:* Ruhmreiches Rhodos
1. Auflage 1973

42. *Burchard Brentjes:* Drei Jahrtausende Armenien
1. Auflage 1973; 2.Auflage 1976; 3., durchgesehene Auflage 1984

43. *Hans-Dieter Döpmann:* Das alte Bulgarien. Ein kulturgeschichtlicher Abriß bis zum Ende der Türkenherrschaft im Jahre 1878
1. Auflage 1973

44. *Hanns-Ulrich Haedeke*: Zinn. Zentren der Zinngießerkunst von der Antike bis zum Jugendstil
1. Auflage 1973; 2. Auflage 1974

45. *Burchard Brentjes:* Chane, Sultane, Emire. Der Islam vom Zusammenbruch des Timuridenreiches bis zur europäischen Okkupation
1. Auflage 1974

46. *Günter Schade*: Deutsche Goldschmiedekunst. Ein Überblick über die kunst- und kulturgeschichtliche Entwicklung der deutschen Gold- und Silberschmiedekunst vom Mittelalter bis zum beginnenden 19. Jahrhundert
1. und 2. Auflage 1974

47. *D. P. Kallistow*: Antikes Theater. Übersetzung aus dem Russischen von Bernd Funck
1. Auflage 1974

48./49. Japanische Kunst. Aus dem Japanischen übersetzt, bearbeitet und herausgegeben von *Jürgen Berndt*. 2 Bände
1. Auflage 1975

50. *Ursula Czeczot:* Die Meißner Albrechtsburg. Wegweisende Bauleistung an der Wende vom Mittelalter zur Neuzeit. Fotos von *Helmut Seifert*
1. Auflage 1975

51. *Werner Becker:* Von Kardinaltugenden, Todsünden und etlichen Lastern. Bilder und Plastiken zur Kultur- und Sittengeschichte des 12. bis 19. Jahrhunderts
1. Auflage 1975

52. *Peter Gülke:* Mönche, Bürger, Minnesänger. Musik in der Gesellschaft des europäischen Mittelalters
1. Auflage 1975; 2., erweiterte Auflage 1980

53. *Arne Effenberger:* Koptische Kunst. Ägypten in spätantiker, byzantinischer und frühislamischer Zeit
1. Auflage 1975

54. *Manfred Taube* und *Günter Nerlich*: Nepal. Land zwischen Tarai und Himalaja
1. Auflage 1975

55. *Edith Neubauer:* Altgeorgische Baukunst, Felsenstädte, Kirchen, Höhlenklöster
1. Auflage 1976

56. *Erich Donnert:* Das Moskauer Rußland. Kultur und Geistesleben im 15. und 16.Jahrhundert
1. Auflage 1976

57. *Karl-Heinz Bernhardt:* Der alte Libanon
1. Auflage 1976

58. *Helmut Zeraschi*: Drehorgeln
1. Auflage 1976; 2. Auflage 1978

59. *Burchard Brentjes:* Mittelasien. Eine Kulturgeschichte der Völker zwischen Kaspischem Meer und Tien-Schan
1. Auflage 1977

60. *Thomas Thilo:* Klassische chinesische Baukunst. Strukturprinzipien und soziale Funktion
1. Auflage 1977

61. *Joachim Menzhausen:* Dresdener Kunstkammer und Grünes Gewölbe. Fotos von Klaus G. Beyer
1. Auflage 1977

62. *Horst Prignitz:* Vom Badekarren zum Strandkorb. Zur Geschichte des Badewesens an der Ostseeküste
1. Auflage 1977

63. *Günter Schade:* Berliner Porzellan. Zur Kunst- und Kulturgeschichte der Berliner Porzellanmanufakturen im 18. und 19. Jahrhundert
1. Auflage 1978; 2., erweiterte Auflage 1986

64. *Karl Czok:* Das alte Leipzig. Mit Fotos von Volkmar Herre
1. Auflage 1978

65. *Swetlana Alexandrowna Pletnjowa:* Die Chasaren. Mittelalterliches Reich an Don und Wolga. Übersetzung aus dem Russischen von *Alexander Häusler*
1. Auflage 1978

66. *Herbert* und *Ingeborg Plaeschke:* Hinduistische Kunst. Das indische Mittelalter
1. Auflage 1978

67. *Burchard Brentjes:* Völker beiderseits des Jordans
1. Auflage 1979

68. *Werner Gaude*: Die alte Apotheke. Eine tausendjährige Kulturgeschichte
1. Auflage 1979; 2., durchges. Auflage 1981; 3. Auflage 1985

69. *Renate Krüger*: Biedermeier. Eine Lebenshaltung zwischen 1815 und 1848
1. Auflage 1979; 2. Auflage 1982

70 *Peter Musiolek und Wolfgang Schindler:* Klassisches Athen
1. Auflage 1980

71. *Rudolf Drößler*: Kunst der Eiszeit. Von Spanien bis Sibirien
1. Auflage 1980

72. *Josef Janáček*: Das alte Prag. Mit Bildern von Josef Ehm, Übersetzung aus dem Tschechischen von *Wolf B. Oerter*
1. Auflage 1980; 2. Auflage 1983

73. *Maria Bogucka:* Das alte Danzig. Alltagsleben vom 15. bis 17. Jahrhundert. Übersetzung aus dem Polnischen von *Eduard Merian*
1. Auflage 1980; 2. Auflage 1987

74. Olympia. Von den Anfängen bis zu Coubertin. Von einem Autorenkollektiv unter Leitung von *Joachim Ebert*
1. Auflage 1980

75. *Burchard Brentjes:* Völker an Euphrat und Tigris
1. Auflage 1981

76. *Antonina Jelicz:* Das alte Krakau. Alltagsleben vom 13. bis zum 15. Jahrhundert. Übersetzung aus dem Polnischen von *Eduard Merian*
1. Auflage 1981

77. *Eberhard Paul:* Gefälschte Antike. Von der Renaissance bis zur Gegenwart
1. Auflage 1981

78. *Werner Piechocki:* Die Halloren. Geschichte und Tradition der »Salzwirkerbrüderschaft im Thale zu Halle.« Mit Fotos von *Walter Danz*
1. Auflage 1981

79. *Evelyn Klengel-Brandt:* Der Turm von Babylon. Legende und Geschichte eines Bauwerks
1. Auflage 1982

80. *Herbert und Ingeborg Plaeschke*: Indische Felsentempel und Höhlenklöster. Ajanta und Elura. Mit Fotos von *Günter Nerlich*
1. Auflage 1982

81. *Eberhard Paul:* Antike Keramik. Entdeckung und Erforschung bemalter Tongefäße in Griechenland und Italien
1. Auflage 1982

82. *Werner Noth:* Die Wartburg. Denkmal und Museum. Mit Aufnahmen von *Klaus G. Beyer*
1. Auflage 1983; 2. Auflage 1985; 3. Auflage 1989

83. *Erika und Manfred Taube:* Schamanen und Rhapsoden. Die geistige Kultur der alten Mongolei
1. Auflage 1983

84. *Burchard Brentjes:* Völkerschicksale am Hindukusch, Afghanen, Belutschen, Tadshiken
1. Auflage 1983

85. *Elfriede Rehbein*: Zu Wasser und zu Lande. Eine Geschichte des Verkehrswesens von den Anfängen bis zum Ende des 19. Jahrhunderts
1. Auflage 1984

86. *Ernst Badstübner:* Kirchen der Mönche. Die Baukunst der Reformorden im Mittelalter. Mit Aufnahmen von *Klaus G. Beyer*
1. Auflage 1984

87. *Erhard Hirsch:* Dessau-Wörlitz. Aufklärung und Frühklassik
1. Auflage 1985; 2. Auflage 1987

88. *Hermann und Alida Fabini:* Kirchenburgen in Siebenbürgen. Abbild und Selbstdarstellung siebenbürgisch-sächsischer Dorfgemeinschaften. Mit Aufnahmen von *Karin Wieckhorst*
1. Auflage 1985

89. *Wolfgang Schindler:* Römische Kaiser. Herrscherbild und Imperium
1. Auflage 1985

90. *Arne Effenberger:* Frühchristliche Kunst und Kultur. Von den Anfängen bis zum 7. Jahrhundert.
1. Auflage 1986

91. *Horst Prignitz:* Wasserkur und Badelust. Eine Badereise in die Vergangenheit
1. Auflage 1986

92. *L. Bretanizki, B. Weimarn und Burchard Brentjes:* Die Kunst Aserbaidshans vom 4. bis zum 18. Jahrhundert. Übersetzung aus dem Russischen von *Helga Hauffe.*
1. Auflage 1988

93. *Herbert und Ingeborg Plaeschke:* Frühe indische Plastik
1. Auflage 1988

94. *Burchard Brentjes:* Die Mauren. Der Islam in Nordafrika und Spanien (642–1800)
1. Auflage 1989

95. *Werner Müller:* Architekten in der Welt der Antike
1. Auflage 1989

96. *Ernst Badstübner:* Das alte Mühlhausen. Kunstgeschichte einer mittelalterlichen Stadt. Mit Aufnahmen von *Constantin Beyer*
1. Auflage 1989

97. *Harald Olbrich und Helga Möbius*: Holländische Malerei des 17. Jahrhunderts
1. Auflage 1990

98. *Eberhard Czaya:* Der Silberbergbau. Aus Geschichte und Brauchtum der Bergleute
1. Auflage 1990

99. *Gerhard König*: Die Uhr. Geschichte – Technik – Stil
1. Auflage 1991

100. *Christos G. Doumas:* Thera / Santorin. Das Pompeji der alten Ägäis. Übersetzung aus dem Englischen von *Werner Posselt*
1. Auflage 1991